IMPRESSUM

Hamburg 2001
Text, Zeichnungen und Karten: Jutta
Umschlaggestaltung und Layout: Micky
Fotos: Jutta und Micky
Über die Autoren: Matthias Frank

Herstellung: Books on Demand GmbH

ISBN-Nr.: 3-8311-1518-4
www.libri.de

EIN SOMMER AM CHURCHILL

TAGEBUCH EINER FLUSSFAHRT

Micky
und
Jutta Dehn

INHALT

ÜBER DIE AUTOREN

JUTTA DEHN, 1957 in Karlsruhe geboren, studierte in Stuttgart Graphik-Design. Seit 20 Jahren lebt die Mutter eines Sohnes in Hamburg und arbeitet dort als examinierte Altenpflegerin.

MICKY, 1961 in Hamburg geboren, ist gelernter Tischler. Zur Zeit arbeitet er in seiner Heimatstadt bei einer Firma für Lasertechnik.

Jutta und Micky leben seit 1988 zusammen in Hamburg. Während dieser Zeit entdeckten sie auch ihr Interesse für das Paddeln und das Bogenschießen. Die ersten gemeinsamen Reisen führten die Beiden zunächst in verschiedene europäische Länder und in die Türkei, bevor sie einige Male Südamerika (Venezuela, Kolumbien und Equador) bereisten.
Dabei trat der Aspekt des Lebens in und mit der Natur immer mehr in den Vordergrund.

Die Begeisterung für die oben genannten Aktivitäten, die Lektüre von Zeitgenossen, die der Zivilisation für längere Zeit den Rücken gekehrt hatten und natürlich auch eine Portion Abenteuerlust mündeten schließlich in der Idee, die im folgenden beschriebene Reise sorgfältig zu planen und in Angriff zu nehmen.

ÜBER DIESES BUCH

Das vorliegende Tagebuch ist kein Reisebericht der üblichen Art und schon gar kein Abenteuerroman.
Der Unterschied zu den meisten anderen Berichten besteht hauptsächlich darin, daß wir uns nicht darauf beschränkt haben, nur die Highlights der Reise herauszupicken. Vielmehr lag es uns am Herzen, auch den Alltag in der Wildnis zu beschreiben, den Versuch, im Einklang mit der Natur zu leben. Die Routine der täglich wiederkehrenden Aufgaben hat uns dabei weit mehr beeinflusst und in unserem Innenleben geprägt als die Erlebnisse der besonderen Art. Im schnellebigen Zeitalter der Extremsportarten, wo es in erster Linie um den kurzen Augenblick geht, um den Kick, erzählen wir einfach die Geschichte unserer Kanutour mit all ihren Höhen und Tiefen.
Es war die Fahrt unseres Lebens.

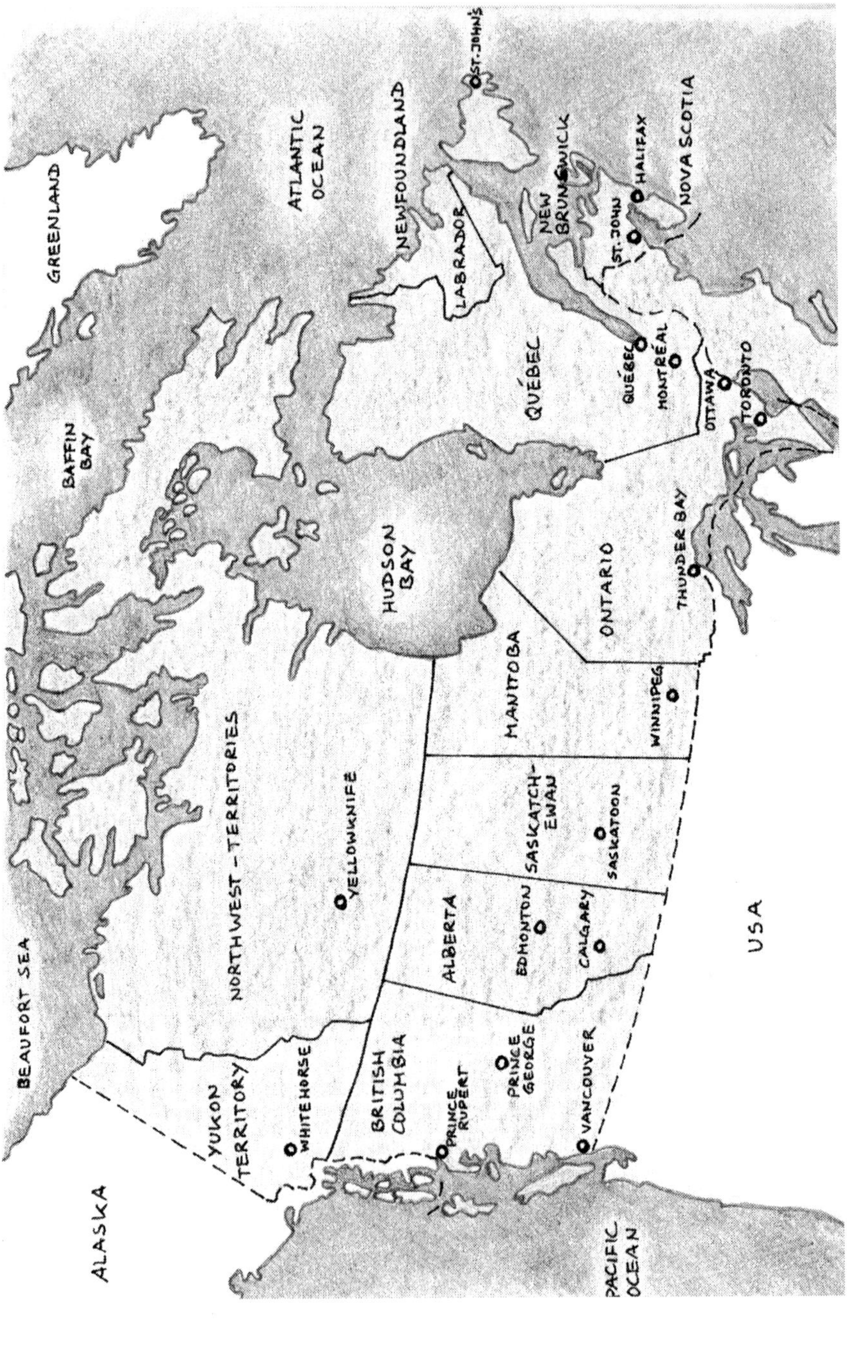
ALASKA
BEAUFORT SEA
GREENLAND
BAFFIN BAY
ATLANTIC OCEAN
NEWFOUNDLAND
ST. JOHN'S
LABRADOR
NEW BRUNSWICK
NOVA SCOTIA
HALIFAX
ST. JOHN
QUÉBEC
QUÉBEC
MONTRÉAL
OTTAWA
TORONTO
HUDSON BAY
ONTARIO
THUNDER BAY
MANITOBA
WINNIPEG
SASKATCH-EWAN
SASKATOON
NORTHWEST-TERRITORIES
YELLOWKNIFE
ALBERTA
EDMONTON
CALGARY
BRITISH COLUMBIA
PRINCE RUPERT
PRINCE GEORGE
VANCOUVER
YUKON TERRITORY
WHITEHORSE
USA
PACIFIC OCEAN

WIE ALLES BEGANN

Vor einigen Jahren mieteten wir uns zum ersten Mal ein Kanu, um für ein paar Stunden auf Hamburgs Alsterkanälen umherzupaddeln. Die laute, hektische Großstadt Hamburg zeigt vom Wasser aus ein völlig anderes Gesicht. Wer noch nie unter tiefhängenden Weiden einen trägen Nachmittag auf dem stillen Wasser verbracht hat, nur in Gesellschaft von Enten und Bläßhühnern, kann sich wohl kaum eine Vorstellung davon machen. Jedoch nach dieser ersten Fahrt durch die idyllische, teilweise fast ländlich anmutende Wasserlandschaft, hatte uns das Kanufieber gepackt. Da Mietkanus auf die Dauer sehr kostspielig sind, kauften wir uns ein Jahr später ein eigenes Kanu und lagerten es in einem der zahlreichen Hamburger Bootshäuser an der Alster.

Etwa ein weiteres Jahr später fiel uns zufällig ein Video von Bill Mason über das Paddeln in englischer Sprache in die Hände. In Deutschland ist Mason vermutlich nur wenigen Insidern ein Begriff, doch in seiner Heimat Kanada ist er eine Legende des Kanusports und ein bekannter Filmemacher und Maler. In diesem Video „Path of the Paddle“ beschreibt Bill Mason verschiedene Paddeltechniken für Solo- und Zweierkanadier. So spielerisch leicht sieht es aus, wenn Mason allein oder mit seinem Sohn Paul, auf einem glatten, ruhigen See oder durch wilde Stromschnellen paddelt. Es ist faszinierend zu sehen, wie man ein Kanu beherrschen kann, mit geringem Kraftaufwand, wenigen gezielten Paddelschlägen und speziellen Manövern. Gleichzeitig ist Masons Stil geprägt von einer nie gesehenen Eleganz.

Im kommenden Sommer begannen wir die gezeigten Techniken zu üben, und je besser es klappte, desto begeisterter waren wir. Jede freie Minute verbrachten wir auf dem Wasser. Natürlich kann man auf den Alsterkanälen auch ohne ausgefeilte Paddeltechnik Kanu fahren. Der höchste Schwierigkeitsgrad besteht darin, gelegentlich einem Alsterdampfer und an Wochenenden ungeübten Gelegenheitspaddlern auszuweichen,

die im Zickzack die Wasserwege kreuzen ohne einen Gedanken daran zu verschwenden, daß man ein Kanu auch steuern kann.
So wuchs der Wunsch nach einer größeren Herausforderung. Wir unternahmen ein paar Touren auf kleineren Flüssen, die in die Elbe münden, wie z.B. die Illmenau und die Luhe, und planten eine mehrwöchige Flußtour in Frankreich. Doch schließlich gestanden wir uns ein: das Ziel aller Wünsche begeisterter Kanuten ist Kanada. Das Land, in dem das Kanu traditionell Transport- und Fortbewegungsmittel auf den unendlichen Wasserwegen war. Die Idee war geboren, uns in die kanadische Wildnis zu wagen und uns dort ausschließlich mit dem Kanu fortzubewegen.

Zwei weitere Jahre vergingen, ehe wir uns den Traum erfüllen konnten, eine Menge Planungsarbeit war erforderlich. Wir liebten es, draußen in der Natur zu sein, ein Zelt aufzuschlagen, auf dem Kocher eine einfache Mahlzeit zu bereiten und praktizierten dieses alternative Leben auch so oft es ging. Allerdings ist es keine Kunst allen Widrigkeiten zu trotzen, wenn man für ein, zwei Wochen unterwegs ist und danach in sein gemütliches Zuhause zurückkehrt. Wie wäre es jedoch, wenn man statt weniger Wochen mehrere Monate „draußen“ verbringt, um das wirkliche Leben zu erleben. Würden wir das als verwöhnte Großstädter überhaupt aushalten? Nun, der Würfel war bereits gefallen. Zunächst mußte also eine Route festgelegt und dann eine bis ins Detail ausgeklügelte Ausrüstung beschafft werden. Die Wahl der Route war abhängig von zwei wesentlichen Gesichtspunkten: Es sollte ein langer Trip werden - wir wollten mehrere Monate unterwegs sein - und kosten durfte das Ganze natürlich so gut wie nichts.

In Kanada gibt es unendlich viel Wasser, aber nur wenige wirklich lange Flüsse. Der Mackenzie River fließt durch die Nord-West-Territorien, am Fuß der Rocky Mountains von Süden nach Norden, und mündet bei Inuvik in einem riesigen Delta in die Beaufort See. So weit im Norden sind die Sommer extrem kurz und auch nicht wirklich sommerlich. Die Durchschnittstemperatur in Chesterfield, NWT, liegen im Juli bei 8,7 Grad. Das war uns entschieden zu kalt!

Der Yukon River entspringt in den kanadischen Rockies, fließt in nordwestlicher Richtung durch Alaska und mündet bei Emmonak ins Bering Meer. Der Yukon schied in erster Linie deshalb aus, weil er uns einfach zu viel befahren war. Es gibt zahllose Bücher und Berichte über den hauptsächlich durch den Goldrausch berühmten Fluß. Nachdem wir mehrere davon gelesen hatten konnten wir uns des Gefühls nicht erwehren, inzwischen jede Flußeinmündung, jeden Ort, ja sogar jeden Anwohner zu kennen, ohne jemals selbst dort gewesen zu sein, denn jeder Autor beschrieb annähernd dasselbe. Zudem bietet der Yukon außer den „Five Finger Rapids", den „Yukon Flats" und der Tatsache, daß er berühmt ist, keinerlei Herausforderungen. Er ist einfach nur ein breiter Fluß.
Als Alternative blieb der Churchill River, bzw. das Churchill River System. Dieses System besteht aus einer Aneinanderreihung von großen und kleinen Seen, die durch Flußabschnitte und Stromschnellen miteinander verbunden sind. Selten ist der Churchill auf der Karte wirklich als durchgehender Fluß zu erkennen. Sein Ursprung liegt im Norden der Provinz Saskatchewan. Von dort windet er sich etwa 2000 Km in nordöstlicher Richtung durch den Norden Manitobas und mündet bei dem Städtchen Churchill in die Hudson Bay.

Die nördlichen Regionen beider Provinzen liegen auf dem sogenannten Kanadischen Schild (auch Laurentischer Schild genannt), einem der ältesten Teile der Erdkruste. Während der Eiszeit breiteten sich gewaltige Eismassen nach Süden aus und trugen die darunter liegenden Gesteinsmassen langsam ab. Das zurückweichende Eis hinterließ eine relativ ebene Fläche mit Ablagerungen von Sedimentgestein, Sand und Schiefer und ein riesiges Netz von Bächen, Flüssen und Seen. Auf dem felsigen Grund des Kanadischen Schilds hält sich nur eine dünne Humusschicht, die dennoch enorme Flächen von Nadelwald trägt, durchsetzt von schlanken, schnellwachsenden Birken und Espen.
Der Süden der Provinzen Saskatchewan und Manitoba gehört zur „Kornkammer" Kanadas. Riesige Getreidesilos und Felder so weit das Auge reicht prägen das Landschaftsbild.

Beide Provinzen sind dünn besiedelt. Saskatchewan hat erst vor einigen Jahren die Millionengrenze überschritten. Die meisten Einwohner leben im Süden und bewirtschaften das Ackerland.
Im Norden gibt es bis heute nur vereinzelte Siedlungen. Während der Süden von zahlreichen Highways durchzogen ist, führen nur wenige Straßen in den Norden. Lediglich ein Teil davon ist asphaltiert, der Rest sind unbefestigte Schotterpisten.
Dafür besitzen fast alle Gemeinden im Norden Landebahnen und Flugplätze für die zahlreichen Busch- und Wasserflugzeuge, welche die Orte untereinander verbinden. Viele der teilweise isoliert liegenden Ansiedlungen und Jagdhütten sind nur auf dem Luft- oder Wasserweg zu erreichen und besitzen bis heute keine Straßenanbindung.
Sofern man kein eigenes Flugzeug besitzt, ist es ein sehr kostspieliges Beförderungsmittel. Durch die schier unerschöpfliche Anzahl der befahrbaren Flüsse und Seen hätte man möglicherweise die Qual der Wahl. Doch die meisten liegen mitten im kanadischen Busch, fernab von jeder Ansiedlung und jeder Straße. Wollte man dorthin gelangen, müßte man sich nicht nur einfliegen, sondern auch wieder ausfliegen lassen. Außerdem sind die Flüsse, wie schon gesagt, zu kurz um mehr als zwei, drei Wochen darauf paddeln zu können. Wollten wir also, wie geplant, vier bis fünf Monate unterwegs sein, müßten wir alle paar Wochen ein Flugzeug chartern, und das würde mit Sicherheit sehr teuer werden. Der Churchill bot uns die Chance, während der ganzen Zeit im selben Flußsystem zu bleiben und trotzdem keine eintönige Flußfahrt vor uns zu haben.
In Deutschland war keinerlei Literatur über den Churchill zu bekommen, keine Abenteuerberichte und auch keine Informationen über den Fluß wie etwa die Befahrbarkeit von Stromschnellen, Lagermöglichkeiten u.s.w. Wir mußten uns darauf verlassen, in Kanada vor Ort Material zu finden. Lediglich Karten hatten wir uns besorgt, um eine Vorstellung von der Route zu bekommen. Wegen der Länge der Strecke waren es 24 Karten im Maßstab 1:250.000. Leider waren sie im Maßstab 1:100.000 nicht erhältlich, und bei 1:50.000 wären es so viele

Karten gewesen, daß sie ein erhebliches Transportproblem bedeutet hätten.
Sowohl die Anzahl der Gepäckstücke, die wir im Flugzeug mitnehmen durften, wie auch das Gewicht sind begrenzt. Doch nicht nur deshalb mußten wir sehr genau planen, was wir an Ausrüstung mitnehmen wollten. Wir wußten, daß wir unser Gepäck auch manchmal schleppen mußten, beispielsweise um Stromschnellen zu umgehen.
Etwa alle 100 bis 150 Kilometer stößt man auf Ortschaften entlang des Churchill, wo wir uns mit Proviant für jeweils drei bis vier Wochen versorgen konnten. Dazwischen waren wir auf uns allein gestellt. Als gewisse Sicherheit gibt es die Möglichkeit, sich in einigen Gemeinden bei der örtlichen Polizei, der RCMP, zu melden. Man gibt den nächsten Zielort und das voraussichtliche Ankunftsdatum an. Sollte man dort nicht zum verabredeten Zeitpunkt eintreffen, wird eine Suche veranlaßt. Allerdings sollte man den Zeitrahmen nicht zu eng stecken, um unnötigen Aufwand und Kosten für eine Suchaktion zu sparen.
Den größten Teil unserer Ausrüstung hatten wir im Lauf der Vorbereitungszeit in Deutschland gekauft. Nur die großen Sachen, also Kanu, Paddel, Schwimmwesten und einige Proviantcontainer wollten wir in Kanada besorgen.
Im April vermieteten wir unsere Wohnung für sechs Monate und kündigten unsere Jobs. Wir buchten einen Flug am 10. Mai 1998 von Hamburg über Calgary nach Saskatoon. Trotz aller Vorbereitung hatten wir nach wie vor keine genaue Vorstellung was uns erwartete, und wie wir als absolute Wildnisneulinge im kanadischen Busch zurechtkommen würden.

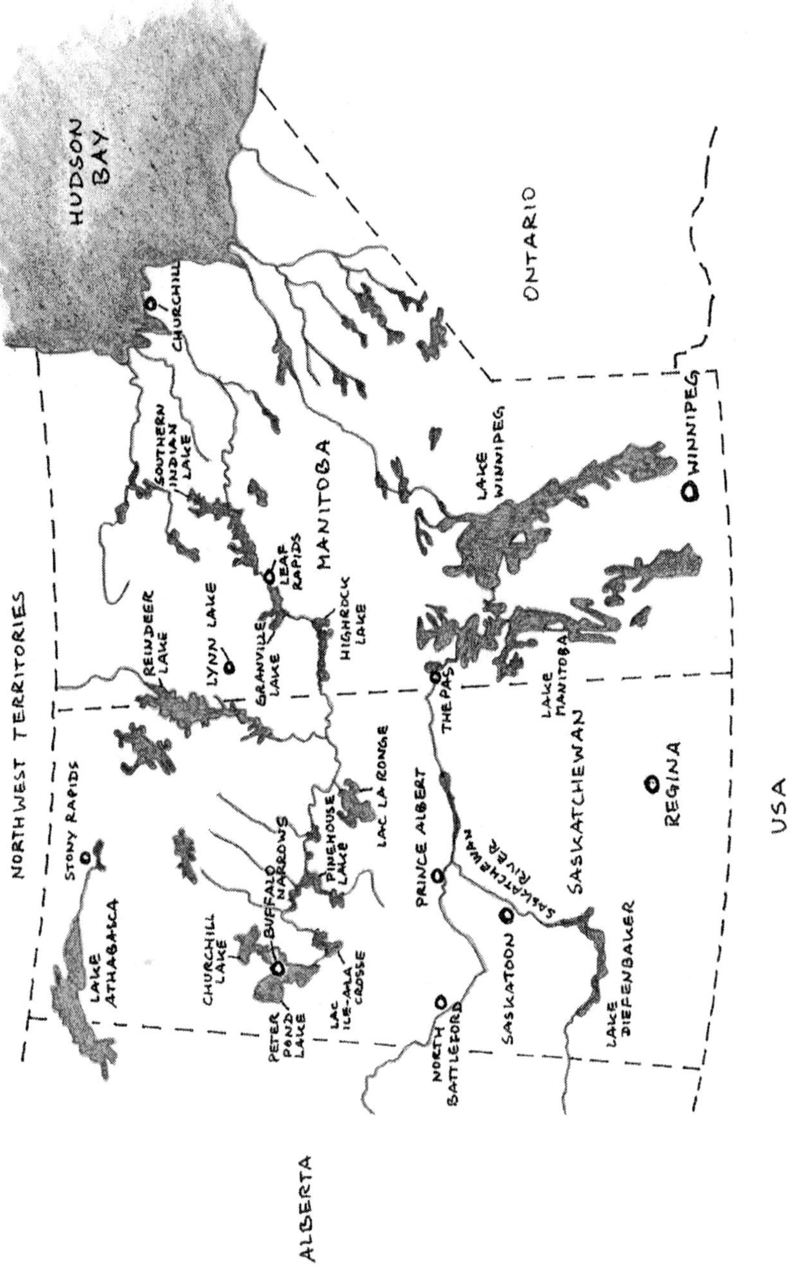
HUDSON BAY
ONTARIO
CHURCHILL
SOUTHERN INDIAN LAKE
MANITOBA
LAKE WINNIPEG
WINNIPEG
LEAF RAPIDS
HIGHROCK LAKE
GRANVILLE LAKE
LYNN LAKE
REINDEER LAKE
NORTHWEST TERRITORIES
STONY RAPIDS
LAKE ATHABASCA
THE PAS
LAKE MANITOBA
SASKATCHEWAN
REGINA
USA
LAC LA RONGE
PINEHOUSE LAKE
BUFFALO NARROWS
PRINCE ALBERT
SASKATCHEWAN RIVER
SASKATOON
LAKE DIEFENBAKER
CHURCHILL LAKE
LAC ILE-A-LA CROSSE
PETER POND LAKE
NORTH BATTLEFORD
ALBERTA

VORBEREITUNGEN

10. Mai 1998

Am Sonntagmorgen um 11.00 Uhr, gut zwei Stunden vor dem Abflug, betraten wir das Flughafengebäude in Hamburg Fuhlsbüttel. Die geräumige Abfertigungshalle von Terminal 4 war nicht sonderlich belebt, die Atmosphäre ruhig und entspannt.
Irgendwie wollte das nicht so recht zu unserer augenblicklichen Gefühlslage passen, die man -milde ausgedrückt- angespannt nennen könnte.
Mit Freunden hatten wir eine Abschiedsparty gefeiert und viele gute Wünsche mit auf den Weg bekommen. Vielleicht täuschte der Eindruck, daß fast alle uns beneideten, aber niemand mit uns tauschen wollte.
Mit Einverständnis des Vermieters waren ein Paar Wohnungsschlüssel für ein halbes Jahr einer Mieterin auf Zeit ausgehändigt worden, die sich auch um unsere beiden Kater und die Zimmerpflanzen kümmern sollte. Ich hatte seitenweise Instruktionen für den Betrieb von Heizung und Haushaltsgeräten verfasst, Gießanweisungen geschrieben, Fütterzeiten für die Katzen notiert, bis hin zu bestimmten Eigenheiten der lieben Tiere, die zu wissen sich lohnt.
Noch am Abend zuvor hatten wir zuhause inmitten von Ausrüstungsgegenständen, Büchern und Kleidungsstücken auf dem Fußboden gesessen und versucht, Ordnung in das Chaos zu bringen und alles sinnvoll zu verstauen. Hatten wir auch wirklich an alles gedacht?
Während wir noch unschlüssig mit unserem hochbeladenen Gepäckwagen herumstanden, wurde ein Röntgengerät herangeschoben und vor dem Schalter von British Airways aufgebaut. Normalerweise erhält das Gepäck beim einchecken einen Gepäckanhänger und verschwindet auf dem Laufband hinter der Schalterreihe. Durchleuchtet wird nur das Handgepäck vor dem Einsteigen. Nun, hier war es offensichtlich anders. Sofort schrillten unsere Alarmglocken. Micky hatte sich rechtzeitig bei British Airways erkundigt, welche Vorschriften es

beim Transport seines Compoundbogens gab, den er nach Kanada mitnehmen wollte. Er mußte ihn völlig auseinandernehmen und die Einzelteile im Gepäck verstauen, auf keinen Fall durfte der Bogen ins Handgepäck. Die 40 Pfeilschäfte allerdings befanden sich im Augenblick in der sonst leeren Bogentasche, die wir außer einem Tagesrucksack als Handgepäck trugen. (Nur die Pfeilspitzen hatte Micky vorsorglich entfernt.) Je zwei unserer acht Gepäckstücke, vier rote Taschen und vier Packsäcke, hatte Micky mit Gurten und meterweise Klebeband zu insgesamt vier großen Stücken zusammengebunden.

Doch beim Durchleuchten war weniger der Bogen als vor allem unser Benzinkocher und die Laterne aufgefallen. Innerlich stöhnten wir auf als die Beamtin uns bat, die Verschnürung zu lösen, damit sie einen Blick in die Taschen werfen konnte. Sie ließ Gnade walten und die übrigen Gepäckstücke blieben unangetastet. Als wir endlich wieder einpacken durften, prophezeite sie, daß wir bei der Einreise nach Kanada mit Sicherheit alles würden auspacken müssen. Die Bogentasche mit den Pfeilen durfte dann doch nicht mit ins Handgepäck. Die Dame am Schalter von British Airways zeigte sich kulant und ließ sie als fünftes Gepäckstück zu, was normalerweise ca. 200,- DM Aufpreis kostet.

Um 22.12 Uhr Ortszeit landeten wir in Saskatoon, der größten Stadt im nördlichen Teil der Provinz Saskatchewan.

Mit etwa 190.000 Einwohnern ist Saskatoon die zweitgrößte Stadt nach der Provinzhauptstadt Regina. Sie ist Universitätsstadt und wirtschaftlicher Mittelpunkt im Norden der Provinz.

Durch die „Downtown“ fließt der breite South Saskatchewan River, der von insgesamt sechs riesigen Brücken überspannt wird. Wie in Nordamerika üblich sind die Straßen schachbrettartig angelegt und tragen häufiger Nummern als Namen.

Wir winkten ein Taxi heran und fragten den Fahrer nach einem billigen Motel. Mit 75$ pro Nacht überstieg der Preis zwar eigentlich unser Budget, doch es war spät, die

Einreiseformalitäten waren nervenaufreibend gewesen und so blieben wir dort.
In Wirklichkeit war die Einreise wesentlich einfacher verlaufen als wir es uns vorgestellt hatten. Wir waren auf stundenlanges Untersuchen des Gepäcks und auf unangenehme Fragen nach dem Bogen gefasst gewesen. Während des Fluges hatte ich mich schon in die kühnsten Ideen verstiegen, z.B. daß uns der Bogen weggenommen werden könnte oder wir gar nicht einreisen durften! Tatsächlich bekamen wir dann ein Formular ausgehändigt, auf welchem man neben Ziel und Dauer des Aufenthalts ankreuzen mußte, ob man Waffen mitführte. Vielleicht kamen wir ungeschoren durch, wenn wir „nein“ ankreuzten, doch wenn sie das Gepäck filzten, dann hatten wir mit Sicherheit richtigen Ärger. Zögernd kreuzte Micky „ja“ an und gab die Formulare am Schalter ab. Prompt wurden wir an einen extra Schalter verwiesen, statt uns an die Warteschlange der „waffenlosen“ Einreisenden anschließen zu dürfen. Dort standen wir ganz allein und fühlten uns wie ein Angeklagter vor dem Urteilsspruch. Endlich erschien ein freundlicher Beamter und fragte, welche Art von Waffe wir denn dabei hätten. Micky´s Antwort -einen Compoundbogen- schien ihn eher zu amüsieren. Er wünschte „good luck“ und winkte uns durch.

11. Mai 1998

Am nächsten Morgen frühstückten wir im Restaurant des Motels und machten uns dann zu Fuß auf zur nahegelegenen Touristeninformation. Leider wußte man dort nicht mehr über den Churchill River als wir selbst. Es gab lediglich das Prospektmaterial, das man uns auf Anfrage schon nach Hamburg geschickt hatte.
Man empfahl, uns an das „Saskatchewan Environment and Resources Management Office“ zu wenden (es entspricht in etwa unserem Umweltamt), das sich auf dem Campus der Universität befindet. Außerdem erhielten wir einen Stadtplan von Saskatoon und die Telefonnummer des Touristenbüros in Churchill Town. Wohlmöglich konnten wir dort mehr über den Fluß erfahren.

Vom Motel aus rief Micky das „Tourist Office“ in Churchill an. Der Herr am Apparat war sehr unfreundlich und erklärte, kein Mensch würde mit dem Kanu den Churchill befahren und es gäbe keine Infos. Den Grund dafür sollten wir später noch erfahren.
An der Rezeption ließen wir uns die „Yellow Pages“, die Gelben Seiten geben. Auf der Suche nach einem gebrauchten Kanu klapperte Micky telefonisch die entsprechenden Geschäfte ab. Leider bekam er überall nur eine abschlägige Antwort: „I`am sorry Sir, no used canoes available.“
Das überraschend frühlingshafte, sonnige Wetter zog uns wieder nach draußen. Während der Planungsphase hatte uns einer der beiden Outfitter, die wir telefonisch kontaktiert hatten, dringend abgeraten, schon Anfang Mai nach Kanada zu kommen. Häufig sind die Flüsse erst Ende Mai oder Anfang Juni eisfrei, je nach Region. Wir waren also eher auf Eis und Schnee vorbereitet als auf einen schweißtreibenden Fußmarsch durch die Stadt.
Wir überquerten den „South Saskatchewan River“ und kauften „Downtown“ für Micky ein Paar robuste Schuhe, die bei seiner Ausstattung noch fehlten. Ansonsten blieben wir erfolglos und gingen müde zurück ins Motel.
Dort angekommen hätten wir am liebsten die Beine hochgelegt und den Jetlag etwas auskuriert. Statt dessen begannen wir, Klebeband und Gurte zu lösen und das Gepäck neu zu sortieren. Jeder von uns hatte eine Tasche für Kleidung und Schuhe und einen Packsack mit Schlafsack und Isomatte. Darüber hinaus gab es eine Tasche mit Küchenutensilien und einen Zeltsack. Eine Tasche enthielt Karten und Kompaß, Erste-Hilfe-Pack und Medikamente, Werkzeug , Filme, Fotoapparat und Fernglas, und last but not least Mickys „Survival-Kit“. Der letzte Packsack beherbergte die Angelausrüstung, Kocher und Benzinlaterne, Flaschen mit Ersatzbenzin und hauptsächlich Bücher. Für den Transport im Flugzeug hatten wir uns bemüht, die Gepäckstücke einigermaßen zu polstern. Die Tasche mit den Küchenutensilien hatte am meisten gelitten, da sie fast nur harte Gegenstande enthielt. Die Gurte, mit denen wir die Gepäckstücke

zusammengebunden hatten, sollten später im Boot zur Sicherung der Ladung dienen.

12. Mai 1998

Einer der „Motel Operators“ hatte uns geraten, im Anzeigenteil der Zeitung nach gebrauchten Kanus zu schauen. Es gab nur zwei Angebote: Das „Coleman“ Kanu schied aus, weil der Bootstyp nicht geeignet ist für eine solche Tour mit Gepäck. Das andere Kanu, ein „Cedar-strip“ Holzkanadier, hätten wir uns gern angesehen. Leider wohnte der Anbieter weit außerhalb von Saskatoon. Während wir noch überlegten wie wir dort hinkommen könnten, rief er zurück und erklärte, das Boot sei eben verkauft worden.
Enttäuscht aber nicht entmutigt nahmen wir den Bus zur Universität. Wir fragten uns durch zum „Environment and Resources Management Office“, und dort hatten wir endlich Glück: Kostenlos erhielten wir mehrere kleine Broschüren, sogenannte „booklets“, über verschiedene Abschnitte des Churchill River. Neben Angaben über die Länge des jeweiligen Flußabschnitts enthielten sie Hinweise zum Schwierigkeitsgrad des Trips in Bezug auf Stromschnellen (Rapids) und Portagen, also möglicher Umtragestellen. Einziger Nachteil: die booklets waren im Schnitt 10 Jahre alt, und es war zu befürchten, daß sich einiges verändert haben würde.
Für den Teil des Churchill, der durch Manitoba fließt, waren auch hier keine Infos zu bekommen.
Für 30$ das Stück kauften wir für jeden von uns eine „fishing licence“ für Saskatchewan. Dazu erhielten wir eine Broschüre mit detaillierter Auflistung, welche Fischart zu welcher Jahreszeit in welcher Größe und Anzahl gefischt werden darf.
In Kanada wird hauptsächlich Sportangeln betrieben. Häufig werden die Fische nur vermessen und gewogen und dann wieder ins Wasser geworfen. Daher sind strenge Auflagen und Vorschriften nötig. Es wird z.B. empfohlen, Angelhaken ohne Widerhaken zu verwenden, um den Fisch nicht mehr als nötig zu

verletzen. Wer außerhalb der Fangzeit fischt oder mit zu vielen Fischen erwischt wird, muß mit hohen Geldstrafen rechnen.
Wir wollten ohnehin nur angeln, wenn wir Appetit auf Fisch hatten, und nicht mehr fangen als wir essen konnten. Vielleicht sollte man erwähnen, daß wir beide noch nie zuvor geangelt hatten. Schon beim Kauf der Angelausrüstung waren wir unangenehm aufgefallen. Auf die Frage des Verkäufers, welche Art von Rute wir bevorzugen würden blieb nur eine Antwort: Natürlich eine mit der man Fische aus dem Wasser ziehen kann. Als Micky dann noch neben einer Rolle Schnur von jeder Sorte Köder zwei verlangte, wurde das ganze Ausmaß unserer Unwissenheit offenbar. Aber davon später mehr.
Neben der fishing licence erkundigten wir uns nach Lizenzen für die Jagd mit dem Bogen. Auch hier erklärten wir, daß wir ausschließlich zur Nahrungsbeschaffung, bzw. Ergänzung Kleinwild jagen wollten. Wir befürchteten, daß es eine reine Kostenfrage werden würde. Doch die Jagd auf Kleinwild, dazu zählen Hasen, Füchse, Biber, Kojoten, ist freigegeben. Lizenzen benötigt man lediglich für Wassergeflügel und Großwild.
Zum Abschied wünschte man uns: "Good luck, and have a safe trip!"
Mit dem Bus fuhren wir zurück in die Stadt. Bei „Canadian Tire", einer Kaufhauskette, wo es fast nichts gibt, was es nicht gibt, erwarben wir ein GPS, ein „Global positioning satellite system", zu deutsch: ein satellitengestütztes Navigationssystem, das vor allem für Motor- und Segelboote benutzt wird. Dieses war die tragbare Version, etwa so groß wie ein Handy.
Mit Hilfe des GPS läßt sich auf wenige Meter genau die Position bestimmen. Es war als zusätzliche Sicherheit gedacht, falls wir auf den großen Seen doch einmal Schwierigkeiten haben sollten uns zu orientieren, und Karte und Kompaß nicht ausreichten.
Natürlich hatte ich überhaupt keine Vorstellung davon, wie dieses Ding funktioniert! Micky`s Erklärungen erhöhten keineswegs mein Gefühl der Sicherheit. Die englische Gebrauchsanleitung half mir ebenfalls nicht weiter. Ich kann ganz gut englisch lesen, doch für die Beschreibung eines Gerätes

dessen Funktionsweise ich nicht begreife, reichen meine Sprachkenntnisse dann doch nicht aus.
Seit meiner Kindheit ist eine meiner größten Ängste, mich zu verirren. Nicht etwa nur in der unendlichen Weite Kanadas, sondern auch im heimischen Deutschland. Obwohl ich schon fast 20 Jahre in Hamburg lebe, gelingt es mir immer noch problemlos, mich zu verfahren oder zu verlaufen, denn mein Orientierungssinn ist einfach katastrophal.
Wie so oft mußte ich mich also ganz auf Micky verlassen, dem es meist ein Rätsel ist, daß jemand so schnell verlorengeht wie ich.
Auf dem Rückweg ins Motel schauten wir nochmal im „Tourist Office“ vorbei. Diesmal bediente uns eine andere Mitarbeiterin, Debbie, der wir von unserem Problem mit den gebrauchten Kanus berichteten. Debbie riet uns, es weiter im Norden zu versuchen. Sie erklärte, Saskatoon sei einfach noch zu weit weg vom „Further North“, wie man die nördlichen Gebiete nennt. Sie selbst stammt aus Prince Albert, einer kleinen Stadt ca. 150 km nördlich von Saskatoon. Debbie kannte den dort ansässigen Outfitter, Ron Horn, der in seinem Geschäft „Fresh Air Experience“ fast alles anbietet was der „outdoor freak“ begehrt. Debbie gab uns einen Stadtplan von Prince Albert mit und markierte auch gleich den Standort von „Fresh Air Experience“. Zufrieden gingen wir zurück ins Motel, um eine letzte Nacht in Saskatoon zu verbringen.

13. Mai

Am Busbahnhof erkundigten wir uns nach den Abfahrtszeiten der Busse und kauften Fahrkarten nach Prince Albert, von den Einheimischen nur kurz „P.A.“ genannt. Die freundlichen Motelangestellten wünschten uns: „have a safe trip!“.
Etwa drei Stunden später erreichten wir P.A., eine kleine Stadt mit ca. 35.000 Einwohnern. Es liegt am nördlichen Rand des Getreideanbaugebietes und an der südlichen Grenze des Wald- und Seengebietes. Es wird auch „Gate to the North“ genannt.
Auf der Karte findet man P.A. im Nordwesten des „Prince Albert Provincial Park“, einem 4000 Quadratkilometer großen Gebiet,

das mit seinen Fichten- und Espenwäldern und zahlreichen Seen als Naherholungsgebiet genutzt wird.

Am Nachmittag gegen 16.00 Uhr standen wir also mit einem Berg von Gepäck am Busbahnhof in P.A.. Nachdem wir die vorhandenen Schließfächer mit Bergen von Kleingeld gefüttert und Taschen und Säcke darauf verteilt hatten, machten wir uns zu Fuß auf die Suche nach einem Hotel. Unterwegs fragten wir nach „Fresh Air Experience", dem Laden von Ron Horn. Er lag nicht weit von der Hauptstraße entfernt.

Im „Avenue Hotel" schräg gegenüber mieteten wir für 40$ die Nacht ein Zimmer. Von außen sah es neu und teuer aus, doch innen zeigte es deutliche Abnutzungserscheinungen und das Dekor der Tapete war nicht gerade der letzte Schrei. Das Zimmer mit alten Möbeln, einem durchgelegenen Bett und separatem Bad mit Dusche war trotzdem gemütlich.

Wir marschierten zurück zum Busbahnhof und riefen ein Taxi.

Ein riesiger, enorm fetter, kurzatmiger und sehr freundlicher Schwarzer fuhr uns mit dem Gepäck ins „Avenue" zurück. Unser Fahrer passte kaum hinter das Steuer und schnelle Lenkbewegungen durfte man nicht von ihm erwarten. Zum Glück war kaum Verkehr.

Dann gingen wir hinüber in Ron Horns Geschäft. Es gab hier tatsächlich alles was der Wildnisreisende so braucht - der Name war Programm - nur keine gebrauchten Kanus. Ron erklärte uns, daß er Boote neu verkauft und sie z.B. am Ende eines Trips zurückkauft. Diese kann man dann gebraucht bekommen. Leider hatte er zur Zeit keine auf Lager und wußte auch nicht, wann welche hereinkämen.

Ron verkauft „Clipper" und „Mad River" Kanus, eine Marke, die wir gut kannten, da unser eigenes Boot ein Mad River Kanu ist.

Der Preis für ein neues Kanu war natürlich nicht eingeplant und würde unser schmales Budget erheblich belasten. Wir hatten es uns so einfach vorgestellt, in dem Land, in dem das Kanu traditionellerweise als Fortbewegungsmittel diente, und das über derartig viel Wasser verfügt, ein gebrauchtes Boot zu bekommen. Doch nun mußten wir uns wohl mit der Tatsache abfinden, daß im modernen Kanada nur noch ein paar

Abenteurer und paddelbegeisterte Touristen aus Europa mit dem Kanu fahren.

Da wo die Highways enden benutzt man heute Motorboot oder Wasserflugzeug.

Wir kauften bei Ron ein neues, rotes Mad River Kanu, zwei Holzpaddel und ein Ersatzpaddel aus Kunststoff. Ob wir die beiden Schwimmwesten brauchen würden wußten wir nicht, doch da wir nie zuvor Stromschnellen befahren hatten, wollten wir vorbereitet sein.

Ron bot uns an, Boot und Zubehör am Ende unserer Tour zurückzukaufen. Das Problem war nur, daß unser Ziel, Churchill Town an der Hudson Bay, ein paar tausend Kilometer nordöstlich von hier lag.

Die Frage der Unterbringung unseres Proviants löste sich ebenfalls überraschend unkompliziert: In Kanada bezieht der Großhandel fast sämtliche flüssigen Produkte - vom Sonnenblumenöl bis zum Teppichschaum - in genormten 20 Liter Eimern. Ron verkauft spezielle wasserdichte Deckel, die auf die Eimer passen. Sie bestehen aus einem Kunststoffring, den man fest auf den Rand presst, und einem Schraubdeckel mit Gummidichtung. Die Eimer bekommt man überall für ein bis zwei Dollar oder gar umsonst.

Wir erstanden zwei davon beim Bäcker um die Ecke und zwei weitere im „Princess" Restaurant, dazu vier Deckel bei „Fresh Air Experience".

Nachdem Ron zugesagt hatte, uns am nächsten Tag bei einem Supermarkt abzusetzen, damit wir Lebensmittel einkaufen konnten, löste sich auch gleich das weitere Transportproblem: Ron bot an, uns mit seinem Van mitsamt Boot und Ausrüstung ca. 400 km weiter nach Norden zu bringen, zu unserem Ausgangspunkt „Buffalo Narrows".

Wir waren restlos begeistert, denn in wenigen Stunden hatten wir in P.A. mehr erreicht als in drei Tagen Saskatoon.

Im Princess Restaurant aßen wir zu abend. Die Bedienung war indianisch, der Besitzer Chinese und auf der Karte gab es „Wieners mit Saurekraut". Während Micky mit einem schuhsohlenähnlichen Steak kämpfte, bekam ich das beste Chop Suey meines Lebens.

14. Mai

Nach dem Frühstück im „Princess“ hoben wir auf der Bank 1000$ Bargeld ab, als Notreserve und für Kleinigkeiten zwischendurch. Wir waren nicht sicher, ob man unterwegs in den kleinen Orten am Churchill überall mit Visa Card bezahlen konnte.
Zusammen mit Ron machten wir einen Abstecher zu „Arnie`s Gun Shop“, um für mich einen günstigen Jagdrecurve (ein einfacher Holzbogen) zu kaufen, wie ich ihn auch zuhause benutze. Ich hatte keinen Bogen mitgebracht, da ich noch keinen eigenen besaß, sondern bisher mit einem Leihbogen geschossen hatte. Auf keinen Fall wollte ich damit auf ein Tier schießen, ich war bei weitem nicht gut genug, um es sicher treffen zu können. Ich kaufte den Bogen lediglich, um in Übung zu bleiben. Arnie hatte nur einen einzigen Holzbogen vorrätig, der zudem mein gewohntes Zuggewicht um ein paar Pfund überstieg. Mit den Bögen ist es scheinbar wie mit den Booten, die traditionelle Art verschwindet mehr und mehr zugunsten der präziseren und leichter zu handhabenden modernen Version.
Während Arnie und Micky den Bogen schußfertig machten und dabei versuchten, das Zuggewicht noch etwas herunterzudrücken, holte ich mit Ron Kaffee für alle in einem nahegelegenen Coffee Shop.
Wie versprochen setzte uns später einer von Ron`s Mitarbeitern bei „Safeway“ ab. Bewaffnet mit einer langen Einkaufsliste begannen wir, Lebensmittel für die nächsten vier Wochen in einen Einkaufswagen zu laden. (Eine Notreserve war darin schon enthalten, denn in etwa drei Wochen konnten wir den nächsten Ort erreichen.)
Wegen des Gewichts und des begrenzten Volumens unserer Proviantcontainer waren die Mengen genau durchdacht. Bei den Grundnahrungsmitteln wie Reis, Nudeln, Hülsenfrüchten war es relativ einfach, die Mengen pro Mahlzeit abzuschätzen. Aus

Platzgründen kauften wir statt Schrauben- oder Bandnudeln nur Spaghetti. Wir waren davon ausgegangen, daß „Safeway" in Kanada ein ähnliches Warenangebot hatte, wie wir es von zuhause kannten. Schon beim Mehl merkten wir, daß wir uns umstellen mußten. Es wurde nur in ungewohnten 2,5 Kg Tüten verkauft. Entweder konnten wir mit zwei Tüten weniger als geplant mitnehmen, oder mit drei Tüten wesentlich mehr. Vollkornmehl gab es überhaupt nicht und Weizenmehl ausschließlich mit Zusätzen, Vitamine, Konservierungsstoffe u.s.w. - alles unbedingt notwendig bei Mehl. Frühstücksflocken aller Art bedeckten riesige Regalwände. Mit etwas Glück und Geduld entdeckten wir dazwischen mehrere Tüten einfache Haferflocken. Inmitten von fünf Metern Marshmallows versteckten sich ganz unten im Regal einige Tafeln Schokolade, deren gesamten Vorrat von 10(!) Tafeln wir aufkauften. Speck, Schinken, Salami und Käse nahmen wir abgepackt und eingeschweißt. Außer Cheddar Käse gibt es übrigens in ganz Kanada so gut wie keine Käsesorten. Offener Käse ist lediglich in besonderen Supermärkten und Feinkostgeschäften erhältlich.

Bei Tütensuppen und -Soßen, die wir als würzige Grundlage oder zum Andicken verwenden wollten, war die Auswahl ebenfalls überraschend begrenzt.

Statt Getränken in Flaschen nahmen wir Getränkepulver zum auflösen, Tee und natürlich Kaffee mit. Als alte Kaffeetanten verbrauchen wir zuhause etwa ein Pfund Kaffee pro Woche, macht für vier Wochen 2 Kg Kaffee. Wir schnappten uns einen zweiten Einkaufswagen und beluden Ihn mit Zucker, Vollmilchpulver, Margarine, Öl, Marmelade, Honig, Erdnußbutter, Gewürzen, Kartoffelpulver (statt schwerer Kartoffeln) und drei sperrigen Packungen der für mich leider unverzichtbaren Kekse. (Schade, daß es die noch nicht „instant" gibt.) Wegen des Gewichts und der kurzen Haltbarkeit konnten wir frisches Obst und Gemüse nur für die ersten Tage einpacken. Auf Lebensmittel in Dosen oder Fertiggerichte hatten wir ganz verzichtet. Sie sind schwer, benötigen viel Platz für wenig Inhalt und anschließend schleppt man den sperrigen Müll mit sich herum, will man die Gegend nicht damit verschandeln.

Am Ende schoben wir zwei prall gefüllte Einkaufswagen zur Kasse. Keine Ahnung, wie wir das alles in unseren Proviantfässern verstauen sollten. Dennoch war ich etwas enttäuscht und irgendwie unbefriedigt. Wir hatten zwar eine Menge „Rohmaterial", aber was um alles in der Welt sollte ich zu den Nudeln, dem Reis, dem Kartoffelpulver bloß zubereiten? Jeden Tag Speck und Schinken? Ich hoffte, es würde sich bewahrheiten, daß Not erfinderisch macht.
Drei Supermarktmitarbeiter eilten zu Hilfe und packten unsere Einkäufe fachgerecht in Kartons.
Micky kaufte Zigaretten und Tabak. Zigaretten sind in Kanada sehr teuer, etwa sieben Dollar pro Packung. Wir waren überrascht, daß kaum ausländische Zigaretten importiert werden und Micky somit auf seine filterlosen Camels verzichten mußte. Meist sind nur die beiden einheimischen Marken „Players" und „Du Maurier" erhältlich. Insgesamt bezahlten wir 365$, wobei ein can. Dollar zur Zeit 1,25 DM kostete.
Eine Weile saßen wir vor dem Laden in der Sonne und überschlugen in Gedanken unsere Ausbeute, bis uns einer von Ron`s Mitarbeitern abholte und zurück ins Avenue Hotel brachte.
Dort angekommen füllten wir die Lebensmittel in Gefrierbeutel um und warfen die sperrigen Verpackungen weg. Zum einen waren sie dadurch vor Feuchtigkeit geschützt, zum anderen ließen sich die Beutel besser in den Fässern verstauen.
Micky baute seinen Bogen wieder zusammen. Bei einem Compoundbogen ein schwieriges Unterfangen, handelt es sich doch nicht um ein einfaches Holzstück mit einer Schnur, sondern um ein kompliziertes Hightech Sportgerät mit vielen Einzelteilen.
Nun war endgültig alles bereit, die Reise konnte losgehen.

Am Ufer des Churchill Lake

AUFBRUCH

15. Mai

Drüben bei „Fresh Air Experience“ wurde gerade unser Kanu auf dem Dach des Van festgezurrt, als wir ankamen. Unser Gepäck, mittlerweile angewachsen auf vier Packsäcke, vier Taschen, vier Proviantfässer und eine unhandliche Bogentasche, verschwand mühelos im Laderaum des Van.
Ron fuhr heute selbst. Er war gut gelaunt und erzählte unterwegs Geschichten von Leuten die ähnliche Trips vorgehabt hatten und denen er zum Start verholfen hatte.
Für die etwa 400 km lange Strecke nach Buffalo Narrows benötigten wir gut vier Stunden. Auf der schnurgerade nach Norden verlaufenden Straße begegneten wir vielleicht zwei bis drei Autos pro Stunde. Auch ohne die in Nordamerika übliche Geschwindigkeitsbeschränkung hätte man kaum schneller fahren

können. Ständig mußte Ron tiefen Schlaglöchern und Frostschäden ausweichen. Dennoch gehörte die Straße nach Buffalo zu den komfortableren Highways. Später begegneten uns fast nur noch Schotterpisten.

Während der Fahrt bekamen wir einen ersten Vorgeschmack von der Grenzenlosigkeit, die uns erwartete. Der Highway war gesäumt von scheinbar endlosen Espen- und Birkenwäldern, vermischt mit ein wenig Nadelholz. Ab und an wiesen Schilder auf die wenigen Ansiedlungen abseits der Straße hin.

In Buffalo Narrows angekommen hielt Ron bei der RCMP (Royal Canadian Mounted Police). Sich in jedem Ort, den wir passierten registrieren zu lassen, war eine zusätzliche Sicherheitsmaßnahme. Uns war natürlich klar, daß uns unterwegs nichts passieren durfte. Mit dem Kanu würden wir jeweils zwei bis vier Wochen zum nächsten Ort brauchen. Es war unmöglich, schnell Hilfe zu holen, wenn sich einer von uns verletzte. Eine Katastrophe wäre es, wenn wir das Boot und/oder die Ausrüstung verlieren sollten, z.B. beim Kentern in Stromschnellen. Wir hatten uns fest vorgenommen, das Risiko so gering wie möglich zu halten und uns dessen bewußt zu sein, daß wir auf uns allein gestellt waren. Es war somit ein recht beruhigendes Gefühl zu wissen, daß jemand von unserer Existenz da draußen wußte.

Als nächstes Ziel gaben wir „Ile-a-la-Crosse“ an, das wir etwa in 3 Wochen erreichen wollten. Die Officers waren offensichtlich nicht mit dieser Praxis vertraut, zeigten sich aber sehr angetan und gaben unsere Daten in den Computer ein.

Dann brachte Ron uns zum Ufer des Churchill Lake, wo wir einsetzen wollten. Man sagt, daß hier das Churchill River-System seinen Ursprung hat. Während wir den Van entluden sank mein Mut. Vor uns dehnte sich die schier endlose Wasserfläche des Churchill Lake. Weit hinten am Horizont konnte man Land ahnen. Ron verabschiedete sich und der Van fuhr davon. Als Micky mich fragte, in welche Richtung wir denn fahren wollten, setzte ich mich auf den Gepäckberg und fing an zu heulen. Die Unendlichkeit vor uns schien mich förmlich zu erdrücken. Beide wußten wir nicht, was uns erwartete, wenn wir weiter in die

Wildnis hineinfuhren, und im Augenblick zweifelte ich daran, dem gewachsen zu sein. Es war tröstlich als Micky gestand, ihm sei ebenfalls mulmig zumute.

Vor uns im See lag eine große Insel. Der Karte nach hieß sie „McKay Island“. Zum ersten Mal beluden wir umständlich das Boot und paddelten hinüber. Wir beschlossen, dort ein oder zwei Tage zu bleiben, um uns einzugewöhnen, falls wir einen geeigneten Lagerplatz finden sollten.

Etwa 30 Minuten dauerte die Überfahrt. Auf der Rückseite der Insel entdeckten wir einen langgezogenen Sandstrand, auf dem wir zum ersten Mal unser Lager aufschlugen. Es lag reichlich Treibholz für ein Lagerfeuer herum. Während wir das Zelt aufstellten und Holz sammelten, wurde uns in der Sonne richtig warm.

Im Gepäck hatten wir einen sehr praktischen Grill, auf dem wir heute abend mitgebrachte Würstchen grillen wollten. Auf einen Alustab, der in die Erde gesteckt wird, paßt ein schwenkbarer Arm, welcher stufenlos in der Höhe verstellbar ist und den Grillrost trägt. Die Einzelteile lassen sich leicht auseinandernehmen und in einer flachen Kunststofftasche verstauen, nur wenig größer als ein Din A4 Blatt. Ein ebenso einfaches wie geniales Patent. Später benutzten wir den Grillrost um Topf oder Kessel übers Feuer zu stellen.

Zu den Würstchen gab es Kartoffeln und Zwiebeln, in der Glut gebacken. Anschließend kochten wir Kaffee.

Die Sonne ging langsam unter und tauchte Wolkenhimmel und Wasser in violettes Licht. Der See, der am Nachmittag bei der Überfahrt recht kabbelig gewesen war, dehnte sich spiegelglatt.

Bei der Arbeit war unsere Zuversicht zurückgekehrt und wir freuten uns auf die vor uns liegende Zeit.

Kaum war die Sonne weg, wurde es empfindlich kalt. Trotzdem ich bis über die Nasenspitze im Schlafsack verschwand und lange Unterwäsche trug, wollte mir die ganze Nacht nicht recht warm werden.

16. Mai

Am Morgen war es windig und kalt. Trotz mehrerer Schichten Shirts und Fleecepullover fror ich, obwohl die Sonne am wolkenlosen Himmel stand. Es schien Stunden zu dauern bis das Feuer richtig in Gang kam und wir uns einen heißen Kaffee gebraut hatten. Zum Kaffeekochen benutzten wir einen kleinen Wasserkessel, in den wir ein Teesieb mit dem Kaffeepulver hängten, wenn das Wasser kochte. Auf diese Weise sparten wir den Platz für einen sperrigen Kaffeefilter und Filtertüten.

Zum Frühstück versuchte ich, unseren ersten „Pfannen-Bannock“ zu backen. Bannock ist seit Jahrhunderten das Brot der Trapper und Waldläufer. Sich auf längeren Touren mit frischem Brot zu versorgen ist schwierig, da es nicht lange haltbar ist und viel Platz einnimmt. Wir hatten einiges über Geschichte und Entstehung von „Bannock“ gelesen, und ich hatte mir mehrere Rezepte notiert. Für den Brotteig verwendet man Hefe, Backpulver oder Sauerteig als Treibmittel. Fast alle Mehlsorten sind geeignet. Ich hätte Vollkornmehl bevorzugt, doch wie gesagt, hatten wir auf unserer Einkaufstour keines bekommen. Mit Hefe und Backpulver hatte ich mich reichlich bevorratet, da wir nicht sicher waren, es unterwegs nachkaufen zu können.

Bei diesem ersten Versuch stellte ich den Teig mit Backpulver her und formte Brötchen daraus. Im Gegensatz zu Hefe- oder Sauerteig benötigt er keine Ruhezeit zum Aufgehen, sondern kann sofort mit Fett in der Pfanne gebacken werden. Meine Brötchen waren etwas zu groß geraten und gingen in der Pfanne so stark auf, daß es lange dauerte, bis sie durchgebacken waren. Doch sie schmeckten köstlich als wir sie heiß verzehrten.

Das Lagerleben lief noch sehr unorganisiert ab. Ständig durchsuchten wir sämtliche Taschen, bevor wir fanden was wir suchten. Beim Füllen der Proviantfässer hatten wir versucht zu sortieren. In einem Faß sollte sich alles befinden, was man fürs Frühstück braucht, in einem anderen nur trockene Lebensmittel usw. Trotzdem - oder gerade deshalb- öffneten wir mehrmals alle Fässer, um an das Salz für den Brotteig, das Öl zum Backen oder an die Marmelade zum Bestreichen zu kommen. Gegen mittag (!) waren wir endlich fertig mit Frühstück und Abwasch. Ich verkroch mich eine Weile ins Zelt, wo es warm und windstill war.

Zwei Stunden später ließ der Wind nach. Plötzlich brannte die Sonne heiß, die Pullover wurden zu warm.

Ich setzte mich an den Strand in die Sonne. Während ich aufs Wasser schaute überkamen mich noch einmal Mutlosigkeit und Angst. Micky versuchte, mich zu trösten und mir etwas von seinem Optimismus abzugeben. Er glaubte fest daran, daß wir alle Schwierigkeiten meistern würden. Ich hatte ganz einfach Furcht, zu versagen. Doch nachdem das heraus war, fühlte ich mich wesentlich besser. Um herauszufinden ob ich es schaffte, mußte ich es probieren.

Während Micky nach Buffalo Narrows hinüberpaddelte, um Eier zu kaufen, sägte ich massenhaft Holz fürs Lagerfeuer, hängte die Schlafsäcke zum lüften auf die Wäscheleine und gestaltete die „Küche" etwas übersichtlicher. Ich fand einen leeren Plastikkanister, füllte ihn mit Sand und stellte ihn als Ziel auf, um mit Pfeil und Bogen ein wenig zu üben.

Gegen abend machten wir Feuer, um die restlichen Würstchen und Kartoffeln zu grillen. In einem Tümpel hinter dem Camp begann ein Froschkonzert. Micky hatte am abend Sonnenbrand auf Händen und Füßen. Wieder erlebten wir einen schönen Sonnenuntergang. Ihm folgte die zweite kalte Nacht.

17. Mai

Auf McKay Island gefiel es uns so gut, daß wir einen weiteren Tag bleiben und relaxen wollten. Die trüben Gedanken und Sorgen waren wie weggeblasen. Das warme, sonnige Wetter paßte zu unserer euphorischen Stimmung. Micky probierte das GPS aus. Er machte einen Ausflug ins Innere der Insel und verfolgte dabei seinen Weg auf dem Display. Anschließend ließ er sich von den gespeicherten Daten auf dem gleichen Weg zurückführen.

Nach dem Frühstück, bestehend aus unseren ersten „Outdoor Pfannkuchen", wuschen wir Wäsche. Da wir nicht viel zum wechseln dabei hatten, mußten wir entsprechend oft waschen.
In einer Faltschüssel wurden die Sachen zunächst eingeweicht, bevor ich sie - bis zu den Knien im Wasser stehend - zum Spülen im See schwenkte. Neutralseife diente als Waschmittel, sowohl für die Wäsche als auch fürs Geschirr.
Aus Platzgründen hatten wir nur das Nötigste an Kleidung eingepackt, und alles mußte kombinierbar sein:
Für jeden je zwei robuste Trekkinghosen aus schnelltrocknendem Gewebe, je zwei Shirts mit langem, drei mit kurzem Arm, zwei Hemden, lange Unterwäsche, Socken und Unterwäsche nach Bedarf.
Für die wirklich kalten Tage Fleecepullover und -hose, Wollsocken, und für mich dazu Mütze Schal und Handschuhe.
Als besonderen Luxus hatte ich zwei kurze Hosen und einen Sonnenhut im Gepäck. (Angeblich sollte der Hut stets seine Form wieder einnehmen, auch wenn man ihn in eine Tasche knüllte!). Je eine wind- und vor allem regendichte Gore Tex Jacke und Hose vervollständigte unsere Garderobe.
Bei trockenem Wetter trug ich Turnschuhe und Micky die Halbschuhe, die er in Saskatoon gekauft hatte. Für Regentage besaßen wir Trekkingstiefel, die leider sehr sperrig in der Tasche sind. Trotzdem wollte ich nicht auf ein Paar Sandalen verzichten, denn ich hasse es, im Sommer Halbschuhe zu tragen, bis die Füße qualmen.
Nach der großen Wäsche befanden wir, daß uns ein wenig Wasser ebenfalls nicht schaden könnte. Die Sonne wärmte schon ganz gut, doch der See war zu dieser Jahreszeit noch eisig kalt. Mai ist für gewöhnlich der Monat der Schneeschmelze.
Es kostete große Überwindung, sich mit dem kalten Wasser zu waschen. Wie schon beim Wäschespülen nahmen meine Füße schnell eine bläuliche Färbung an.
Am Nachmittag schien eine Wetteränderung bevorzustehen. Wolken zogen auf, der See bildete kleine Wellen und merkwürdigen Schaum am Ufer. Einige Wespen und eine Art „Schmeißfliegen" umschwirrten uns hartnäckig. Ich glaube, daß

sie stechen! Beim Versuch, nach ihnen zu schlagen habe ich bereits eine Seite meines Schreibblocks herausgerissen.

Micky übt mit großer Geduld, die Angel auszuwerfen. Doch die Fische, die man manchmal hoch aus dem Wasser springen sieht, scheinen bisher nicht sehr beeindruckt von seinen Bemühungen.

Zum Abendessen gibt es Schinkennudeln. Den Topf stellen wir auf den Grillrost und kochen auf dem Feuer. Zwar haben wir auch einen kleinen Benzinkocher und zwei Liter Kocherbenzin dabei, doch den wollen wir nur im Notfall benutzen. Wollten wir unsere Mahlzeiten ausschließlich auf dem Kocher zubereiten, müßten wir eine beträchtliche Menge Benzin mitschleppen.

Von Buffalo Narrows starten häufig Wasserflugzeuge und fliegen dicht über unsere Köpfe hinweg. Mit Beginn der Dämmerung setzt hinter dem Lager wieder das Froschkonzert ein. Jemand schleicht um das Zelt und raschelt im Unterholz. Wenn wir uns bewegen, ist plötzlich alles still. Anhand von Spuren, die wir in feuchtem Sand entdeckt haben, vermuten wir eine Bisamratte und nennen sie Sam.

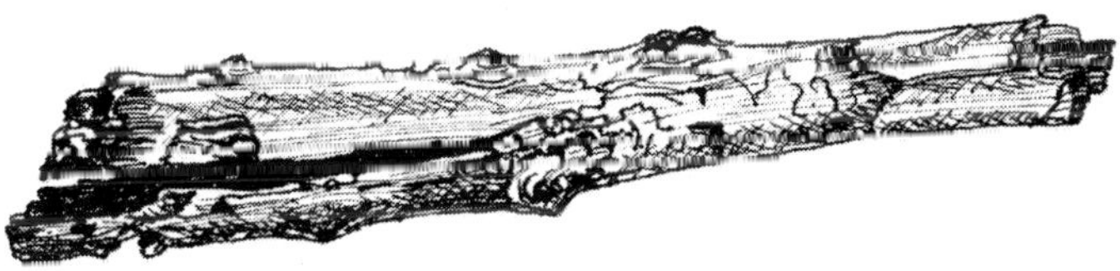

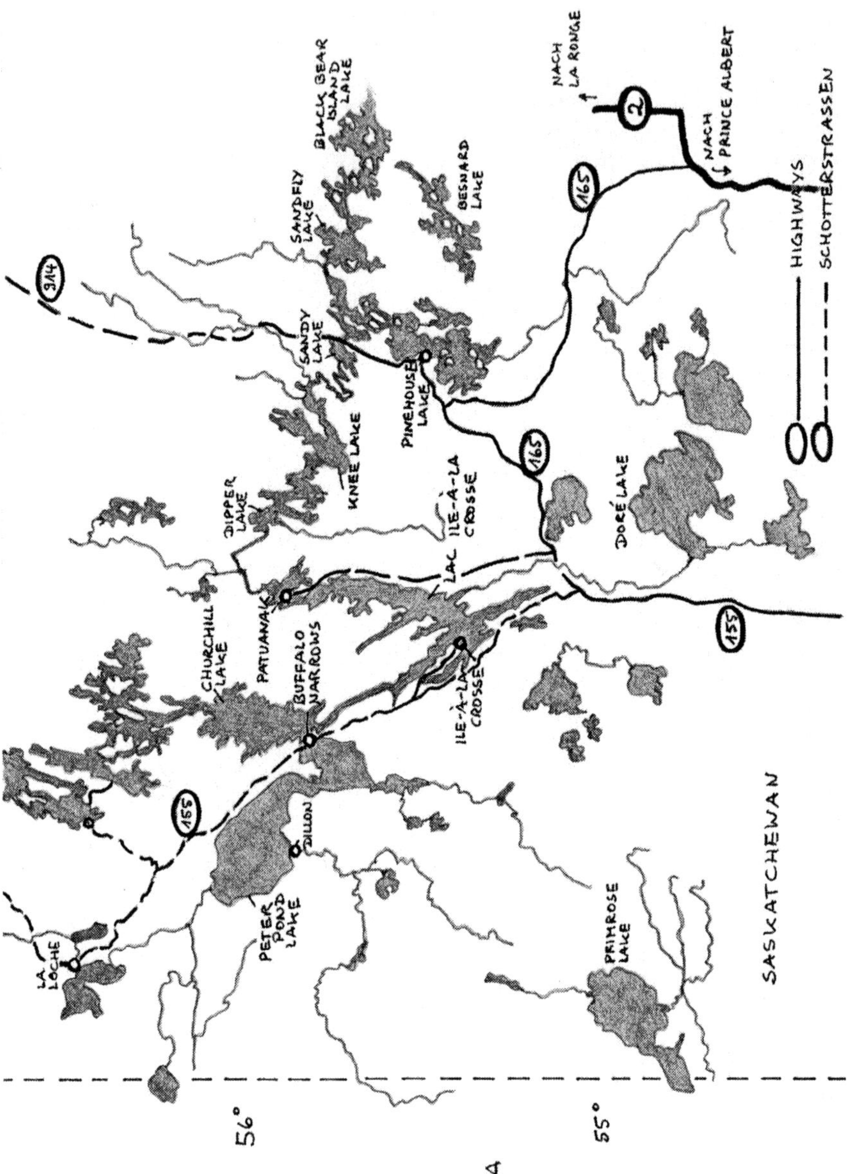

NACH LA RONGE
NACH PRINCE ALBERT
2
165
914
155
BLACK BEAR ISLAND LAKE
BESNARD LAKE
SANDFLY LAKE
SANDY LAKE
PINEHOUSE LAKE
KNEE LAKE
DIPPER LAKE
LAC ILE-A-LA CROSSE
DORÉ LAKE
PATUANAK
CHURCHILL LAKE
BUFFALO NARROWS
ILE-À-LA CROSSE
DILLON
PETER POND LAKE
LA LOCHE
PRIMROSE LAKE
SASKATCHEWAN
HIGHWAYS
SCHOTTERSTRASSEN
56°
55°
ALBERTA

FRÜHLING

VON BUFFALO NARROWS NACH ILE-A-LA-CROSSE

18. Mai

Bei bewölktem Himmel verließen wir McKay Island. Eine leichte Brise trieb die Wolkendecke zeitweise auseinander und ließ die Sonne hindurchblinzeln. Wir waren ganz dankbar, daß sie sich nur selten zeigte, denn unsere Arme und Hände waren bereits sonnenverbrannt.

Das Wasser des Churchill Lake sah aus wie flüssiges Blei. Genauso zähflüssig fühlte es sich beim Paddeln an, wir hatten das Gefühl, kaum voranzukommen. Für gewöhnlich knien wir beim Paddeln auf dem Bootsboden und lehnen den Hintern an den Rand des Sitzes. Micky hatte uns rechteckige Kissen aus einer Isomatte ausgeschnitten, und kleinere, runde Polster für den Sitz. Trotzdem rutschten wir ständig unbehaglich hin und her und versuchten, die Sitzposition zu verändern. Jede Lage wurde nach kurzer Zeit einfach unbequem und der Allerwerteste begann zu schmerzen. Die Form des Bootes, die niedrig angebrachten Sitze, die Art der Paddelgriffe, alles war ungewohnt. Zudem hatten wir nach wie vor keinen rechten Plan, wie die Ladung am besten zu verteilen war. Diesmal schien das Kanu vorne zu tief zu liegen, was wiederum das Steuern erschwerte. Schon nach wenigen Kilometern ließ die Kondition nach, sodaß wir immer häufiger Paddelpausen einlegen mußten. Wegen des kühlen Windes trugen wir langärmelige Hemden über den T-Shirts. Sobald sich die Sonne kurz zeigte, gerieten wir sofort ins Schwitzen. Am liebsten hätten wir uns ständig an- und ausgezogen.

Die großen Fliegen waren auch wieder da. Sie waren heute eher träge und setzten sich ab und zu auf den Bootsrand. Ich blickte ihnen tief in die Augen und war nun überzeugt, daß sie stechen (obwohl sie es nicht taten). Sie hatten so einen lauernden, hinterhältigen Blick! (Später hörten wir, daß man sie „Horseflys" nennt - Pferdefliegen. Am eigenen Leib erfuhren wir, daß sie nicht nur stechen, sondern schmerzhafterweise kleine Stücke aus dem Fleisch herausbeißen. Je heißer der Tag, desto angriffslustiger sind sie, bei kühlem Wetter sind sie träge.)

Bei der Einfahrt in den Mary-Beth Channel gab es erste Orientierungsprobleme. Der Maßstab unserer Karten war ziemlich klein und zeigte wenig Feinheiten. Es war schwierig, das was wir auf der Karte erkannten, mit der Natur vor uns in Einklang zu bringen. Alles war viel größer und weitläufiger als wir es uns beim studieren der Karten zuhause vorgestellt hatten. In der Ferne waren Inseln im See nicht vom Festland zu unterscheiden. Aus der Nähe betrachtet hätte jede Durchfahrt zwischen zwei Inseln auch die Einfahrt in den Mary-Beth Channel sein können. Diesmal verließ Micky sich auf seinen Riecher, der uns sicher in den Kanal führte.

Unterwegs wollten wir ursprünglich an einem gemütlichen Plätzchen an Land gehen und eine Kaffeepause einlegen. Doch der Mary-Beth Channel wies kilometerweit nur steinige, steile Uferböschungen auf. So weit das Auge reichte standen Birken und Espen dicht an dicht, fast bis zur Wasserlinie. Nirgendwo gab es eine Möglichkeit auch nur anzulegen, geschweige denn zu lagern. Damit hatten wir nicht gerechnet. Eher waren wir davon ausgegangen, daß sich nach Belieben alle paar Meter ein Rastplatz finden ließ.

Ich schlug vor, bei der ersten Gelegenheit gleich das Lager aufzuschlagen statt nur Kaffee zu trinken. Meine Kräfte waren schon ziemlich erschöpft. Inzwischen brachten auch die Power-Riegel, die Ron uns beim Abschied zugesteckt hatte keinen Energieschub mehr. Doch Micky vermutete hinter jeder Flußbiegung den rettenden Anlegeplatz und trieb uns weiter voran.

Der Kanal war hier etwa 700-800 Meter breit. Micky suchte immer wieder mit dem Fernglas das gegenüberliegende Ufer ab. Schließlich entdeckte er drüben eine Lücke in der dichten Ufervegetation. Mit letzter Kraft paddelten wir auf einen hellen Streifen zu und landeten an einem Sandstrand.

Leider lag viel Müll herum und es gab einen weiteren entscheidenden Nachteil: es wimmelte von Ameisen. Sofort krabbelten sie uns in die Schuhe und zwickten uns in die Knöchel. Der ganze Strand schien ein einziger Ameisenbau zu sein. überall stießen wir auf weitere Aus- oder Eingänge. Es war zu befürchten, daß sie erst recht zum Angriff übergingen, wenn wir anfingen Zeltheringe in den Boden zu schlagen. In diesem Moment fiel unser Blick auf einen weiteren Sandstreifen. Er lag geschützt in einer Einbuchtung und war deshalb vom Wasser aus nicht zu sehen gewesen. Wir paddelten die wenigen 100 Meter hinüber. Wir fanden ein paar Mücken, sandkorngroße schwarze Plagegeister, die ebenfalls in Füße und Knöchel stachen und eine Menge Tierspuren, aber keine Ameisen.

Um gute Spurenleser zu werden, hatten wir ein Buch mitgebracht. Es zeigt Fährten, Kot, Bißspuren, Nester und Höhlen von allen möglichen Wildtieren. Natürlich ging es dabei vor allem um Raubtiere, die uns eventuell einen Lagerplatz streitig machen könnten. Nach Vergleichen mit den Abbildungen im Buch fanden wir heraus, daß außer uns nur Rehwild (engl. Deer) und eine Marderart hier wohnte.

Nach einem schnellen Abendbrot aus (Pfannen-)Bannock und Eiern mit Speck bauten wir das Zelt auf. Micky brachte es fertig, nochmal auf den Kanal hinaus zu paddeln, um die Fische zu belästigen. Um nichts in der Welt hätte ich heute nochmal ein Paddel in die Hand genommen! Plötzlich hörte ich lautes Platschen und dann einige kurze Schläge. Micky's Stimme hallte über das Wasser, als er mir zurief, ich solle schnell das Angelbuch holen. Während Micky zum Ufer zurückpaddelte, schlug ich im Angelbuch nach, wie mit dem Fisch weiter zu verfahren war. Es war ein ca. 50 cm langer Hecht. Ich las vor und Micky versuchte, die angegebenen Schritte zum Ausnehmen des Fischs nachzuvollziehen. Das Ganze war eine höchst glibberige Angelegenheit. Obwohl der Hecht schon tot war, (einige harte Schläge auf den Kopf hatten genügt) versuchte er beim Reinigen immer noch, ins Wasser zu entkommen. Wir legten ihn in einen Topf und hoben ihn auf fürs Frühstück.

Endlich krochen wir ins Zelt und streckten uns aus. Micky rieb mir den schmerzenden Rücken mit Sportsalbe ein. Beim Schein der Taschenlampe lasen wir noch ein wenig im Angelbuch, bevor wir todmüde einschliefen.

19. Mai

Zum Frühstück briet ich den Hecht mit Speckstreifen in der Pfanne. Obwohl Micky laut Anleitung angeblich den größten Teil der Gräten entfernt hatte, wimmelte es nur so davon. Durch die Grätenpulerei wurde der Fisch kalt, doch geschmacklich hatten wir nichts auszusetzen. Schließlich war es unser erster selbstgefangener Fisch, und bei der Zubereitung übten wir noch.
Erst gegen Mittag legten wir ab. Zunächst ging es mit dem Paddeln besser als gestern, mein Rücken fühlte sich ausgeruht an. Am frühen Nachmittag bekamen wir starken Gegenwind. Der Mary-Beth Channel wird hier langsam breiter, bevor er als Aubichon Arm in den Lac Ile-a-la-crosse mündet. Die riesige Wasserfläche schlug plötzlich Wellen wie ein Meer. Das Kanu schaukelte und klatschte mit dem Bug in die Wellentäler. Wir versuchten, uns in der Nähe des linken Ufers zu halten, doch häufig kreuzten wir breite Buchten und befanden uns weit vom Ufer entfernt. Wären wir in jede Bucht hineingefahren, um in Ufernähe zu bleiben, hätte sich unsere Paddelstrecke vervielfacht. Dabei war die Paddelei gegen den Wind schon anstrengend genug.
Mir war etwas mulmig zumute. Nie zuvor hatten wir solche Wellen erlebt! Ich dachte an die Möglichkeit, daß wir mit dem Kanu kentern könnten, doch Micky meinte, alles sei im grünen Bereich, solange die Wellen nicht von der Seite kommen.
Diesmal fanden wir eine Stelle zum anlegen und Kaffee kochen.
Nach der Kaffeepause ließ der Wind etwas nach, die Wellen legten sich. Mitten in einer ruhigen Bucht fanden wir einen Biberbau. Wir schätzten ihn auf etwa 2 m Höhe und einen Durchmesser von 3 m. Er sah renovierungsbedürftig aus und wirkte verlassen. In der windstillen Bucht wimmelte es von Wespen und Fliegen, sodaß wir es dort nicht lange aushielten. Nach Micky`s Voraussage fanden wir aber bald darauf weitere Buchten, die auch zum Lagern geeignet waren. Jede Menge

Treibholz lag herum, das wir in handliche Stücke sägten. Ich kochte Eintopf mit Speck, Hülsenfrüchten, der letzten frischen Kartoffel, ein wenig Reis und einigen Spaghetti. Als wir im Zelt lagen hörten wir es ständig im Gebüsch rascheln. Wir versuchten, uns auf die Lauer zu legen, um zu sehen wer da kreuchte und fleuchte. Doch der nächtliche Besucher blieb so lange in Deckung bis es zu dunkel war, um etwas zu erkennen.

20. Mai

Nach dem anstrengenden Tag schliefen wir heute länger als gewöhnlich. Zum Frühstück gab es wieder Brötchen aus der Pfanne und Eier mit Schinken. Große gelbe Schmetterlinge mit schwarzer Zeichnung und mindestens 6 cm Flügelspannweite leisteten uns Gesellschaft.
Gegen mittag legten wir ab. Sobald wir aus der Bucht auf den breiten Aubichon Arm gelangten, hatten wir wieder gegen Wind und Wellen zu kämpfen.
Wir nahmen uns vor, heute kürzer zu treten und frühzeitig zu lagern. Doch als wir bereits nach einer Stunde einen schönen Sandstrand erreichten, paddelten wir vorbei. gar so kurz sollte die Tagesetappe doch nicht werden.
Kurz darauf bogen wir in eine größere Bucht ein, in die laut Karte ein Fluß münden sollte. Der Fluß war kaum mehr als ein Rinnsal und die Bucht um die Mündung stark verlandet. Die Ufer bestanden ringsum aus unbegehbaren, morastigen Schilfflächen. Wir legten eine kleine Pause ein und ließen uns im Boot treiben. Auch in dieser Bucht lag ein großer Biberbau und eine Menge Wassergeflügel trieb sich herum. Kleine Stelzvögel schnatterten schadenfroh, weil wir das Kanu nicht verlassen konnten. Am schönsten waren die riesigen, schneeweißen Pelikane, die leider sehr scheu waren und sofort aufflogen, wenn wir näher kamen. Majestätisch glitten sie in Formation über das Wasser, ganz anders als die schmutzig grauen, zerzausten Gesellen, die wir in Südamerika gesehen hatten, und die sich unablässig aus der Luft ins Meer stürzten, auf der Jagd nach Fischen.

Wir waren jetzt ernsthaft auf Lagerplatzsuche. Der Wind war abgeflaut, sodaß wir besser vorankamen. Ein Weißkopfseeadler zog über uns seine Kreise. Im Lauf des Tages sahen wir ihn noch mehrmals. Inzwischen paddelten wir wieder an steinigen, hohen Uferböschungen entlang. Die gelbbraunen Stengel der Binsen vom Vorjahr täuschten oft einen Sandstrand vor, wo gar keiner war. Erst beim Näherkommen konnte man erkennen, worum es sich handelte. Nicht der kleinste Sandstreifen, wo wir das Zelt hätten aufschlagen können, Bäume und dichtes Unterholz standen bis knapp an die Wasserlinie. Um hier campen zu können hätten wir schon eine Lichtung roden müssen, es war zum verzweifeln.
Wie am ersten Tag verließen uns langsam die Kräfte und die Aussicht, womöglich noch stundenlang weiterpaddeln zu müssen, beflügelte uns auch nicht gerade.
Der Aubichon Arm war hier etwa 1,5 km breit. Alle paar Minuten suchte Micky mit dem Fernglas das gegenüberliegende Ufer ab. Schließlich konnte er drüben mehrere Häuser ausmachen. Fast ein Drittel der Strecke über den Kanal paddelte Micky allein, während ich mich zurücklegte auf das Gepäck und ausruhte. Für das letzte Stück mobilisierten wir die letzten Kräfte. Vor uns lagen einige Häuser auf einer gerodeten Lichtung im Wald. Boote waren am Ufer vertäut, niemand war zu sehen.
Wir wollten nicht so einfach anlegen und uns breit machen, ohne jemand zu fragen. Also paddelten wir weiter, bis wir nach einigen 100 Metern eine weitere große Lichtung erreichten. Es war eher eine Schneise als eine Lichtung, ein breiter Einschnitt im undurchdringlichen Busch. Ein einzelnes Wohnhaus mit mehreren Nebengebäuden stand auf einer Rasenfläche ohne Baum und Strauch. Im Garten saßen Leute beim Grillen.
Ein Mann kam herunter und stellte sich vor: Rodney Gardener, der Besitzer des Grundstücks. Micky fragte, ob wir anlegen durften. Gastfreundlich lud man uns zu „chicken-wings“ und Bier ein. Wir berichteten von unserer Tour und dem Problem mit den nicht vorhandenen Lagerplätzen. Rod erklärte, vor Ile-a-la-Crosse gäbe es nur sehr wenige „Campsites“, und auf den nächsten 5 km könnte man überhaupt nicht anlegen. Wir waren

sehr erleichtert, als er uns anbot, auf dem Grundstück zu campieren. Trotzdem fühlte ich mich unbehaglich. Ich war mir nicht sicher, ob wir willkommen waren, denn schließlich hatte uns ja niemand eingeladen. Die Umstände hatten uns einfach so angeschwemmt. Micky, der die Dinge eher so nimmt wie sie kommen, ohne sich viele Gedanken zu machen, unterhielt sich mit den Männern. Rodney zeigte ihm auf der Karte einige Lagerplätze für die nächsten Tage. Die Frauen der kleinen Gruppe waren sehr scheu, wendeten uns fast den Rücken zu und beschäftigten sich ausschließlich mit Rod`s kleiner Tochter. Ich beobachtete noch ein bißchen und zog mich dann in meinen Schlafsack zurück. Ich war todmüde und sämtliche Muskeln schmerzten. Trotzdem lag ich noch lange wach.

Micky erzählte später, daß die Familie das Stück Land für 1000 $ (!) von der Regierung gekauft hat. Ursprünglich war es einfach ein Stück Busch, mit Birken und verfilztem Unterholz, wie überall hier. Rod mußte alles selbst roden, bevor er ein Fertighaus darauf stellen konnte. Da Rod ganze Arbeit geleistet hat sieht das Grundstück so kahl aus. Wasser wird von einer Pumpe über eine Pipeline vom See direkt ins Haus geleitet. Hinter dem Haus baut die Familie Kartoffeln und Gemüse für den Eigenbedarf an, Fisch kommt frisch aus dem See.

Rodney arbeitet seit 17 Jahren als Holzfäller. Er wird von seiner Firma mit dem Buschflugzeug abgeholt und für eine Woche ins ca. 300 km entfernte Holzfällercamp gebracht. Nach jeweils sieben Tagen Arbeit hat er sieben Tage frei.

Die meisten Menschen, die hier draußen leben scheinen indianischer Abstammung zu sein. In Saskatoon begegneten uns viele Indianer. In Prince Albert waren es schätzungsweise 60-70%. Hier draußen sind die Weißen eindeutig in der Minderzahl.

VON ILE-A-LA-CROSSE NACH PATUANAK

21. Mai

Um fünf Uhr früh wachte ich auf und konnte nicht wieder einschlafen. Vorsichtig versuchte ich, aus dem Schlafsack zu kriechen ohne Micky zu wecken. Das unvermeidliche Geräusch der Reißverschlüsse weckte ihn aber doch. Wir waren richtig hungrig heute morgen, die Chicken-Wings hatten nicht lange vorgehalten.

Da wir auf Rod`s Rasen kein Feuer machen wollten, kochten wir Kaffee auf dem Benzinkocher und mixten uns ein Riesenmüsli aus Haferflocken, Trockenfrüchten, Nüssen und Rosinen. Die Trockenmilch ist ein Instantprodukt und mußte nur in Wasser aufgelöst werden.

Als wir eingepackt und alles im Boot verstaut hatten kamen Rodney und seine Frau Anne herunter, um sich zu verabschieden. Beide gaben uns die Hand und sogar Anne lächelte schüchtern. Micky machte ein Foto von den beiden mit dem Haus im Hintergrund. Rod stellte sich stolz in Positur, doch Anne hielt den Blick gesenkt und die Hände verschränkt.

Die Beiden schenkten uns ein Paket mit selbstgefangenem, geräuchertem Lachs und selbstgezogenen Kartoffeln.

Rod wurde später mit dem Flugzeug ins Holzfällerlager abgeholt. Wir dagegen wollten heute Ile-a-la-Crosse erreichen. Kurz hinter Ile-a-la-Crosse endet der Aubichon Arm in einem scharfen Knick nach Norden, wo er in den 80 km langen, aber nur 5-6 km breiten „Lac Ile-a-la-Crosse“ mündet.

Unterwegs sah es stark nach Regen aus, ein paar dicke Tropfen klatschten auf uns und das Boot. Hinter einer Biegung kamen die ersten Häuser des Ortes in Sicht. Die einzige Anlegemöglichkeit schien eine weit in den See vorgebaute Mole zu sein. Wie eine unvollendete Brückenkonstruktion aus Holz ragte sie hoch über dem Wasser auf. An der Seite befand sich eine Leiter. Wir banden das Kanu fest und stiegen hinauf. Ein paar Jungs lungerten auf der Mole herum und kamen neugierig näher. Endlich passierte mal was Ungewöhnliches! Fachmännisch begutachteten sie unser Boot und zeigten sich höchst interessiert an der Ausrüstung. So sehr, daß wir es nicht wagten, die Sachen unbeaufsichtigt zu lassen. Vielleicht sind wir einfach zu mißtrauisch, aber natürlich war uns klar, daß unsere Taschen nie gesehene Schätze enthielten. Micky machte sich allein auf den Weg zum RCMP Detachement, um uns für die nächste Etappe registrieren zu lassen.

Währenddessen fragten mich die Kids aus, woher wir kämen, wohin wir wollten, wo wir das Kanu gekauft hätten, und kommentierten alle Antworten mit „cool". Sie wollten auch wissen wie groß Deutschland ist, wie die Hauptstadt heißt und wieviele Einwohner Old Germany hat. (Unbelievable! Allein die Stadt in der wir leben hat weit mehr Einwohner als die gesamte Provinz Saskatchewan.)

Inzwischen brachte der diensthabende Officer Micky mit dem Polizeiwagen zurück zur Mole. Er hatte die Daten aufgenommen und sich über die Fotokopien unserer Reisepässe gefreut, die ihm Schreibkram ersparten. Micky hatte seine Einladung zu einer heißen Dusche ausgeschlagen. Uns war noch nicht nach soviel Zivilisation zumute.

Die Jungs betrachteten mittlerweile die Gegend durch unser Fernglas. Doch Micky`s ganze Erscheinung, die lässige Kleidung und das „Buck Knife" am Gürtel, hatten es ihnen besonders angetan. Es irritierte mich, daß sie von allen Gegenständen den Preis wissen wollten. Und warum war es so wichtig, ob wir das Kanu schon bezahlt hatten? Langsam fand ich dieses Interesse fast unheimlich.

Der Stadt gegenüber liegt eine große Insel, „Big Island" genannt. Wir schätzten sie etwa eine halbe Paddelstunde entfernt. Weit genug weg, um für uns zu sein, geschützt vor neugierigen Zuschauern, aber nah genug, um jederzeit einen Ausflug in den Ort machen zu können.

Wir kämpften uns durch die dichtstehenden braunen Stengel des Binsenfeldes vor der Insel, bevor wir das Boot auf den Strand ziehen konnten. Big Island hatte einen wunderschönen, langen Sandstrand. Er war spärlich bewachsen mit Büschen, in denen eine große Anzahl kleiner, spatzenähnlicher Vögel hausten. Sie pickten von einer Art Baumwolle, welche die Zweige bedeckte. Hinter dem Sandstreifen erhob sich der übliche dichte Wald mit undurchdringlichem Unterholz.

Im spärlichen Schatten der Büsche stellten wir das Zelt auf. Gegen die inzwischen wieder unbarmherzig brennende Sonne baute Micky ein Sonnensegel auf. Er entastete einige dünne Stämmchen. die am Strand herumlagen. Diese dienten als Stützen für die beiden Plastikplanen, die wir im Gepäck hatten. (Diesmal benutzten wir sie als Sonnensegel, häufiger jedoch als Regenschutz.) Zum Befestigen der Plane (und anderer Dinge) hatte Micky viele Meter Schnur mit, von der er jetzt passende Stücke abschnitt.

Nachdem die schweißtreibenden Arbeiten erledigt waren, veranstalteten wir Badetag. Wegen des Binsenfelds mußten wir zuerst einen geeigneten Zugang zum Wasser finden, ca. 100 Meter vom Lager entfernt. Es war flach und wurde nur sehr langsam tiefer. Wir begossen uns gegenseitig den Rücken mit eiskaltem Seewasser.

Micky paddelte anschließend im leeren Boot hinüber nach Ile-a-la-Crosse um kalte Getränke einzukaufen. Wieder traf er am Anleger ein paar Kids, scheinbar war dort nach Schulschluß ein beliebter Treffpunkt. Er unterhielt sich mit einigen der älteren Jungs. Einer von ihnen, Richard, besaß selbst ein Kanu und wollte uns drüben auf der Insel besuchen.

Ich sammelte von dem reichlich herumliegenden Treibholz, sägte es in brauchbare Stücke und machte Feuer. Zum Abendbrot aßen wir Rodney`s Räucherfisch vom Grill, dazu die im Feuer gerösteten Kartoffeln. Köstlich!

Gerade ist die Sonne untergegangen. Micky ist noch einmal auf den See hinaus gepaddelt um zu angeln, während ich Tagebuch schreibe und auf die Lichter der kleinen Stadt schaue.

Hinter mir im Dickicht hebt das große Summen an. Ich hoffe, daß es nicht das ist, was ich befürchte: Moskitos! In ein, zwei Wochen werden sie vermutlich in Scharen über uns herfallen. Ich genieße die Zeit, solange sie sich noch zurückhalten.

22. Mai

Gegen Mittag paddelten wir hinüber nach Ile-a-la-Crosse um Vorräte für die nächste Etappe einzukaufen und beim Postamt Briefe aufzugeben. Außerdem wollten wir nach Ken Cornett fragen, dem Outfitter hier im Ort. In den Unterlagen von Tourism Saskatchewan waren wir auf seine Adresse gestoßen und hatten von Deutschland aus einmal mit ihm telefoniert. Er war es auch gewesen, der uns abgeraten hatte, unsere Tour so früh im Jahr zu starten, da die Flüsse um diese Jahreszeit oft noch nicht eisfrei sind. Ken hatte uns am Telefon erzählt, daß er ein Video über eine Kanutour auf dem Churchill besitzt, und das hätten wir uns gerne angesehen. Wie wir gehört hatten, war er Lehrer an der Schule in Ile-a-la-Crosse, deshalb gingen wir zuerst dorthin. Das Kanu hatten wir wieder an der Mole angebunden, die Paddel aber vorsorglich mitgenommen.

In der Schule war gerade Pause. Micky entdeckte Richard unter den Schülern, den Jungen mit dem Kanu, und fragte ihn nach Ken Cornett. Er war Richards Klassenlehrer.

Ken war erfreut uns zu sehen und wollte uns gleich für die letzte Unterrichtsstunde einspannen. Bis zum Beginn der Stunde zeigte er uns die Schule. Sie wurde 1957 erbaut, brannte ein paar Jahre später ab und wurde wieder aufgebaut. Die unkonventionelle Gestaltung erinnerte mehr an einen modernen Kindergarten in Deutschland als an eine ehrwürdige Schule.

Die Schüler einer Klasse sind zwischen 13 und 16 Jahre alt.

Da Ile-a-la-crosse nur ca. 500 Einwohner hat gibt es keine Jahrgangsstufen wie bei uns. Ken erklärte, daß außer Englisch eine Mischung aus Cree und Französisch gesprochen wird. Sämtliche Hinweisschilder und die Türen der Klassenzimmer sind zweisprachig beschriftet. Die Kinder sind fast ausnahmslos indianischer Abstammung.

Es klingelte zur letzten Unterrichtsstunde. Ken stellte uns vor und gab den Einstieg in das Thema: „In Deutschland darf niemand ohne Erlaubnis einen Baum fällen". Er ist der Meinung, die Kinder hier haben kein Verhältnis zur Natur und wissen nicht zu schätzen, was das Land ihnen bietet. Aus diesem Grund

Strand auf Big Island

sehen sie keine Notwendigkeit, es zu schützen oder wenigstens sorgsam damit umzugehen. Weil er ein sehr idealistischer Lehrer ist hoffte er, daß wir den Kids eine andere Sichtweise vermitteln konnten, indem wir berichteten, unter welchen Bedingungen und warum wir diese Kanutour unternahmen.
Mit Hilfe von Kens Eröffnungsthese sollten die Schüler Fragen an uns stellen. Ich drückte mich und ließ Micky das Frage- und Antwortspiel alleine bestreiten - unter dem Vorwand, daß er besser Englisch spricht. Es überraschte uns keineswegs, daß die Klasse eher desinteressiert reagierte. Die Fragen gingen nicht ganz in die Richtung, die Ken angestrebt hatte. Es war viel interessanter zu erfahren, ob wir Michael Jordan kennen, den Basketballspieler, was Zigaretten in Deutschland kosten und ob wir Bier aus Kanada importieren. Einige fragten, ob sie nicht schon nachhause gehen könnten.
Nach dem Unterricht nahm Ken uns im Auto mit zu seinem Haus und zeigte uns unterwegs den Ort. Der Wagen war außen und

innen mit Staub bedeckt, obwohl Ken ihn erst vor kurzem gereinigt hatte. Es war nicht weiter verwunderlich, wenn man die Staubwolken sah, die beim Fahren auf den ungeteerten Pisten hochgewirbelt wurden. Kurz bevor wir Ken`s Haus erreichten fiel uns eine riesige Qualmwolke auf, die sich in der Ferne wie ein Atompilz in den Himmel schraubte. Ein Buschfeuer war ausgebrochen.

Im Haus herrschte ein unbeschreibliches Chaos. Vom Betreten des Hauses an suchte Ken ununterbrochen nach Gläsern, der Fernbedienung für den Videorecorder oder den Autoschlüsseln. Zum Schluß suchte er sogar seine Schuhe, die er beim Hereinkommen ausgezogen hatte.

Das Video war nicht ganz das, was wir erwartet hatten. Vier junge Leute aus Hamburg hatten es während einer Paddeltour von Ile-a-la-Crosse nach Pelican Narrows gedreht. Es war witzig gemacht und eröffnete einen Vorgeschmack auf die landschaftlichen Gegebenheiten, die uns auf unserem weiteren Weg erwarteten. An Informationen bot das Video nichts Neues, es war einfach die private Aufzeichnung eines vierwöchigen Kanutrips. Die vier Hamburger hatten sich einfliegen lassen nach Ile-a-la-crosse und dort von Ken den Routenplan und die Ausrüstung erhalten, einschließlich der Kanus. Fliegen ist im Busch sehr teuer. Bereits ein einfacher Flug von ein paar hundert Kilometern kostet mehrere 100$, sodaß sich der Aufwand für kurze Touren fast nicht lohnt. Wegen der begrenzten Zeit mußten sie dann frühmorgens aufstehen, mindestens acht Stunden paddeln und ließen abends das Gepäck liegen, wo es gerade hinfiel. Nach einer schnellen Mahlzeit sanken sie in die Schlafsäcke, um sich für den nächsten Paddeltag zu rüsten. Es war klar, daß es bei diesem Trip hauptsächlich darum ging, die geplante Strecke in vier Wochen zu schaffen. Wir dagegen waren mit der Absicht aufgebrochen, den Weg zum Ziel zu machen.

Anschließend führte uns Ken in seinen Garten hinter dem Haus, der sich bis hinunter zum See erstreckte. Er hatte dort Löwenzahn, Schachtelhalm, Wegerich und Brennesseln „angebaut“, Pflanzen die eigentlich als Unkraut gelten. Für den

Naturkundeunterricht hatte er einen Hefter mit Beschreibungen eßbarer Pflanzen zusammengestellt. Ich interessiere mich sehr dafür und freute mich über ein Exemplar des Hefters. Wenn möglich wollte ich unseren Speisezettel unterwegs mit Wildgemüse bereichern, wenn ich welches fand. Einen entsprechenden Naturführer hatte ich im Gepäck.
Ken erklärte, daß alle diese „Unkräuter“ nur auf Kulturland bzw. in besiedelten Gebieten wachsen, also in der Nähe des Menschen. Ich hatte bisher angenommen, daß Brennesseln überall wachsen und konnte das zunächst nicht glauben. Später stellte ich fest, daß Ken Recht hatte. Da es in Europa eigentlich nur kultiviertes Land gibt, findet man Brennesseln und Löwenzahn auf Schritt und Tritt. Im wenig besiedelten Kanada begegnen sie einem sehr selten.
Während wir zur Insel zurückpaddelten stellten wir fest, daß der Wind den Qualm des Buschfeuers weiter auf den Ort zugetrieben hatte. Sämtliche Wasserflugzeuge von Ile-a-la-Crosse starteten zur Brandbekämpfung. Als wir unser Abendbrot zubereiteten, begann der Rauch des Waldbrands die Sonne zu verdunkeln. Ile-a-la-Crosse lag unter einer schwarzen Wolke.
Es war beängstigend und faszinierend zugleich.

23. Mai

Es ist so heiß, daß ich nur träge unter dem Sonnensegel sitze und die Fliegen (Horseflys) verscheuche. Micky ist wieder nach Ile-a-la-Crosse hinübergepaddelt um Richard zu treffen. Da sich sein Kanu aufgrund mangelnder Paddeltechnik überwiegend kreisförmig fortbewegt hat Micky versprochen, ihm ein wenig zu helfen und ein paar Tips zu geben.
Am Vormittag hatte es noch so ausgesehen, als ob der Waldbrand weitgehend unter Kontrolle wäre. Doch jetzt wächst die Qualmwolke wieder beängstigend schnell und bewegt sich auf Ile-a-la-Crosse zu. Ken hatte uns erklärt, daß durchaus Gefahr für die Häuser besteht, wenn das Feuer nicht durch die Schneise aufgehalten wird, die für den Bau der Straße geschlagen wurde. Gerade bekommen wir einen Eindruck davon, mit welcher Geschwindigkeit sich so ein Brand bei entsprechender Windrichtung ausbreiten kann.
Da Richie nicht zum Treffpunkt gekommen war, sah ich Micky bald wieder auf die Insel zupaddeln. Ich briet und döste in der Sonne, während die Horseflys immer zahlreicher und aufdringlicher wurden. Die Hitze scheint sie im wahrsten Sinn des Wortes zu beflügeln. Um ihnen eine Weile zu entkommen zog ich mich ins Zelt zurück. Drinnen stand die Luft, war zum schneiden dick, sofort brach mir der Schweiß aus allen Poren.
Ich flüchtete wieder ins Freie und stellte schnell unsere Taschen in den Halbschatten der Büsche, da sie von der Hitze schon ganz weich geworden waren. Eine der Shampooflaschen hatte sich aufgeblasen und ihren Inhalt am Deckel herausgedrückt, Bucheinbände hatten sich gelöst. Ich machte mir Sorgen, daß die Filme Schaden genommen haben könnten. Als ich die Kamera ausprobierte gab sie merkwürdige Geräusche von sich. (Später verknipsten wir einen halben Film, um zu testen ob der Apparat noch transportierte, doch die beunruhigenden Geräusche blieben.)
Um mich abzukühlen ging ich hinüber zu unserem Wasserzugang. Das Wasser auf meiner Haut machte die Horseflys erst recht verrückt. Diesmal zeigten sie ihre wahre

Buschbrand bei Ile-a-la-Crosse

Rauchschwaden verdunkeln den hellen Tag

Natur und bissen mich, wo sie konnten, besonders in die Knöchel und in die Schulterblätter, wo ich sie nicht sah. Wie wild schlug ich mit dem Handtuch um mich und flüchtete aus der Nähe des Wassers.

Als Micky das Boot durchs Binsendickicht stakte, war Ile-a-la-Crosse von braunen Qualmwolken eingehüllt. Erneut verdunkelten Rauchschwaden den Himmel, die Sonne war nur noch als dunkelrote Scheibe erkennbar.

Trotzdem wurde es ein schöner, stiller Abend. Die Fliegen waren endlich verschwunden, die Temperatur angenehm kühl nach der Gluthitze des Tages (und das im Mai!). Ehe es ganz dunkel wurde, unternahmen wir einen Spaziergang zum Ende des Sandstrands. Im Sand konnte man viele verschiedene Tierspuren unterscheiden. Hasen tummelten sich in der Dämmerung.

Die Insel bildet hier eine scharfkantige, schmale Spitze. Auf der Rückseite fällt sie ziemlich schroff zum See hin ab. Hier weht eine kräftige Brise, während „unsere“ Inselseite gänzlich windgeschützt ist.

24. Mai

Am Morgen war der Himmel bedeckt und grau. Es war windig und überraschend kalt, nachdem wir uns gestern in der Hitze kaum bewegen mochten. Vielleicht war der krasse Wetterumschwung ja auch mit beeinflußt durch Qualm und Ruß des Buschfeuers.

Wir begannen, das Lager abzubrechen. Unsere Route führte über das bisher breiteste Stück des Sees. Mindestens 5 km waren zu überqueren, um das linke Ufer des Lac Ile-a-la-Crosse zu erreichen. Micky ging mit dem Fernglas ans Ende der Insel, um auf der Windseite nachzusehen, ob der See Wellengang hatte.

Ein wenig unsicher waren wir schon, was das Wetter betraf. Noch nie hatten wir eine so breite Wasserfläche bei Wind und Wellen überquert. Wir beschlossen in Ruhe zu frühstücken und bis mittag abzuwarten. Die Mittagszeit schien der magische

Punkt zu sein. Schon häufiger hatten wir erlebt, daß sich Wind und Wellen plötzlich gelegt hatten.

Tatsächlich klarte es später etwas auf und die Sonne gab sich Mühe, die Wolkendecke zu durchdringen. Vor uns lagen in einiger Entfernung zwei weitere Inseln. Wir beschlossen, uns zunächst in der Nähe der Inseln zu halten, statt den direkten Weg über den See zu nehmen. Das bedeutete zwar einen kleinen Umweg, aber mehr Sicherheit.

Im ruhigen Wasser legten wir vom Strand ab. Kaum bogen wir um die Inselspitze, wurden wir von Wind und Wellen erfaßt. Sie waren etwa einen halben Meter hoch und spritzten mich naß, wenn der Bug in ein Wellental klatschte. Wir paddelten gegen den Wind und konnten die Wellen quasi abreiten. Wären sie quer zum Boot verlaufen, hätten wir die Richtung nicht halten können. Wir merkten, daß wir einfach noch nicht erfahren genug waren, um die Gefahr richtig einschätzen zu können.

Bald verließen wir den Schutz der Inseln und steuerten nun direkt auf das linke Ufer zu. Schnell spürten wir, wie anstrengend paddeln gegen den Wind ist. Die Wellen schlucken einen Teil der Kraft jedes Paddelschlags. Um nicht stehen zu bleiben oder gar rückwärts zu fahren, durften wir nicht einen einzigen Schlag aussetzen.

Nach etwa 1,5 Stunden ununterbrochenen Paddelns erreichten wir bei „Sandy Point“ das Ufer. Auf dem langen, schmalen Sandstreifen legten wir eine Pause ein und kochten Kaffee. Wir waren erschöpft, aber glücklich, daß wir es geschafft hatten.

Eine Stunde später paddelten wir im ruhigem Wasser am Ufer entlang. Wir steuerten „Belanger Point“ an, einen von Rodney`s Lagerplatztips. Auch hier fanden wir einen schönen Sandstrand vor. Beim Erkundungsgang entdeckten wir einen Trampelpfad in das Dickicht hinter dem Sandstreifen. Wir folgten ihm und gelangten an einen großen Teich. Hier war es absolut windstill und idyllisch. Nur gedämpft hörte man das Rauschen der Brandung vom Lagerplatz her. Leider konnte man nicht weiter am Ufer entlanggehen, und Platz für das Zelt gab es auch nicht.

Der Abend blieb frisch und windig. Micky fing zwei Hechte zum Abendbrot. Diesmal wollte er unbedingt alle Gräten entfernen. Er

schnitt solange am Fisch herum, bis nur noch eine Handvoll Fleisch übrig blieb. Die „Filets“ schmeckten wundervoll und wimmelten nach wie vor von Gräten. Überhaupt hatte das Ganze, mit Kartoffelbrei als Beilage, viel Ähnlichkeit mit einem Diätessen.
Später wanderten wir am Strand entlang. Man konnte etwa 2 km gehen, bevor man auf eine weite Bucht stieß und der Sandstrand in steinige Uferböschung überging. Obwohl es auf dem Rückweg schon ziemlich dunkel war, bemerkten wir unterhalb des Zeltes frische Tatzenabdrücke und Rehwildspuren. Micky leuchtete mit der Taschenlampe die Umgebung ab. Auf dem Trampelpfad gingen wir vorsichtig zum Teich hinunter. Niemand ließ sich sehen, alles war still. Gern hätten wir herausgefunden, wer uns da in unserer Abwesenheit einen Besuch abgestattet hatte.

25. Mai

Spiegelglatt dehnte sich die riesige Wasserfläche des Lac Ile-a-la-Crosse bis zum Horizont, kein Lüftchen kräuselte die Oberfläche. Der Himmel war strahlend blau und wolkenlos.
Ich machte Pfannkuchen zum Frühstück. Der Teig läßt sich schnell herstellen, aber das Ausbacken ist auf dem Feuer eine langwierige Angelegenheit. Um die benötigte gleichmäßig starke Hitze zu erhalten, muß man genau zum richtigen Zeitpunkt Feuerholz nachlegen. Sind die Holzscheite zu dick, dauert es zu lange, bis sie durchglühen, und das Öl in der Pfanne wird nicht heiß genug, die Pfannkuchen backen fest. Sind sie aber endlich fertig, bilden sie mit Ahornsirup, Marmelade oder Käse und Schinken ein abwechslungsreiches Frühstück, das lange vorhält.
Horseflys schwirrten reichlich um uns herum. Trotz der Wärme trugen wir lange Hosen, um nicht völlig zerbissen zu werden. Die Hitze war schon am Morgen drückend und lähmte den Unternehmungsgeist. Gegen mittag legten wir ab und paddelten mitten auf den riesigen See hinaus in der Hoffnung, die Fliegen loszuwerden. Einige besonders Hartnäckige folgten uns auch dorthin. Obwohl wir uns nicht sonderlich anstrengten, ging es ganz flott voran. Scheinbar mühelos durchschnitt das Kanu das ungewohnt glatte Wasser. Ein paar Motorboote, die uns in weiter

Entfernung passierten, hinterließen lange, sanfte Wellen, die sich über die ganze Breite des Sees fortsetzten. Blickte man in die Ferne, wo das Wasser den Horizont berührt, wurde einem beim leichten Schaukeln des Bootes fast schwindlig. Wir waren durstig und füllten unsere Wasserflasche direkt aus dem See. Mit ein wenig Getränkepulver bekam es einen fruchtigen Geschmack und ließ sich literweise hinunterschütten.

Wir paddelten etwa 10 km bis „Fidler`s Island“. Die Luft war schwer und schwül geworden und die Horseflys summten unaufhörlich. Wir beschlossen, bei Fidler`s eine Kaffeepause einzulegen, doch trotz des einladenden Namens gab es leider keine Anlegemöglichkeit bei der Insel. Weit drüben, am rechten Seeufer, leuchtete ein schmaler gelber Streifen, „Little Gravel Point“ etwa 3-4 km entfernt. Als wir näher kamen und mit bloßem Auge den Strand erkennen konnten, zeigte Micky auf einen Weißkopfseeadler, der gerade von dort aufflog. Durch das Fernglas bemerkten wir einen zweiten Adler und gleich darauf, hoch oben im Baum, den Adlerhorst. Als wir uns näherten flog der erste Adler immer wieder auf und begann, über uns zu kreisen. Der Andere blieb auf dem Nest sitzen, machte aber eindeutig Drohgebärden, bewegte ruckartig den Kopf, klappte mit dem Schnabel und stieß kehlige, heisere Laute aus. Es war klar, daß uns die Adler am einzigen Strand weit und breit nicht dulden würden. Wir nahmen es ihnen nicht übel, schließlich verteidigten sie ihr Nest.

Als sich beide Adler erhoben und Kreise über uns zogen, war uns recht bange zumute. Trotzdem konnten wir uns der Faszination nicht entziehen. Mit ihrer beeindruckenden Größe und dem eleganten, schwerelosen Flug wirkten sie einfach majestätisch.

Wir vermieden schnelle Bewegungen und paddelten vorsichtig, leise am Strand vorbei. Dahinter öffnete sich eine winzige Bucht mit einem Kiesstreifen, wo wir anlegen konnten. Kaum waren wir außer Sicht, hörten die Adler auf zu kreisen.

Das kiesige Ufer war übersät mit Vogelkot und stank. Trotzdem wollten wir auf den Schreck hin erstmal Kaffee kochen. Gerade hatten wir Kocher und Kessel ausgepackt, als ein Motorboot auf uns zuhielt. Die beiden Männer stoppten den Motor und stakten das Boot ans Ufer. Es waren Indianer, die nur Hallo sagen und sehen wollten, wer hier angelegt hatte. Unsere Einladung zum Kaffee verschoben sie auf später, sie wollten gleich weiter. Micky fragte nach einem Lagerplatz in der Nähe. Sie deuteten unbestimmt in Richtung einer kleinen Insel, die in Sichtweite lag. Es war der Anfang einer ganzen Inselkette, angeblich auch mit Lagermöglichkeiten.

Als wir ablegten zogen am linken Seeufer dunkle Wolken auf. Es donnerte und plötzliche Windböen kündigten ein Gewitter an. Wir beeilten uns, und blieben in Ufernähe, um nicht mitten auf dem See vom Gewitter überrascht zu werden. Das Wasser hatte sich in die reinste Gemüsesuppe verwandelt. Birkenpollen und „Baumwolle“ bildeten gelbe Schlieren und ließen es dickflüssig und ölig erscheinen. Wieder tauchte ein Sandstrand auf, der sehr einladend aussah. Wir zögerten nicht lange und legten an.

Inzwischen sah es so aus, als würde das Gewitter an uns vorbeiziehen. Sicherheitshalber versah Micky das Zelt trotzdem mit sturmsicheren Heringen aus Holzpflöcken, die er extra dafür zurechtschnitt. Er baute eine Feuerstelle und umrandete sie mit Steinen. Der Wind hatte die ganze Gemüsesuppe an unseren Strand getrieben. Für gewöhnlich benutzten wir beim Füllen des Wassersacks ein Sieb, um Schwebstoffe und Mikroorganismen herauszufiltern. Jetzt war das Wasser ein dicker grün-gelber Brei, der auch durch Filtern nicht mehr klar wurde. Micky paddelte nochmal auf den See hinaus, um dort den Wassersack zu füllen.

Währenddessen ging ich Feuerholz suchen. Der Wald war hier ungewöhnlich licht. Ohne Probleme konnte man zwischen Bäumen und spärlichem Unterholz hindurchgehen. Noch erstaunlicher fand ich einen Hochsitz, auf den ich nach wenigen Metern gestoßen war. Nicht weit davon wunderte ich mich über ein merkwürdiges schwarzes Ölfass mit einem großen Loch an der Seite. Ich hielt es für eine Art Tarnung zum Beobachten von Tieren. Mehrere große Kothaufen identifizierte ich nach Abbildungen im „Spurenbuch“ als Bärenkot. Ich war nicht sonderlich beunruhigt, nahm mir jedoch vor, Micky von meinen Entdeckungen zu berichten. Es gab reichlich Feuerholz, das ich zurück zum Strand schleppte. Ich begann zu sägen und vergaß darüber völlig den Hochsitz und den Bärenkot.

Micky hatte gerade das Feuer angezündet und ich bereitete den Eintopf vor, den ich kochen wollte, als ein Motorboot auf den Strand zuhielt. Es war ein schnelles Boot in grün-braun gemusterter Tarnfarbe. Micky begrüßte die drei Männer. Zwei von ihnen sprangen an Land und erklärten ohne Umschweife, wir sollten hier lieber verschwinden. Während Micky ungläubig zuhörte, als die Männer beschrieben wie sie im Wald Bären mit Fleisch anfütterten, um sie anschließend zu jagen, ging mir sofort ein Licht auf: der Hochsitz, das Ölfass, das war die Erklärung dafür. Zum Beweis zeigten sie uns Bärenspuren im Sand. Ausgerechnet diesmal hatten wir es versäumt, nach Spuren zu suchen, bevor wir das Lager aufschlugen. Nach der Begegnung mit den Adlern waren wir froh gewesen, einen schönen Platz gefunden zu haben. Ähnliche Spuren hatten wir auch schon zuvor gesehen, sie aber zu klein für Bärenspuren gehalten. Die Männer erklärten, zu dieser Jahreszeit gäbe es eben viele Jungbären, die besonders gern am Strand umhertollen.

Als sie Micky den Hochsitz (engl. „treestand“) und die Öltonne zeigten, war ihm alles klar. Er hatte zuhause in Jagdmagazinen aus den Staaten schon über diese Jagdpraxis gelesen und hätte sofort gewußt, worum es sich handelt, wenn er an meiner Stelle in den Wald gegangen wäre. Ich aber wäre im Traum nicht auf die Idee gekommen, daß jemand Bären mit Fleisch anfüttert, um sie anschließend von einem Hochsitz aus abzuknallen.

Einer der Männer hatte sich als Jeff vorgestellt, selbst ein Bär von einem Mann. Er war der Besitzer eines nahegelegenen Jagdcamps. Nun entschuldigte er sich fast und versicherte uns, sie wollten uns keineswegs vertreiben. Doch jeden abend würden bis zu neun Bären die Futterstelle aufsuchen, und es sei einfach sicherer, den Lagerplatz zu wechseln. Jeff empfahl eine Stelle, ca. 15 Paddelminuten entfernt, eine sandige Bucht hinter einer kleinen vorgelagerten Insel. Was gab es noch zu überlegen? In Rekordzeit verstauten wir alles im Kanu. Zelt und Luftmatratzen legten wir provisorisch zusammen und banden sie oben auf dem

Gepäck fest. Schnell luden wir noch das Feuerholz ins Boot, löschten sorgfältig das Feuer und legten ab.

Ich war den Tränen nahe, hungrig, müde und wütend. Zum zweiten Mal an einem Tag waren wir von einem Lagerplatz vertrieben worden. Auch wenn wir natürlich froh sein konnten, daß Jeff und die Anderen uns rechtzeitig gewarnt hatten wünschte ich, sie wären gekommen bevor wir das gesamte Lager aufgebaut hatten.

Tatsächlich fanden wir eine Viertelstunde später - wie beschrieben - die kleine Bucht. Bald hatten wir das Camp wieder aufgebaut und ich kochte endlich den Eintopf.

Auch an diesem Strand entdeckten wir Bärenspuren. Sie schienen nicht so frisch zu sein, doch in einer Bärengegend kann man eben nie ganz vor ihnen sicher sein. Eine Zeitlang blieben wir aufmerksam und unruhig. Das Zelt stand weit ab von der Kochstelle und dem Proviant. Es gab keine Bäume, die groß genug gewesen wären, um die Proviantfässer bärensicher hochzuziehen, wie es oft in Büchern empfohlen wird. Kochgeschirr und die Eier ließen wir bei einem umgestürzten Baum stehen, der uns als Sitzbank diente, in der Hoffnung, der Bär würde darüber stolpern und Lärm machen, wenn er ins Lager käme. Schlechter wäre es, wenn er sich aus der anderen Richtung näherte und zuerst das Zelt erreichte, statt der Kochtöpfe. Nach einer Weile konnten wir schon wieder Witze machen. Micky hatte die Paddel an einen aufragenden Ast unserer „Sitzbank" gelehnt. Ich mußte lachen als ich mir vorstellte, wie der Bär sich wie ein Elefant im Porzellanladen in unserer „Küche" bewegte, und dabei die Paddel ins Wasser warf, sodaß sie wegschwimmen konnten. Als ob das bei Bärenbesuch unser größtes Problem darstellte.

Es war spät geworden und fast dunkel. Micky legte das Pfefferspray griffbereit ins Zelt. Noch lange lag er wach und lauschte auf die Geräusche der Nacht. Erschöpft von der ganzen Aufregung war ich sofort eingeschlafen.

26. Mai

Nach dem anstrengenden Tag gestern hatten wir uns eine Pause verdient. Es war windig und kühl, fast angenehm nach der tropischen Hitze gestern. Gegen mittag steuerte erneut ein Motorboot auf unser Lager zu. Diesmal war es ein weißes, ziemlich nobel aussehendes Schnellboot. Einer der Jäger von gestern war an Bord und wollte sich erkundigen, ob wir von Bären belästigt worden waren. Glücklicherweise konnten wir ihn beruhigen. Alles stand an seinem Platz, niemand hatte unsere Nachtruhe gestört. Der Jäger grüßte und das Boot drehte ab. Ich fand es nett, daß sie so besorgt um uns waren.

Am späten Nachmittag kam die Sonne heraus, es wurde angenehm warm. Da die Horseflys noch träge waren von der Kälte nutzten wir die Gelegenheit, uns im See zu waschen. Vom anderen Seeufer ertönte ein Jaulen und Kreischen, das sich anhörte wie ein Rudel junger Hunde. Doch es waren junge Gänse, die wild mit den Flügeln schlagend über die Wasseroberfläche rannten und versuchten, abzuheben. Sie rüsteten sich für den langen Flug in ihr Sommerquartier in den Nord-West-Territorien.

Während des herrlichen Sonnenuntergangs fiel uns zum erstenmal ein anderes merkwürdiges Geräusch auf. Für meine Ohren klang es weder tierisch noch menschlich, sondern wie eine Maschine, ein Motor, der kurz angeworfen wird und wieder erstirbt. Micky hielt es für den Laut eines Tieres, konnte sich aber auch nicht vorstellen, was es sein könnte. (Von da ab hörten wir das Geräusch öfter, und obwohl es keine Erklärung dafür gab, wie eine Maschine hierher in die Wildnis kam und wer sie bedienen sollte, konnte ich auch nie glauben, daß es ein Tier war.)

Ein Biber schwamm mehrmals neugierig vorbei. Jedesmal, wenn wir uns bewegten oder etwas sagten, schlug er mit seinem platten Schwanz aufs Wasser und tauchte ab. Das dumpfe Platschen hört sich an, als ob jemand einen großen Stein ins Wasser wirft.

Ein Rebhuhnpaar erschien auf Futtersuche am Strand. Während wir die Vögel beobachteten packte Micky plötzlich das Jagdfieber. Die Gelegenheit war einfach zu günstig, um sie ungenutzt verstreichen zu lassen. Da wir zu Übungszwecken wieder einen sandgefüllten Kanister gelocht hatten, standen die Bögen schußbereit in der Nähe. Micky erhob sich langsam, schlich vorsichtig hinüber und griff nach seinem Bogen. Irgendwie mußten die Tiere aber doch eine gewisse Unruhe oder Veränderung gespürt haben, denn eines flatterte auf den untersten Ast des nächsten Baumes. Für gewöhnlich ist Micky ein sehr sicherer Schütze, der selten sein Ziel verfehlt, doch diesmal war er mit Sicherheit viel aufgeregter als die Hühner. Es ist eben doch etwas anderes, auf ein lebendes Tier anzulegen. Die gewohnte Gelassenheit beim Zielen fehlte, zu hastig schnellte die Sehne nach vorne, der Pfeil streifte nur die Schwanzfedern des Vogels und verschwand im Wald. Unversehrt machten sich die Hühner aus dem Staub. Micky versprach sich selbst, daß es künftig keinen derart aufgeregten Schuß mehr geben würde.

27. Mai

Gerade war Micky aufgestanden und hatte die Zahnbürste noch im Mund, als das tarnfarbene Boot in die Bucht einbog. Ich räkelte mich noch im Schlafsack und hörte nur das Motorengeräusch.
Jeff und Scott, einer der Jäger aus dem Camp, waren auf dem Weg zur Bärenfutterstelle und wollten Micky zeigen, wie sie das Fleisch auslegten. Er verabschiedete sich kurz, dann hörte ich das Boot davonbrausen.
Langsam stand ich auf, machte Feuer und kochte Kaffee. Schon bald setzten die Jäger Micky wieder ab. Wir waren eingeladen, einige Zeit in „Jeff Wrightway`s Bearhuntercamp“ zu verbringen. Es lag etwa 4 km von hier entfernt, direkt am See.
Nach dem Frühstück brachen wir das Lager ab und packten in Ruhe ein. Als Micky das Kanu ins Wasser schob kam Wind auf. Sobald wir die schützende Bucht verließen, rollten hohe Wellen

auf uns zu, viel höher als bei der Überfahrt von Big Island. Diesmal kamen sie auch noch parallel zum Boot, sodaß wir ständig kreuzen mußten. Vor jeder hohen Welle, die anrollte, zogen wir das Kanu nach links zur Seemitte hin, um sie abzureiten. Dann steuerten wir sofort wieder nach rechts, um nicht zu weit vom Ufer abzukommen. Dazu blies ein höllischer Wind, der uns kaum vorankommen ließ. Die 4 km zum Camp wurden regelrecht zur Kraftprobe. Konnten wir das Kanu nicht rechtzeitig auf die Welle zudrehen, klatschte sie direkt ins Boot. Schon nach kurzer Zeit war ich völlig durchnäßt, Micky war im Heck etwas besser geschützt. Wenigstens war es ein warmer Tag, sodaß ich nicht fror.

Irgendwann kam uns das Motorboot entgegen und lotste uns zur Anlegestelle des Bearhuntercamps. Ich bin nicht sicher, ob wir sie allein gefunden hätten. Vom Wasser aus war sie kaum zu sehen, nur ein Trampelpfad führte hinauf in den Wald.

Jeff`s Camp war größer als ich gedacht hatte. Auf einer weiträumig gerodeten Fläche standen mehrere hohe, rechteckige weiße Schlafzelte.

Das geräumige Küchenzelt enthielt alles, was man in einer richtigen Küche braucht. Es gab sogar einen Backofen und fließend Wasser, das vom See heraufgepumpt wurde. Jeff stellte uns Barb vor, seine indianische Köchin, die schon einen Imbiß für uns bereithielt. Das Eßzelt diente gleichzeitig als Aufenthaltsraum. Ein langer Eßtisch nahm den größten Teil des Raums ein. Auf einer Anrichte standen Geschirr und Gläser. In einer Ecke des Zeltes hatte man für kühle Abende einen Yukonofen aufgestellt. Die Hauptattraktion des Camps war jedoch das Freiluftbadezimmer: Mehrere mannshohe Holzstangen waren kreisförmig in die Erde gesteckt. Eine Bahn aus schwarzem Plastik um die Stangen geführt, bildete die Wände. Drinnen war der Erdboden mit grünem Kunstrasen ausgelegt. Ein Stuhl diente als Ablage für Handtücher und Kleidung. Die Duscharmatur mit verstellbarem Brausekopf wurde aus dem See gespeist, ein Generator erzeugte den Strom für warmes Wasser.

Jeff überließ uns eines der Schlafzelte, damit wir unseres nicht aufbauen mußten. Es enthielt zwei Feldbetten, die wir zu einem zusammenschoben. Nachdem wir unsere Ausrüstung vom Boot heraufgeholt hatten stellte Jeff uns den Rest der Truppe vor.
Al war hauptsächlich zum Fischen hier. Fischen ist seine große Leidenschaft, erklärte er. Jeden Morgen stand er vor sechs Uhr auf, weil da die Fische am besten anbeißen. Obwohl schon über 70 Jahre alt, wirkte er topfit und genoß sichtlich das Leben im Camp. Greg half Jeff bei allem, was so zu tun war, quasi der Mann für alles. Nebenbei ging er natürlich auch auf die Jagd.
Scott, den wir schon kennengelernt hatten, kommt aus dem US Staat Colorado. Er war hier zur Bärenjagd, wie wir hörten nicht zum ersten Mal.
Barb setzte uns „Sheperd`s Pie“ vor, eine Art Gemüseauflauf mit Kartoffelbrei überbacken, den wir leider kaum anrührten, hatten wir doch vor kurzem erst gefrühstückt. Zu Kaffee sagten wir nicht nein, und Jeff stellte dazu eine 2-Liter Flasche Bacardi und Cola in Dosen auf den Tisch. Jeff, Al und Scott gaben Jagdgeschichten und eine Menge lustiger Anekdoten zum Besten. Micky zauberte zwei Taschenflaschen Jägermeister aus unserem Gepäck, ein Getränk, das offenbar auch im kanadischen Busch bekannt ist. Der Bacardi stieg mir langsam zu Kopf, als die Gruppe uns bat, von unserer Tour zu berichten. Alle lachten, als ich auf Scott`s Frage, wie ich denn geschlafen hätte, nachdem wir von den Bärenfutterstellen erfahren hatten antwortete: „very well“. Schließlich brachen Jeff und Scott wieder zur Futterstelle auf. Jeff setzt die Jäger morgens und abends beim „treestand“ ab. Dort bleiben sie mehrere Stunden, warten auf die Bären und die Möglichkeit zum Schuß.
Spät am abend kamen sie zurück. Scott war total durchgefroren, doch inzwischen verbreitete der Yukonofen eine mollige Wärme im Zelt. Barb hatte einen späten Imbiß und heißen Tee vorbereitet.
Ich gebe zu, daß es kaum möglich war, sich der Faszination des Jagens an diesem Ort zu entziehen, egal wie man sonst dazu steht. Es ist schwer zu bestreiten, daß der Jagdinstinkt dem Menschen scheinbar geblieben ist, auch wenn für die Jagd an

sich längst keine Notwendigkeit mehr besteht. Natürlich haben wir wenig Verständnis dafür, daß jemand von einem Hochstand aus auf Tiere schießt, die zuvor mit Futter an eine bestimmte Stelle gewöhnt wurden. Besonders bei der Bärenjagd, wie sie hier praktiziert wird, geht es nur um den Schuß, nicht um die Jagd. Das Bärenfleisch ist häufig mit Trichinen verseucht, sodaß man es nicht mal essen kann. In einem Camp wie diesem bezahlt man pro Woche 2000-3000$, einschließlich Verpflegung und der Garantie zum Schuß auf das gewünschte Tier. Für uns jedoch gehört zur Jagd, daß das Tier eine Chance hat zu entkommen oder im schlimmsten Fall, sich zu wehren.

In Europa ist das Jagen einigen Wenigen vorbehalten, während die Mehrheit ihr Fleisch im Supermarkt kauft und es, angeblich, niemals über sich bringen würde, ein Tier zu töten. In Kanada hat man eine andere Einstellung dazu. Nicht nur weil traditionell die Jagd von großer Bedeutung ist. Bis heute wird das „Leben von der Natur" praktiziert. Wir haben im Norden fast niemanden kennengelernt, der nicht auf die Jagd ging.

Wir selbst, Micky und ich, hatten Jagdbögen mitgebracht. Bogenschießen ist eines unserer Hobbys. Auch wenn dabei nur auf Scheiben geschossen wird, niemals auf Wild, gibt es in Europa neben der olympischen Disziplin (Bogenschießen auf Ringscheiben) die Fraktion der Jagd- und Feldbogenschützen, zu der wir uns zählen. Geschossen wird dabei sowohl auf Ringscheiben als auch auf Tierbilder oder 3-D Tiere. So mancher Arbeitskollege oder Bekannte der nichts mit Bogenschießen am Hut hat, hält allein das für sehr barbarisch. Doch es ist lediglich ein faszinierender Sport, der zudem den Vorteil hat, daß man ihn überwiegend in der freien Natur ausübt.

Während es zuhause eine reine Freizeitbeschäftigung ist, hatten wir hier sehr wohl die Absicht kleinere Tiere, z.B. Hasen, zu jagen, um sie zu essen. Wir wollten wissen was es für ein Gefühl ist, ein Tier zur Nahrungsbeschaffung töten und vorbereiten zu müssen. Abgesehen davon wäre es eine gute Ergänzung des Speisezettels, da wir aufgrund der seltenen Einkaufsmöglichkeiten meist auf Fleisch verzichteten.

Die kanadische Regierung hat strenge Jagdgesetze erlassen. Für jede Tierart ist genau festgelegt, welche Anzahl pro Jahr geschossen werden darf, und natürlich gibt es Jagd- und Schonzeiten. Für jedes Tier, das man schießen möchte, braucht man eine Lizenz (außer für Kleinwild). Die Lizenzvergabe dient der Kontrolle über den verbleibenden Bestand. Lediglich den Indianern bleibt es vorbehalten, ohne Lizenz für den Eigenbedarf zu jagen. Allerdings fragten wir uns, wie man den Tierbestand, oder auch die Einhaltung der Gesetze, im „wilden Norden“ Kanadas so genau kontrollieren will.
Als wir uns aus dem warmen Eßzelt in unser eiskaltes Schlafzelt zurückgezogen hatten, dauerte es lange bis ich einschlafen konnte. Die Kälte hielt mich wach, und die Jagdgeschichten geisterten mir hartnäckig durch den Kopf.

28. Mai

Die Sonne vertrieb die Nachtkälte, der Tag versprach schön zu werden. Wollte man die Dusche nicht benutzen, konnte man sich eine Schüssel Wasser zum Waschen aus der Küche holen. An einem Baum war ein kleiner zweibeiniger „Tisch“ angebracht, um die Schüssel abzustellen. Anschließend kippte man das Wasser einfach auf den Boden. Im Eßzelt stand schon ein reichhaltiges Frühstücksbuffet bereit. Als ich das Zelt betrat erklärte Jeff gerade, wie man Fische filetiert. In Ermangelung eines geeigneten Anschauungsobjekts machte er kleine Zeichnungen in Micky`s Tagebuch. Wir waren die Nachzügler beim Frühstück. Scott hielt vom Hochstand Ausschau nach Bären und Al war bereits vor dem Aufwachen zum Fischen hinausgefahren. Wir fragten Jeff nach dem merkwürdigen, motorenähnlichen Geräusch. Er erklärte, es seien „Grouse“, große scheue Waldhühner. Das Männchen erzeugt das Geräusch indem es sehr schnell mit den Flügeln schlägt. Trotz der einleuchtenden Erklärung glaubte ich es nicht. Dieses Geräusch konnte einfach nicht von einem lebenden Wesen stammen! Nach dem Frühstück zeigte Jeff uns Bärenfelle, die er gerade gerbte. Außerhalb der Jagdsaison verkauft er sie auf Messen und Ausstellungen in

In Jeff Wrightways Bearhuntercamp: Scott, Jutta, Greg, Jeff, Barb

Kanada und den Vereinigten Staaten, und wirbt dabei gleichzeitig für Jeff Wrightway`s Bearhuntercamp.
Vor unserem Schlafzelt hing ein „Zielsack“ zwischen zwei Bäumen. Das ist ein Kunststoffsack, gefüllt mit Schnipseln von Plastikfolie, auf den eine oder mehrere Zielscheiben aufgemalt sind. Eine ebenso einfache wie kostengunstige „Pfeilfangvorrichtung“. Wir schossen eine Weile auf den Sack.
Als Scott vom Hochstand zurückkam und ebenfalls seinen Compoundbogen hervorholte, geriet er prompt mit Micky ins Fachsimpeln. Ich übte noch eine zeitlang, stellte dann meinen Bogen an einen Baum und setzte mich in die Sonne. Ein leises, aber deutliches Knacken ließ uns aufhorchen: in der Sonne war die Beschichtung des oberen Bogenarms abgesprungen. Das wars dann für mich zum Thema Bogenschießen.
Am Nachmittag überlegten wir, was zu tun sei. Micky wäre gern noch länger geblieben, doch mich drängte es zum Aufbruch, auch wenn wir sehr gastfreundlich aufgenommen worden waren

und ich alles sehr interessant fand. Genug Stoff zum nachdenken hatten wir allemal.

Da wir uns nicht recht entscheiden konnten beschlossen wir, den See entscheiden zu lassen. Sollte er sich um 14.00 Uhr von seiner freundlichen Seite zeigen wollten wir aufbrechen, wenn nicht wollten wir bleiben. Obwohl man es nicht gerade windstill nennen konnte, schien das Wasser einigermaßen ruhig. Es hatte wenig Sinn, auf besseres Wetter zu warten, womöglich wurde es schlechter, und so packten wir unsere Sachen. Inzwischen war auch Al ins Camp zurückgekehrt. Wir verabschiedeten uns von allen und machten ein Foto zur Erinnerung.

Kaum hatten wir die Bucht verlassen, erfassten uns wie am Tag unserer Ankunft Wind und Wellen. Der Wind blies uns mit solcher Macht entgegen, daß wir uns mit aller Kraft dagegenstemmen mußten, um nicht rückwärts zu fahren. Jeff hatte uns gewarnt, daß es auf unserem Weg noch weitere Bärenfutterstellen gab, sodaß wir gezwungen waren, eine längere Strecke zurückzulegen, um in bärenfreie Zone zu gelangen.

Nach etwa 2 km mußten wir eine Pause einlegen und Kraft schöpfen. Bei einer Hütte, einem „Cabin", legten wir an und kochten Kaffee. Vom Ufer aus wirkte alles so harmlos, man konnte den Eindruck gewinnen, der Wind hätte nachgelassen. Doch wie erwartet trog der Schein, gnadenloser Gegenwind forderte uns alle Kräfte ab. Vor uns lag eine Insel, von der wir uns etwas Windschatten erhofften. Die letzten paar 100 Meter dehnten sich endlos und brachten uns an den Rand der Erschöpfung. Immer wieder mußte das Kanu gewaltsam auf Kurs gebracht werden. Endlich erreichten wir einen kleinen Sandstrand in einer halbmondförmigen Bucht, absolut windgeschützt. Fast kam es uns unwirklich vor, so idyllisch lag die Insel im warmen Sonnenschein. Erleichtert bauten wir ein Lager auf. Vielleicht hätten wir doch auf besseres Wetter warten sollen. Es gab jede Menge Treibholz und ich saß noch lange am Feuer, weil es so schön war. Micky war schon todmüde in seinen Schlafsack gekrochen. Gegen den Wind hatten wir nur 4 km zurückgelegt.

29. Mai

Gerne hätten wir uns nochmal umgedreht und eine weitere Runde geschlafen, doch ein Gedanke hielt uns davon ab: täglich hatte der Wind etwa um 14.00 Uhr eingesetzt, urplötzlich, von einer Minute zur anderen, und immer gleich mit voller Wucht. Diesmal wollten wir ihn überlisten und so früh aufbrechen, daß wir bis zum frühen Nachmittag schon einen erheblichen Teil der Tagesetappe schaffen konnten.

Wie wir gehofft hatten, lag die ganze Weite des Sees glatt wie ein Spiegel vor uns. Es war eine Freude zu paddeln, so ganz ohne „Seegang". Man hatte das Gefühl, als würde das Boot förmlich übers Wasser dahinschießen, so leicht ging es.

Unbedingt wollten wir so bald wie möglich diesen See hinter uns lassen, über dessen riesige Wasserfläche der Wind ungehindert blasen und uns das Leben schwer machen konnte.

Für eine Kaffee- und Pinkelpause scheuchten wir eine Schar Möwen von einer häßlichen, kahlen Sandbank. Mit lautem Protestgekreisch flogen sie auf und davon. Nach dem Studium der Karte glaubte Micky, wir könnten es heute fast bis ans Ende des Lac Ile-a-la-Crosse schaffen und kurz vor Patuanak lagern, dem nächsten Ort auf unserer Route.

Keine halbe Stunde waren wir wieder auf dem Wasser, da setzte der Wind ein. Es war genau 14.00 Uhr. In mir kochte die Wut hoch. Der Wind war der personifizierte Gegner für mich, der es darauf anlegte, uns den Spaß zu verderben. Ich hatte endgültig die Nase voll vom ewigen Kampf gegen Wind und Wellen. Ich wollte einfach nur in Ruhe paddeln und die Landschaft genießen, ganz abgesehen davon, daß wir auf diese Weise kaum Tageskilometer schafften und es fraglich war, ob wir unser Ziel erreichten.

Aus purem Trotz gaben wir nicht einen Augenblick nach und paddelten was das Zeug hielt. Das rechte Seeufer auf das wir zuhielten, schien sich tatsächlich zu nähern. Aber klug war das nicht, denn diese Art zu paddeln ist zu kraftraubend um für mehr als einen kurzen Sprint zu taugen. Als wir in Ufernähe kamen schmerzte meine rechte Schulter so stark, daß ich die

Paddelschläge nicht mehr voll durchziehen konnte. An einer Stelle trat das Unterholz etwas zurück, sodaß man anlegen konnte. Leider gab es keinen halbwegs ebenen Platz für das Zelt. Nach ein paar Minuten Ruhe glaubte ich, meine Schulter würde noch eine Weile durchhalten. Wir wollten versuchen, es bis „Old Womans Point“ zu schaffen. Laut Karte war dort eine große Bucht, wo Micky bessere Lagermöglichkeiten vermutete.

Es war kalt und trübe geworden. Meine Schulter schmerzte nun auch, wenn ich mit dem Paddeln aussetzte. Der Wind trieb das Kanu direkt in die Bucht hinein. Micky suchte sie ringsherum mit dem Fernglas ab, doch überall gab es nur unzugängliche Ufer und Binsen. Links von uns, etwa in der Mitte der Bucht, lag eine kleine Insel. Sie bot auf der windabgewandten Seite einen winzigen, halbwegs ebenen Platz. Er war vollständig mit hohem Gras und Schilf bewachsen, das vom Vorjahr trocken und gelb, platt auf der Erde lag. Beim Aussteigen sanken wir im Uferschlamm ein. Das flache Wasser war brackig und schimmerte grünlich im modrig riechenden Ufersand. Myriaden von Mücken tanzten in dichten Wolken über uns und die Luft war von hohem Sirren erfüllt. Die schwarzen Insekten sehen aus wie Moskitos, stechen aber nicht. Unter dem trockenen Gras raschelten Mäuse hin und her. Ab und zu ließ sich eine sehen, und manchmal wurden einzelne Grashalme wie von Geisterhand nach unten gezogen und verschwanden spurlos.

Es war nicht gerade der ideale Lagerplatz, aber wir hatten nicht die Wahl. Wegen des matschigen Ufers war es schwierig, das Boot zu entladen. Die Feuerstelle richteten wir direkt am Wasser auf feuchtem Sand ein, das Zelt stand etwa einen Meter dahinter. Erschöpft ließen wir uns von den Mücken in den Schlaf summen.

30. Mai

Sehr früh am Morgen wachte ich auf. Es war windig und kalt, graue Wolken bedeckten den Himmel. Diesmal hatte auch das frühe Aufstehen nichts genützt, der See war aufgewühlt und grau.

Steif und träge von der Morgenkälte bedeckten die schwarzen Insekten das Zelt, das Boot, das Kochgeschirr, einfach alles.

Ich versuchte Feuer zu machen. Der Wind hatte gedreht, sodaß die Feuerstelle nun nicht mehr im Windschatten lag. Kaum leckte ein kleines Flämmchen an den Zweigen, die ich aufgeschichtet hatte, fegte eine Bö hinein und löschte es aus. Mit klammen Fingern versuchte ich es wieder und wieder und hatte bald eine halbe Schachtel Streichhölzer verbraucht. Vom Abend lagen noch zurechtgesägte Birkenäste da, die feucht waren und schlecht brannten. Birke brennt nur in absolut trockenem Zustand gut, doch außer diesem gab es so gut wie kein Feuerholz auf der Insel. Birkenrinde dagegen gehört zu den am besten brennbaren Materialien und ist daher ideal zum Feuer machen. Einen kleinen Vorrat davon hatte ich in der Küchentasche. Birkenrinde findet man häufig, da Birken, wenn sie absterben, von innen heraus vermodern und nur die Rinde übrigbleibt. Sie brennt sofort, wenn man ein Streichholz daran hält, sogar in feuchtem Zustand. Doch diesmal war der Wind einfach zu stark. Die dicken Rindenstücke brannten nicht lange genug, um das feuchte Birkenholz zum Brennen zu bringen. Ich wollte schon aufgeben, da kam ich auf die Idee, von den nutzlosen Birkenästen feine Fasern von der obersten Rindenschicht abzuziehen. Wie der Schwefelkopf eines Streichholzes loderten sie hell auf. Ich schälte so viele Fasern wie möglich ab. Ein paar davon zündete ich an und warf die anderen nach und nach hinein, wenn die Flamme zu verlöschen drohte. Diesmal klappte es. Das Feuer kam nun richtig in Gang und ich konnte endlich Kaffeewasser aufsetzen. Die ganze Prozedur hatte fast eine Stunde gedauert, sodaß Micky inzwischen ebenfalls aufgewacht war. Es dauerte lange, ehe das Kaffeewasser kochte. Jede Windbö blies die Flammen zur Seite weg, sodaß der Kessel keine gleichmäßige Hitze bekam. Von der Wärme angelockt, fielen die schwarzen Mücken scharenweise ins Feuer oder in den Topf, in dem ich Teig anrührte.

Micky stieß mit dem Boot ab, um weiter draußen frisches Wasser zu holen. Mit dem brackigen Wasser am Ufer wollten wir uns weder waschen noch die Zähne putzen.

Es war ein ungemütlicher Morgen, und meine Laune besserte sich nicht durch die Aussicht auf einen weiteren Kampf gegen den Wind. Kaum hatten wir die Bucht verlassen, traf er uns mit voller Wucht. Das einzige, was uns aufrecht hielt war die Aussicht, in etwa zwei Stunden den Lac Ile-a-la-Crosse endgültig zu verlassen und Patuanak zu erreichen. Im nachhinein wußten wir unseren unkomfortablen Lagerplatz auf der Insel erst richtig zu schätzen, denn bis Patuanak gab es keine einzige Möglichkeit mehr zum Anlegen.

Der See wurde jetzt deutlich schmaler, die Ufer rückten näher zusammen. In der Ferne sah es aus, als würde die Gegend felsig werden. Erst beim Näherkommen erkannten wir, daß uns die graue Farbe getäuscht hatte: es war verbrannter, versengter Wald.

Die Wassermassen des Lac Ile-a-la-Crosse werden bei Patuanak durch eine enge Stelle gepresst und bilden Stromschnellen, die Shawgenaw Rapids. Obwohl Niedrigwasser herrschte und die Strömung nicht sehr schnell war, waren wir doch etwas aufgeregt. Schließlich waren es unsere ersten Stromschnellen. Der Verlauf der Hauptströmung war gut zu erkennen, es gab keine Stufen oder Schwälle. In einer großen S-Kurve wurde das Kanu von der Strömung einfach hindurchgetragen. Direkt hinter den Rapids liegen die ersten Häuser von Patuanak und ein weiterer See öffnet sich, der Shawgenaw Lake.

Es war Mittagszeit, kein Mensch war zu sehen. Der Ort machte einen geruhsamen, fast verträumten Eindruck, kleine, hübsche Häuser, jedes in individueller Form und Farbgebung. An der weißen Fahne mit grüner Aufschrift erkannten wir sofort den Supermarkt, ein „Northern Store“, wie wir ihn schon in Ile-a-la-Crosse gesehen hatten. Wie dort war es das größte und häßlichste Gebäude, ein grauer Würfel ohne Fenster mit einer Stahltür.

Unterhalb des Ladens legten wir an einer unbebauten Stelle an. Der Supermarkt war geschlossen. Wir kamen mit einem älteren Indianer ins Gespräch, der ebenfalls vor verschlossener Tür stand. Er lud uns ein, bei einer Tasse Kaffee in seinem Haus zu warten, bis der Northern wieder öffnete. Das Haus konnte man vom Wasser aus über einen eigenen Bootssteg erreichen. Da wir das Kanu mit der ganzen Ausrüstung nicht gerne unbeaufsichtigt ließen, paddelten wir hinüber und machten das Boot am Steg fest.

Das Haus war klein und sehr gemütlich. Wir waren bei Ovide und Yvonne Wolverine zu Gast. Yvonne war gerade dabei, Salate und andere Köstlichkeiten für ein am Abend in der „Hall" stattfindendes Fest vorzubereiten. Zum Kaffee durften wir schon im voraus kosten. Yvonne und Ovide haben neun Söhne. Yvonne erklärte, sie hätten sich immer auch eine Tochter gewünscht, doch nach dem neunten Jungen hätten sie den Versuch aufgegeben.

Das Wohnzimmer sah aus wie ein Andenkenladen. Überall Fotos, Preise und Pokale, welche die Söhne im Lauf der Zeit gewonnen hatten, Nippes und Heiligenfiguren. Die Jungs waren, wie fast alle männlichen Dorfbewohner, irgendwo draußen bei einem Waldbrand als „Firefighter" eingesetzt. Yvonne bedauerte sehr, daß das Fest am Abend fast ohne Männer stattfinden würde. Mit wem sollte man da tanzen? Etwa mit Ovide?

Wir fragten Ovide nach einer Lagermöglichkeit in der Nähe. Dem Haus gegenüber lag eine Landzunge, die von einer Gruppe der schneeweißen Pelikane bevölkert war. Ovide glaubte, daß wir gute Chancen hätten, wenn wir die Landzunge umrundeten. Wir verabredeten uns für den nächsten Tag auf ein Hallo und einen Kaffee. Dann gingen wir einkaufen.

Der Northern war ganz gut sortiert und sehr teuer. Wir bekamen alles was wir brauchten, bis auf filterlose Zigaretten für Micky. Steve, der Manager des Stores, war der einzige Weiße, den wir in Patuanak kennenlernten und mit einer Indianerin verheiratet. Er war sehr verständnisvoll und versprach, zwei Stangen „Players Plain" zum Northern Store in Stanley Mission zu ordern. (Allerdings liegt Stanley Mission noch einige 100 km vor uns.)

Auf der Rückseite der Landzunge lagen mehrere Inseln. Die erste, die wir ansteuerten hatte einen kleinen Sandstrand, der allerdings übersät war mit Müll. Offensichtlich waren wir nicht die ersten, die diese Insel benutzten. Zunächst mußten wir also aufräumen. Ich füllte einen herumliegenden Plastikeimer mit halb vermoderten Stoffetzen, einem einzelnen Turnschuh, Glasscherben, verrosteten Dosen und Plastiktüten. Sogar einen Gummistiefel fand ich. Hinter dem Sandstrand führte ein Trampelpfad in eine Senke im Inneren der Insel. Dort stießen wir auf einen Wolfskadaver und deponierten den Müll beim Kadaver. Nun war der Strand richtig hübsch und wir begannen, ein Lager aufzuschlagen.

Zum Abendbrot fing Micky zwei etwa 50 cm lange Hechte. Abgesehen davon, daß Jeff die Fische wieder ins Wasser geworfen hätte weil sie ihm zu klein gewesen wären, blieben nach seiner Anleitung lediglich eine handvoll Filets übrig. Dafür waren sie diesmal annähernd grätenfrei und mit Kartoffelbrei und Zwiebeln ein echter Genuß.

31. Mai

Am Morgen war der Himmel bedeckt, die Luft war diesig und roch nach Regen. Micky spannte in weiser Voraussicht eine unserer Planen als Regendach. Nach dem Frühstück brachten wir unsere Sachen in Ordnung, säuberten die Proviantcontainer und verstauten die neu gekauften Lebensmittel. Obwohl ich vor Kälte schlotterte, wusch ich erst mich im See und anschließend die Wäsche. Kaum hatte ich sie aufgehängt, fing es an zu regnen. Gut, daß wir das Regendach hatten. Nach dem „Bad“ wurde mir in frischen Klamotten schnell wieder warm.

Nachmittags paddelten wir hinüber nach Patuanak, um die Wolverines zu besuchen. Inzwischen hatte es angefangen zu gießen, unser erster richtiger Regentag seit dem Aufbruch.

In Ovide und Yvonnes Haus war es warm und gemütlich. Nach einem Becher Kaffee war ich so durchgewärmt und schläfrig, daß ich mich kaum noch bewegen mochte. Ich hätte so sitzenbleiben und einschlafen können. Ovide versprach, Briefe für uns beim Postamt aufzugeben. Es ist nur Dienstags und Freitags geöffnet, „maybe on monday for an hour.“ Es war Sonntag und auch das RCMP-Office hatte geschlossen. Von Ovides Telefon rief Micky den diensthabenden Polizeibeamten an. Er hieß ebenfalls Steve und kam kurze Zeit später mit Block und Bleistift vorbei, um unsere Daten aufzunehmen. Er versprach, in Ile-a-la-Crosse anzurufen und zu bestätigen, daß wir Patuanak wohlbehalten erreicht hatten. Ein Anruf in Pinehouse Lake würde uns dort bereits ankündigen. Wir verließen das gastliche Haus und paddelten zum Abendbrot hinüber nach „Private Island“. Der Regen hatte aufgehört, sogar unsere Wäsche fing langsam an zu trocknen.

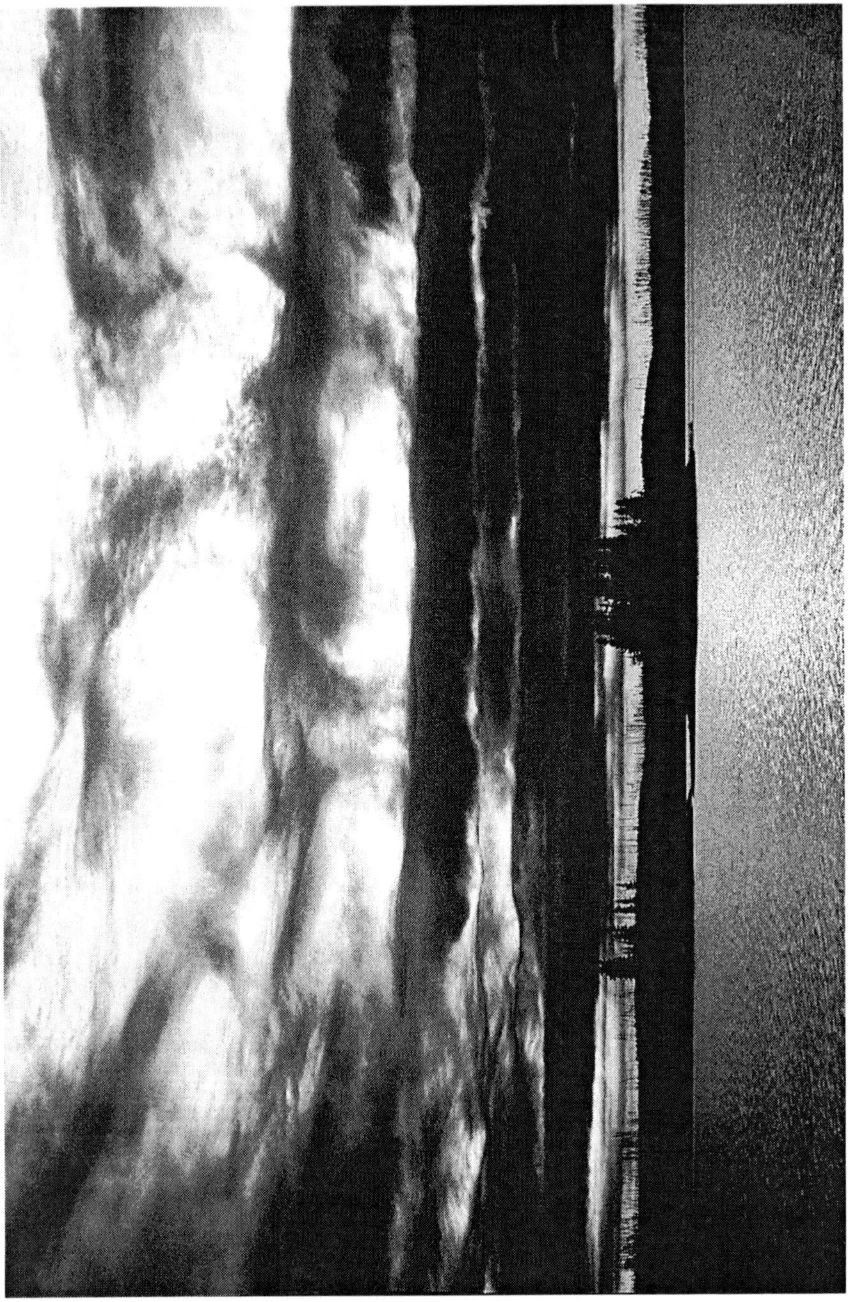

VON PATUANAK NACH PINEHOUSE LAKE

1. Juni

Dick eingemummt in Fleecekleidung und Gore Tex überquerten wir gegen heftigen, eisigkalten Wind den Shawgenaw Lake. Wir waren auf der Suche nach einem schmalen Durchlaß, der uns in einen neuen Abschnitt des Churchill River Systems führen sollte. Damit verließen wir vorerst die großen Seen und hofften, daß sich der Churchill nun mehr als Fluß präsentieren würde.

Doch bis jetzt war am weit entfernten jenseitigen Ufer nichts genaues auszumachen. Wir erkannten lediglich Farbunterschiede, die den dunklen Uferstreifen vorspringen oder zurücktreten ließen. Unsere Karte war nicht genau genug, um jede kleine Einbuchtung zu zeigen, und nach wie vor hatten wir Schwierigkeiten, Entfernungen abzuschätzen.

Wir paddelten zunächst in östlicher Richtung, bis wir den See fast überquert hatten. Da endlich tauchte linkerhand der Durchlaß auf. Wir bogen in einen schmalen Wasserarm ein, der direkt nach Norden führte. Hier waren wir einigermaßen vor dem Wind geschützt und hatten Gelegenheit, uns umzusehen. Wie vor Patuanak waren große Waldflächen versengt. Die Stämme waren nicht radikal niedergebrannt, sondern reckten kahle, schwarze Äste in den Himmel. Ovide hatte uns erzählt, daß im letzten Jahr einige Familien ihre Häuser durch Brände verloren hatten.

Der Fluß windet sich durch eine abwechslungsreiche Landschaft, hinter jeder Biegung taucht etwas Neues auf. Elegante weiße Pelikane schweben ab und zu im Formationsflug ein und landen auf dem Wasser. Auch als Fluß finden wir den Churchill ganz schön breit. Den Vergleich mit dem langgestreckten Lac Ile-a-la-Crosse muß er nicht scheuen.

Rechts von uns lag nun eine Insel, die wir für eine Pause nutzen wollten. Am herumliegenden Müll sah man sofort, daß sie bewohnt war. Beim Aussteigen aus dem Boot rutschte ich von einem glitschigen Stein ab und stand bis über die Knöchel im Wasser. Ärgerlich über meine Ungeschicklichkeit wechselte ich die Socken und zog statt der nassen Turnschuhe Neoprensocken darüber, um die Füße warmzuhalten. Interessiert begutachteten wir das Camp. Über einer Feuerstelle war ein kleines Räucherhaus errichtet worden. Unter der Decke des Häuschens hingen die Trockengestelle. Zwischen zwei Bäume war ein Querbalken festgebunden. Eine darüber geworfene Plane bildete ein einfaches Zelt, dessen Seitenwände mit Steinen beschwert wurden. Wie im Bearhuntercamp gab es mehrere zweibeinige Tische, hinten an eine Birke genagelt, sozusagen als drittes Bein. Das Auffälligste war das aus mehreren Wirbeln bestehende Teilstück einer Wirbelsäule, das an einem Baum hing. Die weißen, ausgebleichten Wirbel waren so groß, daß wir auf Elch tippten. Bevor wir wieder ablegten, hinterließ Micky eine Nachricht auf dem Querbalken des Zeltes.

Kurze Zeit später versetzte eine plötzliche, heftige Windbö das Kanu auf einen Schlag um mehrere Meter nach links. Völlig überrascht hatten wir keine Möglichkeit gegenzusteuern. Der Spuk war genauso schnell vorbei, wie er gekommen war, doch wir hatten uns ganz schön erschrocken. Seitenwind, der Alptraum des Kanuten.

Wir näherten uns jetzt den Drum Rapids und waren auf der Hut, auch wenn von Strömung noch nichts zu spüren war. Einige Verwirbelungen im Wasser täuschten ein Fließen vor, doch paddeln mußten wir nach wie vor aus eigener Kraft.

Von nun an benutzten wir regelmäßig vor Stromschnellen die „Booklets", die wir beim „Environment and Resources Management Office" in Saskatoon besorgt hatten. Auf der letzten Seite wird darin eine Einteilung von Stromschnellen in 6 Klassen vorgenommen, jeweils bei normalem Wasserstand:

-class 1 Rapids können auch von ungeübten Paddlern bewältigt werden. Die Passagen sind leicht zu überschauen, keine Hindernisse, niedrige Wellen.

-class 2 Rapids können niedrige Stufen und höhere Wellen aufweisen. Mit Felsen, Ästen oder anderen Hindernissen muß gerechnet werden. Es wird empfohlen, die Stromschnellen vor dem Befahren vom Ufer aus zu betrachten.

-class 3 Rapids bilden die obere Grenze für offene Kanadier (also Kanus ohne Spritzdecke). Hohe Felsstufen, ungleichmäßige Wellen und starke Kehrwasser (Umkehrströmungen, engl. Eddys) erfordern fortgeschrittenes Können. Eine Inspektion vorab ist unbedingt notwendig.
-class 4 Rapids bezeichnen in der Regel einen kleinen Wasserfall, der über gefährliche Felsstufen stürzt und schwer einsehbare Passagen mit kochenden Kehrwassern enthält.
-bei class 5 und 6 Rapids mit reißender Strömung, Schwällen und steilen Abstürzen besteht Lebensgefahr.
Darunter steht zu lesen: At the foot of any rapid, it is far better to be sorry one did not run the rapid, than to be sorry one did! Diese Weisheit wollten wir uns zu eigen machen.

Die Broschüren nennen also die jeweilige „Klasse“ der Stromschnellen, die oftmals aus mehreren Abschnitten bestehen, empfehlen eine bestimmte Durchfahrt, warnen vor gefährlichen Stellen. Ist eine „Portage“ angegeben, eine Möglichkeit, die Stromschnellen zu umgehen bzw. zu umtragen, wird beschrieben wo diese zu finden ist (z.B. am linken Ufer, ca. 200 Meter vor den Rapids bei einer kleinen Lichtung), wie lang und in welchem Zustand sie ist. Gegebenenfalls wird auch auf die Möglichkeit zu waten, oder das Kanu an der Leine die Schnellen hinabzumanövrieren hingewiesen.

Die Drum Rapids sind in vier Abschnitte unterteilt. Der erste ist nur sogenanntes „schnelles Wasser“ und kann gefahrlos befahren werden. Die linke Seite wird empfohlen. Nach etwa 400 m ruhigen Wassers gelangt man zum zweiten Abschnitt, einem class 1+ rapid, den man sich vor dem Befahren ansehen sollte. Dieser zweite Teil kann am rechten Ufer auch gewatet oder geleint werden. Der Hauptabschnitt beginnt 400 m unterhalb des zweiten Segments. Hier wird eine Portage empfohlen, etwa 290 m lang und in gutem Zustand. Die Portage umgeht eine Stromschnelle der Klasse 3. Der letzte Teil besteht wiederum aus schnellem Wasser ohne größere Schwierigkeiten.
Etwa einen halben km hinter den Drum Rapids trifft man auf die Leaf Rapids, class 2, die man nach genauer Beobachtung

befahren kann. Alternativ ist auch eine Portage vorhanden. So etwa lauteten die Angaben in unserem Heft.

Nach den Shawgenaw Rapids war dies die erste wirkliche Herausforderung und wir waren entsprechend aufgeregt. Der erste Abschnitt erwies sich als wirklich einfach. So einfach, daß wir nicht sicher waren, ob wir ihn schon hinter uns hatten. Während wir noch darüber berieten wurden wir vom zweiten Abschnitt überrascht, ohne daß wir Gelegenheit gehabt hätten, anzulegen und vom Ufer aus die geeignete Durchfahrt zu suchen. Wir mußten einigen Felsen ausweichen und ich bekam zum zweiten Mal an diesem Tag nasse Füße, da wir in den Wellen etwas Wasser übernommen hatten. Als wir durch waren atmeten wir auf, mir zitterten doch ein wenig die Knie. Alles war viel zu schnell gegangen.

Vor dem Hauptsegment fanden wir, wie angegeben, am rechten Ufer den Zugang zur Portage. Die Anlegestelle wurde sichtlich viel benutzt, der Ufersaum war zertrampelt, beim Aussteigen versank man sofort im Morast. Dahinter lag eine grasige Lichtung mit einer großen Feuerstelle. Der Platz sah so einladend aus, daß wir beschlossen zu bleiben. Wir wollten uns lieber nicht darauf verlassen, zwischen dem vierten Teil der Drum Rapids und den Leaf Rapids einen Lagerplatz zu finden.

Um einen Vorgeschmack zu bekommen was uns morgen erwartete, gingen wir den Portagen Trail entlang, um einen Blick auf die Rapids zu werfen. Abgesehen davon, daß eine Menge Birken über den Weg gestürzt waren, war er gut zu begehen. Die Stromschnellen liegen allerdings in einer weiten Kurve, die der Trail gerade abschneidet, sodaß man nirgends ans Wasser gelangen kann. Der Pfad fällt am Ende steil zu einem kleinen Kiesstrand ab. Von unten betrachtet sahen die Rapids eigentlich recht harmlos aus, doch wir wußten ja nicht, was in der Kurve lag.

Als wir uns umdrehten, um uns auf den Rückweg zu machen, entdeckten wir einen großen, hühnerartigen Vogel, den Micky für den schon erwähnten „Grouse“ hielt. Er war so gut getarnt, daß wir ihn zuerst nicht bemerkt hatten. Als ich ihn sah, konnte ich mir erst recht nicht vorstellen, daß dieses Tier mit dem weichen Gefieder ein motorenähnliches Geräusch erzeugt.

Wieder beim Lager angekommen machten wir ein Feuer auf der alten Feuerstelle und kochten Eintopf. Drei Motorboote röhrten stromauf in Richtung unseres Camps. Wir wunderten uns, daß es überhaupt möglich war, die Rapids stromaufwärts mit dem Motorboot zu befahren. Die Boote waren bemannt mit etwa 10 angetrunkenen Amerikanern. (Das sie Amerikaner waren banden sie uns sofort auf die Nase, doch ich bin sicher, wir hätten es auch so gemerkt!) Sie trugen allesamt bunte Holzfällerhemden, große Schlapphüte, wilde Bärte und jeder hatte eine Bierdose in der Hand. In ihrer großspurigen Art bedauerten sie Micky lautstark, weil er kein Bier dabei hatte. Einer griff in die riesige Kühlbox, die vor ihm im Boot stand und warf Micky drei Dosen „Milwaukee" zu, dann knatterten sie davon in Richtung Patuanak. Scheinbar konnten die Amis sich nicht vorstellen, daß man in der Wildnis ohne Bier überleben kann. Micky probierte und verzog das Gesicht: es schmeckte, als hätte es schon drei Tage offen im Glas gestanden.

Die sternklare Nacht war bitterkalt. Ich fror, obwohl ich mit Mütze, Schal und Handschuhen am Feuer saß. Vom Fluß kroch Feuchtigkeit und Nebeldunst herauf.

2. Juni

Obwohl wir meistens ziemlich früh zu Bett gingen, wachten wir inzwischen nicht mehr früh am Morgen auf wie zu Beginn unserer Tour. Problemlos konnten wir neun bis zehn Stunden schlafen. Wir waren besser organisiert, packten unsere Sachen nach dem immer gleichen Schema, sodaß wir nicht lange suchen mußten. Trotzdem waren wir nicht wesentlich schneller geworden. Ehe wir Feuer gemacht, gefrühstückt, abgewaschen und eingepackt haben, vergehen in der Regel zwei bis drei Stunden. Wenn wir spät aufstehen bedeutet das, daß wir kaum vor Mittag ablegen.

Während ich Pfannkuchen zum Frühstück machte, baute Micky das Zelt ab und trug das Boot die Portage hinunter. Das Kanu wiegt knapp 40 Kilo und ist mit einem Tragejoch ausgestattet, sodaß Micky es über Kopf alleine tragen kann. Nach dem Frühstück transportierten wir das restliche Gepäck. Bei acht Taschen und Packsäcken, vier Proviantfässern, dazu Boot, Paddel, Schwimmwesten und anderen Kleinigkeiten, mußte jeder von uns den Weg vier Mal mit Gepäck gehen. Der knapp 300 m lange Trail und unsere Arme schienen dabei mit jedem Gang länger zu werden. Ich merkte schnell, daß mir bei längerer Belastung einfach die Kraft fehlte, doch das konnte sich ja ändern.

Vor den Stromschnellen waren wir auch diesmal ziemlich nervös, obwohl wir die Schwimmwesten trugen und die Ladung mit Gurten gesichert hatten.

Die Strömung trug uns glatt durch den letzten Abschnitt der Drum Rapids -glaubten wir. Erst als wir nach mehreren Kilometern immer noch nicht auf die Leaf Rapids gestoßen waren wurde uns klar, daß wir mit der Portage gleich Teil drei und vier der Drum Rapids umtragen hatten. Der vermeintlich letzte Abschnitt, den wir vorhin passiert hatten, waren schon die Leaf Rapids gewesen. Das machte deutlich, wie schwierig es trotz der Infos aus den Broschüren werden würde, sich zu orientieren. Die Hefte konnten nur als Anhaltspunkt dienen, ersetzten aber keineswegs genaues Beobachten und ein wenig Intuition. Ein Quentchen Glück gehörte unter Umständen auch dazu.

Zwei cabins lagen am Fluß, eines am linken, das andere am rechten Ufer. Wir mußten zugeben, daß der Standort nicht schlecht gewählt war. In wenigen Tagen konnte man Patuanak erreichen und sich dort mit allem Notwendigen versorgen. Allerdings lag Patuanak stromauf und drei Stromschnellen waren zu überwinden. Mit einem Kanu ein schwieriges Unterfangen.

Der Churchill wurde nun immer breiter und flacher. Stellenweise hatten wir kaum mehr als eine Handbreit Wasser unter dem Kiel oder mußten das Kanu über Sandbänke staken. So träge schob es sich durch das seichte Gewässer, daß wir uns kaum vorstellen konnten, etwa 6 km weiter auf weitere Stromschnellen zu stoßen, die Deer Rapids. Diese waren wiederum in zwei Abschnitte unterteilt, beide Klasse 2 bis 2+. Es wurde dringend empfohlen, sie vor dem Befahren genau zu studieren.

Ein ganzes Stück vor den Rapids legten wir an, da die Strömung schon ziemlich stark war und wir nicht in den Sog geraten wollten. Das war auch gut so, denn soweit wir es überblicken konnten, lagen über die gesamte Breite des Flußbetts Steine und Felsen im Wasser. Davon stand kein Wort in unserer Beschreibung. Vermutlich lag es am diesjährigen niedrigen Wasserstand, daß die Felsen überhaupt zu sehen waren.

Der Hauptstrom zog sich zunächst am rechten Ufer entlang, um dann in einer scharfen Kurve nach links zu schwenken. Das Boot mußte wirklich um fast 180 Grad gedreht werden, und die Frage war, ob uns die schnelle Strömung genug Zeit dazu ließ. Sollten wir die S-Kurve bewältigen bestand die Gefahr, daß wir auf einen der Felsen im Flußbett prallten. Von unserem Standort aus war kein Weg zwischen den Steinen hindurch zu erkennen. Einer meiner Alpträume war es stets, mitten in der Wildnis das Boot zu verlieren. Bei der Vorbereitung des Trips hatte ich noch die Vorstellung gehegt, man könnte im Notfall mit wenig Gepäck am Fluß entlanggehen, um die Richtung zur nächsten Siedlung halten zu können. Inzwischen wußten wir jedoch, daß es unmöglich war, am dichtbewachsenen Ufer mehr als ein paar Meter zu gehen. Ich hatte solche Angst, daß ich Micky erklärte, lieber würde ich das ganze Gepäck alleine umtragen, als diese Stromschnellen zu fahren. Micky versuchte mich zu beruhigen und versicherte mir, wir hätten immer noch die Möglichkeit das Kanu an die Leine zu nehmen und am Ufer entlangzuwaten, statt umzutragen.

Wir zogen Schuhe und Strümpfe aus und Neoprensocken bzw. Neoprenschuhe an, die wir extra gekauft hatten, um die Füße vor kaltem Wasser und spitzen Steinen zu schützen. Micky hielt das Boot an der Treidelleine und versuchte, es in die Strömung zu schieben. Doch es trieb immer wieder ans Ufer, wo Micky es dann unsanft über die Steine weiterzerrte. Ich tastete mich vorsichtig am Rand des Wassers von Stein zu Stein, als ich plötzlich abrutschte und meine hochgerollten Hosenbeine naß wurden. Glück gehabt, dachte ich. Ein paar Steine weiter trat ich erneut daneben, ausgerechnet in ein Schlammloch. Ich versank bis zum Knie, kippte hintenüber und saß schließlich im eiskalten Wasser. Während Micky das Kanu mittlerweile in die Strömung bugsiert hatte, rappelte ich mich zähneklappernd auf, ignorierte die triefenden Klamotten und ging weiter.

Wir waren jetzt fast an einem mannshohen Felsen angelangt, von dem wir angenommen hatten, daß er ans rechte Ufer stieß. Tatsächlich lag er ein wenig in der Strömung, und von diesem erhöhten Punkt war ein Durchlaß zwischen den Felsen erkennbar, den wir von oben nicht hatten sehen können. Die Frage blieb offen, ob wir die rasante Linksdrehung in der Kurve geschafft hätten, wenn wir es versucht hätten.

Vom großen Felsen aus stiegen wir ins Boot und ließen uns in die Strömung unterhalb der Felsbarriere gleiten.

Nach einem knappen Kilometer begann der zweite Teil der Deer Rapids. Auch diesmal beschrieb der Hauptstrom eine S-Kurve. Jedoch war sie wesentlich langgezogener, sodaß wir keine Mühe hatten, dem Verlauf zu folgen. Da ich ohnehin schon naß war störte es mich auch nicht, daß wir in den Strömungswellen wieder Wasser übernahmen. Allerdings war mir so kalt, daß wir an der nächstmöglichen Stelle anlegten, einer windigen Sandbank ohne jeden Schutz. In meinem Gepäck fand sich noch ein trockenes Rollkragenshirt und die Fleecehose. Mit Mütze, Schal, Handschuhen und einem Becher heißen Kaffees taute ich langsam wieder auf. Mein Bedarf an Rapids war jedoch für heute gedeckt. Die nächsten, Dipper Rapids, waren 13 km entfernt und konnten getrost bis zum nächsten Tag warten.

Auf der Suche nach einem Lagerplatz paddelten wir noch fast 10 km. Die Ufer waren hier nicht so unzugänglich, meist frei von Unterholz und Gestrüpp. Doch entweder war alles mit hohem Gras bewachsen, auf dem man kein Feuer machen konnte, hohe Uferböschungen machten das Anlanden schwierig, oder der Platz war einfach nicht groß genug für das Zelt.

Inzwischen waren wir ziemlich erschöpft, unsere Mägen knurrten und wir hatten endgültig genug vom Paddeln, als wir eine kleine Insel erreichten. Sie war nahezu kahl, der Untergrund matschig, aber wenigstens bot sie ausreichend Platz, und für ein Feuer gab

es rein gar nichts, worauf es hätte übergreifen können. Kurzentschlossen legten wir an, entluden das Kanu und verschlangen heißhungrig die letzten Brötchen vom Frühstück mit Erdnußbutter und Honig. Während wir noch kauten fiel mir ein grasiger Platz am Festland gegenüber ins Auge, der sehr einladend aussah. Micky paddelte hinüber, um die Lage zu peilen. Zwischen Büschen gab es mehrere Lichtungen, die groß genug waren für das Zelt. Am Ufer zog sich ein schmaler Sandstreifen entlang, Feuerholz war in ausreichender Menge vorhanden. Schnell packten wir alles wieder ins Boot und zogen aufs Festland um. Während ich meine nassen, matschigen Klamotten auswusch und zum trocknen auf die Leine hängte, baute Micky das Zelt auf und errichtete die Feuerstelle, die etwas mehr Aufmerksamkeit erforderte. Wir hatten festgestellt, daß wir auf Torfboden lagerten. Um zu vermeiden, daß er anfing zu glimmen und sich das Feuer unterirdisch ausbreitete, stach Micky ein kreisrundes Stück von etwa 1,5 m Durchmesser aus und füllte das Loch mit nassem Ufersand. In der Mitte unterhielten wir ein kleines Kochfeuer. Als letzte Sicherheit schütteten wir ringsherum mehrmals Wasser auf den Sand solange das Feuer brannte.
Es war ein langer, anstrengender Tag gewesen. Hundemüde krochen wir in die Schlafsäcke und schliefen sofort ein.

3. Juni

Ein warmer, sonniger Morgen lud zum bleiben ein. Wir trödelten beim Frühstück und genossen die Aussicht auf die Flußlandschaft. Ich nutzte das warme Wetter zu einem „Bad“ und wusch noch mehr Wäsche. Eine leichte Brise würde sie schnell trocknen.
Nachmittags probierte ich zum ersten Mal einen Brotteig mit Trockenhefe. Ich deckte ihn mit einem Geschirrhandtuch ab und stellte ihn zum Aufgehen in die Sonne. Währen Micky einen Streifzug ins „Hinterland“ unternahm, übte ich die Angel auszuwerfen. Ein paar Enten ließen sich auf dem Wasser nieder, doch bei der geringsten Bewegung flogen sie auf und davon. Wir

wundern uns öfter, daß das Wild so scheu ist. Häufig finden wir Spuren, doch selten bekommen wir die Tiere selbst zu Gesicht. Nur die zahlreichen Singvögel sind immer und überall da.

In der Nähe unseres Camps fanden wir Elchspuren. Wir konnten uns gut vorstellen, daß diese lichten, mit Gras bewachsenen Gehölze für Elche ideal sind.

Meine Hefebrötchen waren sehr gut aufgegangen und rochen so verführerisch, daß uns einige sofort zum Opfer fielen. Der Rest war als Vorrat für zwei Tage gedacht.

Am Abend nahm Micky mich zu einem weiteren Rundgang mit. Wald fehlte hier völlig. Auf dem federnden, trockenen Torfboden wuchsen ausschließlich Gras, Büsche und niedrige, krüppelige Bäumchen. Micky führte mich zu einem großen Biberbau und einem wirklich überdimensionalen Biberdamm, der einen kleinen Binnensee staute. Das unterschiedliche Niveau des Wasserspiegels auf beiden Seiten war deutlich zu erkennen. Der Damm war gut einen Meter breit und mindestens 10 Meter lang. Er enthielt so dicke Balken, daß man sich nur einen Monsterbiber dazu vorstellen konnte. Der Bau bestand mehr aus Pflanzenresten und Schlamm als aus Balken. Später sahen wir Meister Biber persönlich, als er uns in der Dämmerung einen Besuch abstattete. In immer enger werdenden Kreisen schwamm er bis auf etwa 10 m an unser Lager heran. Fast glaubten wir, er würde aus lauter Neugier an Land kommen. Da tauchte er plötzlich ab und verschwand. Als wir im Schlafsack lagen hörten wir ihn noch rumoren und ab und zu mit dem Schwanz auf die Wasseroberfläche schlagen. Micky stand auf um nachzusehen, ob Meister Biber sich nicht an unseren Lebensmitteln vergriff. Scheinbar trafen unsere Vorräte nicht seinen Geschmack.

Am Fuße der Dipper Rapids

4. Juni

Während wir auf die Dipper Rapids zupaddelten schwoll das leise Rauschen, das uns schon eine Weile begleitete, rasch an. Ein merklicher Sog war zu spüren und schneller als erwartet kamen die Rapids in Sicht. Wir hielten uns dicht am linken Ufer. Für die gefährlichen Dipper Rapids war keine Durchfahrt angegeben. Auch Motorboote mußten hier portagieren. An den unbefahrbaren Stromschnellen herrschte regelmäßiger Bootsverkehr, sodaß es sich gelohnt hatte, die Portage mit Schienen und einer Art Lore auszustatten. Während wir näher kamen beobachteten wir zwei Motorboote. Eines wurde gerade über mehrere Querbalken im Wasser auf die Lore gezogen, um bequem 350 m weiter unten wieder eingesetzt zu werden. Es sah ziemlich einfach aus, doch die Boote hatten nichts geladen und jeweils vier Mann Besatzung schoben die Lore.

Wir warteten mit der zweiten Bootsbesatzung bis die Lore zurückkam. Ein älterer Indianer erzählte, er sei die Dipper Rapids in seiner Jugend mit dem Kanu hinabgefahren. Ein anderer behauptete, sie seien unfahrbar. Ich für mein Teil war froh, sie umgehen zu können. Das breite Flußbett weist einiges an Gefälle auf, die Strömung ist reißend und zahlreiche Felsbrocken im Wasser bilden Hindernisse, die man nur im Zickzackkurs umfahren könnte.

Dann waren wir an der Reihe. Wir schafften es, das Kanu samt Ladung auf die Lore zu wuchten. Der Rest war ein Kinderspiel - bis der Wagen aus den Schienen sprang. Offensichtlich kam das häufiger vor, denn entlang der Schienenstrecke lagen mehrere Eisenstangen. Micky zeigte mir, wie ich die Stange ansetzen mußte. Ich hebelte und Micky zog von der anderen Seite, bis die Räder zurück in die Schienen rumpelten.

Unterhalb der Dipper Rapids setzten wir problemlos ein und überquerten nun den Dipper Lake. Es war eine verrückte Gegend. Schwimmende Torfinseln bildeten das reinste Labyrinth. Meist war nicht auszumachen, ob wir Festland oder Insel vor uns hatten. Micky hatte die Stelle, wo er den Abfluß aus dem Dipper Lake vermutete mit dem Kompaß angepeilt, damit wir uns nicht verirrten. Er führte in den Primeau Lake, einen schmalen, langgestreckten See, der mehrere „Fühler" in verschiedene Richtungen vorschiebt und einige Sackgassen hat. Nach längerem erfolglosen Suchen bot sich ein hochgelegenes Felsplateau als Lagerplatz an. Mal was anderes als Sandstrand oder Moorwiese.

Unsere einzigen Bedenken galten dem Zelt. Es ist ein Tunnelzelt mit einhängbarem Innenzelt und viel Platz für Gepäck unter dem Außenzelt. Gerade deshalb hatten wir uns dafür entschieden. Der Nachteil besteht darin, daß es nicht allein durch den Halt des Gestänges steht wie ein geodätisches Kuppelzelt, sondern mit Heringen befestigt und mit Zeltschnüren abgespannt werden muß. Micky war zuversichtlich, daß das Zelt auch ohne Heringe im Boden ausreichend Halt hätte, wenn wir die Zeltschnüre zum Abspannen um Felsbrocken banden. Während wir die Möglichkeiten abschätzten, trat auf der Landzunge gegenüber ein großer Schwarzbär aus dem Wald. Die Landzunge schob sich als Fortsetzung unseres Felsplateaus halbkreisförmig in den See hinaus. Micky rief den Bären an, der etwa 100 m entfernt war und uns noch nicht gesehen hatte. Aufmerksam äugte er eine Weile zu uns herüber, dann machte er kehrt und verschwand zwischen den Bäumen. Wir machten ordentlich Lärm, klatschten ein paarmal in die Hände, damit er sich merkte wo wir waren.

Während ich Holz sammelte und Nudeln zum Abendbrot kochte, verlängerte Micky die Abspannschnüre des Zelts und befestigte sie an herumliegenden Felsbrocken. Ein kalter Wind war aufgekommen, der den Löwenanteil an Holz und Wärme fraß, indem er die Flammen in alle Richtungen auseinanderblies. Das Kochen auf Felsen hatte seine Vorteile. Man konnte Geschirr und Lebensmitteltüten einfach abstellen ohne daß sie sandig wurden oder Erde ins Essen fiel.

Nach dem Abendbrot stellte Micky die Proviantfässer in sichere Entfernung. Den Weg von der Landzunge zum Plateau verbarrikadierte er „bärensicher“ mit trockenen Ästen. Das würde ihn zwar nicht aufhalten, doch zumindest würden wir ihn hören. Wir verbrachten eine unruhige Nacht, wozu der Bär vermutlich ebensoviel beitrug wie der steinharte Untergrund unter den Schlafmatten.

5. Juni

Ausnahmsweise waren wir schon vor der Mittagszeit wieder auf dem Wasser. Aber irgendwie war heute nicht unser Tag. Der Wasserwiderstand war extrem hoch, die Paddel enthielten plötzlich Bleigewichte, die Sitze waren hart wie Stein. Das Wetter bescherte uns abwechselnd Sonne und Wolken, eigentlich ein herrlicher Tag. Doch kaum hatten wir die Pullover und danach auch die Hemden ausgezogen, erschauerten wir im nächsten kalten Windhauch, nur um fünf Minuten später erneut ins schwitzen zu geraten. Längst stand für uns fest, daß es heute eine kurze Etappe werden würde. Nur den Primeau Lake wollten wir noch überqueren.

Ich erwähnte bereits, daß der Primeau Lake zahlreiche Sackgassen hat. Wie die Finger einer Hand strecken sich langgezogene Bays in verschiedene Richtungen aus. Einer der Finger wird dabei wieder zum Churchill River, der sich als schmaler Flußarm in den gewaltigen Knee Lake schlängelt. Auf dem Weg dorthin wird er durch zwei Felsengen gepresst und bildet so zwei weitere Stromschnellen: die Crooked und die Knee Rapids.

Im Primeau Lake liegen so viele Inseln, daß wir Schwierigkeiten hatten, uns zu orientieren. Der kleine Kartenmaßstab trug sein Teil dazu bei, und prompt landeten wir in einer der Sackgassen. Das hatte uns gerade noch gefehlt!

Zum Glück mußten wir keinen allzu großen Umweg machen, um endlich auf die Durchfahrt in den Knee Lake zu stoßen.

Obwohl die Crooked Rapids nicht mehr weit waren, spürten wir keinerlei Strömung, immer noch kämpften wir um jeden Meter. Wir waren nicht gerade motiviert, jetzt auch noch Stromschnellen zu befahren. Wer weiß, was da auf uns zukam. Der Gedanke, die angegebene Portage zu benutzen, lag uns da wesentlich näher. Doch trotz genauer Angaben in unserer Flußbeschreibung, konnten wir sie nicht finden. Durch Binsenfelder und Uferdickicht starteten wir mehrere Versuche, an Land zu kommen, aber einen Pfad konnten wir nicht entdecken.

Inzwischen wurde der Sog der Strömung stärker. Die Rapids lagen unglücklicherweise in einer Flußbiegung, wo man sie nicht einsehen konnte. In der Beschreibung wurde vor schnellem Wasser gewarnt, das sich unmittelbar an den ersten Abschnitt der Crooket Rapids anschließt. Vermutlich war es dadurch nahezu unmöglich, sich den zweiten Abschnitt vor dem Befahren anzusehen.

Zum Nachdenken blieb nicht viel Zeit. Den ersten Teil in der Kurve passierten wir ohne Schwierigkeit. Der zweite Abschnitt (class 2+) sah ziemlich harmlos aus, als wir darauf zuglitten. Nichts was wir nicht schon gemeistert hätten, also Augen auf und durch. Es gelang uns spielend einigen Felsen auszuweichen, als wir erkannten, daß wir direkt auf eine riesige Wasserwalze zusteuerten, eine stehende Welle, die durch eine Felsstufe entsteht. Micky schrie Kommandos, nach links, nach links! Doch es war zu spät für Ausweichmanöver, die Strömung riß uns mit sich fort.

In solchen Augenblicken ist das rationale Denken völlig ausgeschaltet. Wie im Film liefen die nachfolgenden Szenen vor mir ab. Der Schwall aus weißer Gischt hob den Bug des Kanus hoch, die Welle traf mich in Brusthöhe und schlug dann hinter mir zusammen. Instinktiv begann ich sofort wieder zu paddeln. Das Boot durfte auf keinen Fall querschlagen, sonst würde es in den Strudel der Walze geraten und vielleicht zerstört werden. Im günstigsten Fall würden wir kentern und die ungesicherte Ladung davonschwimmen.

Sanfte Strömung trug das Kanu ans linke Ufer. Wir hatten es geschafft! Jetzt erst kam uns zu Bewußtsein, was passiert war. Ich konnte kaum das Paddel halten, so sehr zitterte ich im nachhinein. Da ich meine Gore Tex Jacke trug, war ich zumindest obenrum trocken geblieben. Vom Gürtel an abwärts waren wir beide klatschnaß, im Kanu stand das Wasser bis fast in Höhe der Sitze. Mit einer Plastiktüte und der Bratpfanne, die obenauf lag, schöpften wir so gut es ging Wasser aus dem Boot.

Auch den dritten Teil der Crooked Rapids konnte man von unserem Standpunkt aus nicht überblicken. Indem wir rückwärts und seitwärts paddelten, kreuzten wir zum rechten Ufer. Trotz der Strömung gelang es uns, hinter einem Felsen in ruhigeres Wasser zu kommen und anzuhalten. Ich hatte kein Verlangen, das vorangegangene Abenteuer zu wiederholen, doch wir mußten es drauf ankommen lassen. Ich war heilfroh, als es diesmal keine Hindernisse gab, der Strom trug das Boot ohne Probleme hindurch.

Nach den ausgestandenen Ängsten fühlte ich mich total ausgelaugt. Unsere Broschüre versprach zwischen Crooked und Knee Rapids schöne „Campsites“, die wir gerne für eine Pause genutzt hätten. Stattdessen lag der Fluß schnurgerade wie ein Kanal vor uns, und schon hörten wir das Rauschen der Knee Rapids.

Hinter der nächsten Flußbiegung legten wir an einem langgestreckten, völlig kahlen Felsrücken an. Ein banges Gefühl in der Magengrube machte sich breit, als wir einen Blick auf die ziemlich langen Knee Rapids warfen. Während im oberen Teil die Durchfahrt klar zu erkennen war, schien das Flußbett im unteren Teil von einer Reihe Felsen blockiert zu sein, die weiße Schwälle im Wasser bildeten. Wir hielten Ausschau nach der angegebenen Portage, die hier auf dem Felsplateau beginnen sollte. Je weiter wir vordrangen, desto zerklüfteter wurde die Felsenlandschaft. Birkenstämmchen klammerten sich mit ihren Wurzeln in die dünne Erdschicht über dem Gestein, viele waren umgestürzt. In Felsvertiefungen standen Pfützen. Einen Pfad fanden wir nicht.

Micky versuchte, sich direkt am Ufer durch das Gestrüpp zu kämpfen, um sich den unteren Teil der Rapids aus der Nähe anzusehen. Er blieb lange weg und berichtete dann, daß es in der Felsenreihe im Flußbett einen einzigen, V-förmigen Durchlaß gab.

Ich erbat Bedenkzeit und kochte uns Kaffee. Ohne die Portage gab es keine Alternative, wir mußten es versuchen. Micky erklärte genau die Linie, die wir paddeln wollten. Den oberen Abschnitt mußten wir von der rechten Seite anfahren, dann eine scharfe Linkskurve beschreiben um den Durchlaß zu treffen. Obwohl alles klar war, startete ich mit ungutem Gefühl. Es war als würde man das Glück zum zweitenmal herausfordern, und vielleicht erwischte es uns diesmal.

Als uns die Strömung erfasste stieg Panik in mir auf. Wieder schaltete sich der Verstand aus, ich hörte nur noch Micky`s Kommandos, folgte mechanisch seinen Anweisungen. Adrenalin sei Dank gelangen sogar Manöver, die mir normalerweise Schwierigkeiten bereiten, oder die wir selten geübt hatten fast lehrbuchmäßig.

Wir schafften es, die geplante Ideallinie einzuhalten. Am Durchlaß zwischen den Felsen hatten wir einen kleinen Aufsetzer, dann trug uns die Strömung zum zweiten Teil der Knee Rapids. Wir kamen nochmal ins schwitzen, als wir einigen tückischen Felsen ausweichen mußten, doch alles ging glatt. Ein grenzenloses Hochgefühl vermischte sich mit Erleichterung und

Erschöpfung. Wir waren stolz, daß wir die Herausforderung bewältigt hatten, aber auch unendlich abgespannt und müde.

Es dauerte lange, ehe ich die Angst vor Stromschnellen überwand. Von diesem Tag an ergriff mich jedesmal eine fast irrationale Panik, wenn wir uns Rapids näherten. Ich steigerte mich so in die Angst hinein, daß sich körperliche Symptome zeigten wie Herzrasen, Zittern, Atemnot. Dabei konnte ich gar nicht sagen, wovor konkret ich mich fürchtete. Ich bin eine gute Schwimmerin, unsere Ausrüstung ist wasserdicht verpackt und die Taschen schwimmfähig. Wir führten häufig Gespräche darüber, die mich aber nicht wesentlich weiterbrachten. Obwohl ich alle Manöver beherrschte und Micky`s Kommandos präzise befolgte, schaltete sich mein Verstand jedesmal so vollkommen ab, daß ich hinterher nicht beschreiben konnte, was wir getan hatten. Doch auf diese Weise konnte ich auch der Angst nichts entgegensetzen. Erst als ich begann, aktiv an der Planung der Durchfahrt von Stromschnellen teilzunehmen und nicht nur blind auf Micky`s Anweisungen zu hören, gewann ich Sicherheit aus den gesammelten Erfahrungen. Mit zunehmender Sicherheit verschwand langsam die Angst.

Eine gewisse Anspannung beim Befahren von Rapids ist uns beiden bis zum Ende unserer Reise erhalten geblieben. Nie verloren wir den Respekt, nie fühlten wir uns restlos sicher. Und das ist wahrscheinlich auch gut so. Jede Stromschnelle hat ihre eigenen Tücken.

Im Augenblick sehnten wir uns hauptsächlich nach einem gemütlichen Lagerplatz und etwas zu Essen. Kurz hinter den Knee Rapids öffnete sich eine Bucht. An ihrem rechten Ufer stand ein Cabin, eine Hütte, mit vernagelten Fenstern. An der linken Uferseite erstreckte sich ein Sandstrand, mit niedrigem Buschwerk bewachsen. Jetzt erst nahmen wir wahr, daß dort die Qualmwolke eines Buschbrands atompilzförmig in den Himmel stieg. Das Feuer wirkte so nah diesmal. Wir hatten keine Erfahrung mit Buschbränden und konnten nicht einschätzen, wie weit es tatsächlich entfernt war. Wer weiß ob wir noch Zeit hatten das Lager abzubrechen, wenn der Wind drehte und das Feuer auf uns zutrieb.

Wir mobilisierten unsere letzten Energiereserven und steuerten auf eine zweite Bucht zu. Nachdem wir fast die gesamte rechte Uferseite abgesucht hatten, ohne eine winzige Lagermöglichkeit zu entdecken, konnte man durch eine schmale Einfahrt den Knee Lake sehen. Hier streikte ich endgültig. Ohne sicher zu sein was uns dort erwartete war ich nicht bereit, auch nur ein kleines Stück weiter zu paddeln, ich war einfach am Ende. Seit Stunden steckten wir in nassen Klamotten, seit dem Frühstück hatten wir nichts gegessen, und die Anspannung in den Rapids hatte meine Kräfte aufgezehrt.

Ich schlug vor, zurück zu der Hütte in der ersten Bucht zu paddeln, und dort das Zelt aufzuschlagen. Micky gab schließlich nach, obwohl er höchst ungern ungefragt in anderer Leute Vorgarten zeltet.

Das Cabin lag malerisch vor einem steil aufragenden Felsmassiv. Während ich die Hütte umrundete, um den besten Platz für das Zelt ausfindig zu machen, entdeckte Micky einen Pfad, der auf den Felsrücken hinaufführte. Als er zurückkehrte erzählte er begeistert von einem Zeltplatz ganz oben auf dem Plateau. Zusammen stiegen wir noch einmal hinauf. Der Pfad führte in sanfter Steigung am Rand des Felsmassivs entlang, rechts von uns fiel eine senkrechte Wand 20 bis 30 Meter tief zum See hin ab. Das schmale Plateau war dick gepolstert mit Moos und Blaubeersträuchern, am Steilhang standen einige Birken und Nadelbäume. Auf der linken Seite lag ein dicht bewaldetes Tal. Das Kurioseste aber war ein Felsblock in der Form eines Ohrensessels. Jemand hatte nachträglich zwei rechteckige Felsstücke als Armlehnen auf die Sitzfläche gelegt. Davor stand ein fast quadratischer Felsbock als Tisch und mehrere Felshocker. Von der „Sitzgruppe“ aus hatte man einen herrlichen Ausblick über den See.

Für dieses wunderbare Fleckchen nahmen wir gern in Kauf, daß wir unser Gepäck und den gefüllten Wassersack hinaufschleppen mußten. Das Boot ließen wir bei der Hütte. Micky kratzte ein kleines Areal von Moos frei und baute aus Steinen eine Feuerstelle. Die Sonne war bereits untergegangen und schnell wurde es dunkel. Wind war aufgekommen und ließ

Funken aus dem Feuer springen. Wir versuchten, es möglichst klein zu halten und hüteten es wie unseren Augapfel, denn das knochentrockene Moos ringsum konnte sich leicht entzünden.

Eine böse Überraschung erwartete uns, als wir die Proviantfässer öffneten. In alle vier war Wasser eingedrungen, sämtliche Lebensmitteltüten waren naß geworden. Im Kanu transportierten wir die Fässer liegend. Mehrmals am Tag hatte lange genug Wasser im Boot gestanden, sodaß es durch die nachlässig zugeschraubten Deckel eindringen konnte. Der größte Teil der Lebensmittel konnte gerettet werden, indem wir sie einfach in neue, trockene Gefrierbeutel umfüllten. Hauptsächlich Mehl und Backpulver war durchweicht und unbrauchbar geworden.

Beim Schein des Feuers aßen wir unser Abendbrot und sanken dann erschöpft in unsere Schlafsäcke. Während wir dem Wind lauschten, schliefen wir ein. Was für ein Tag!

6. Juni

Mühsam blinzelte ich durch zwei verquollene Sehschlitze. Dumpf brütende Hitze herrschte im Zelt. Ich schaute auf meine Armbanduhr: 7.00 Uhr früh! Man konnte kaum atmen, so dick war die Luft. Schnell griff ich nach meinen Sachen und krabbelte hinaus. Erstmal tief durchatmen. Es war ein wunderbarer Sommertag, absolut windstill. Spiegelglatt lag die Bucht weit unter uns im gleißenden Sonnenlicht.

Micky tauchte nun ebenfalls schlaftrunken aus dem Zelt auf. Er ging hinunter um sich zu waschen, und um das Geschirr von gestern abend abzuspülen. Nach einem ausgiebigen Pfannkuchenfrühstück paddelten wir, mit Handtüchern und Seife bewaffnet, auf die andere Seite der Bucht, wo wir gestern den Sandstrand gesehen hatten. Der Platz schien uns geeigneter zum baden als unten am Cabin, wo Unrat und vielleicht Glasscherben im Wasser lagen.

Herrlich erfrischt paddelten wir zurück, bis zu einer Stelle dicht unterhalb der Knee Rapids. Schon häufiger hatten wir gehört, daß in der Strömung Zander stehen, englisch „Walleyes“

genannt, und dort auf Beute lauern. Angeblich schmecken sie noch besser als Hecht. Gut zwei Stunden blieben wir dort an den auslaufenden Stromschnellen, doch kein Walleye biß an. Auf dem Rückweg warf Micky im ruhigen Wasser der Bucht nochmals die Angel aus. Mit zwei Würfen hatte er zwei Hechte am Haken.

Zurück beim Lagerplatz machte ich es mir im „Ohrensessel" gemütlich, während Micky die Fische filetierte. Eine Stunde später erschien er ärgerlich mit einer handvoll Filets. Nie wieder wollte er Fische fangen, vor allem keine Hechte, die sich beim filetieren äußerst widerborstig verhalten und überwiegend aus Gräten zu bestehen scheinen.

7. Juni

Wie gestern hatte sich das Zelt schon am frühen Morgen in eine Sauna verwandelt. Das Einpacken ging uns heute gut von der Hand. Schon am späten Vormittag hatten wir die gesamte Ausrüstung nach unten geschleppt und im Boot verstaut.

Zum zweiten Mal durchquerten wir die beiden Buchten, die dem Knee Lake vorgelagert sind. Der Ausblick auf seine riesige Wasserfläche war herrlich, das Wetter ideal zum überqueren eines großen Sees: absolut windstill.

Der Knee Lake hat tatsächlich die Form eines Knies. Wir ließen sozusagen den „Oberschenkel" links liegen und überquerten ihn an seiner breitesten Stelle, direkt beim „Gelenk". Wir versuchten, uns an einer Reihe Inseln zu orientieren. Erst als wir mitten auf dem See waren, erkannten wir beim Blick zurück, daß die Inselgruppe aus dieser Perspektive ein völlig anderes Bild bot. Wir hatten uns wieder mal verfahren. Unsere Position, im Kanu direkt auf dem Wasser, macht es unmöglich, längere Strecken zu überblicken. Bei den weiten Entfernungen auf großen Seen verdecken die Inseln sich oft gegenseitig. So gab es immer wieder Überraschungen. Micky nahm sich vor, von jetzt an nur nach vorheriger Kompaßpeilung eine bestimmte Richtung einzuschlagen.

Unsere Hände hatten arg gelitten, seit wir unterwegs waren. Da sie ständig naß wurden, war die Haut rauh und rissig geworden. Erde und Asche setzten sich in den Rissen fest, vom Paddeln und Holzsägen bekamen wir Schwielen. Selbst durch schrubben mit Sand wurden sie nicht mehr sauber. Micky`s Hände hatten zudem von Anfang an unter Sonnenbrand zu leiden gehabt, der nie Gelegenheit hatte, ganz abzuheilen. Auf den Handrücken hatten sich Blasen gebildet, die Hautrisse fingen an zu bluten. Es blieb nichts anderes übrig, als beide Hände mit Salbe einzuschmieren und dick mit Mullbinden zu umwickeln. Bei unserem Vorhaben äußerst praktisch.

In nordöstlicher Richtung erstreckte sich vor uns die Bentley Bay, gewissermaßen der „Unterschenkel" des Knee Lake. Die Bay war schnurgerade wie ein Kanal, die Ufer boten keinerlei Abwechslung fürs Auge. Während wir kilometerweit einfach nur geradeaus paddelten und die Gedanken schweifen ließen, überfiel mich ein kleiner Heimwehschub. In diesem Land war alles so riesig, weit und unübersichtlich, und vor allem menschenleer. Vor einer Woche waren wir von Patuanak aufgebrochen und keinem Menschen begegnet, außer den Motorbootfahrern an den Dipper Rapids. Ich fühlte mich etwas verloren in dieser grenzenlosen Landschaft. Im Augenblick sehnte ich mich fast nach den überfüllten Hamburger Alsterkanälen, über die ich sonst immer schimpfte. Eine Kaffeepause und eine kurze Rast bei einem Biberbau half mir darüber hinweg. Die Bewohner der Biberburg zogen in sicherer Entfernung ihre Kreise und beobachteten uns.

Nach wie vor legten wir pro Tag wesentlich weniger Kilometer zurück, als wir bei der Planung angenommen hatten. Es war fraglich, ob wir unser Ziel, die Hudson Bay, vor dem Herbst erreichen würden, wenn wir unser Tempo nicht steigern konnten. Mit dieser Tatsache vor Augen hätten wir die Zeit nutzen und noch ein paar Kilometer zurücklegen sollen, doch ich hatte für heute genug vom Paddeln. Micky hätte vor allem gern die langweilige Bentley Bay hinter sich gebracht.

Mit dem Fernglas suchte er das rechte Ufer nach einem Lagerplatz ab. Plötzlich hatte er einen Schwarzbären vor der

Linse, der gemächlich an der Wasserlinie entlang trottete. Damit war diese Seite für uns tabu, schließlich war der Bär zuerst dagewesen. Links fiel eine Felswand etwa fünf Meter tief, terrassenförmig zum Wasser hin ab. Dorthin würde er uns wohl nicht folgen, glaubten wir. Die Wahrscheinlichkeit, oben das Zelt aufstellen zu können war gering, doch wir hatten Glück: die Terrassen boten jede Menge Sitzgelegenheiten und Abstellmöglichkeiten. Oben gelangte man in einen verwunschenen Nadelwald. Von den uralten Bäumen hingen lange, spinnwebartige Flechten. Gestrüpp und kreuz und quer umgestürzte Stämme bildeten ein undurchdringliches, verfilztes Dickicht. Auf einer winzigen Lichtung direkt oberhalb der Terrassen bauten wir das Zelt auf.

Micky kochte leckere Spaghetti mit Käsesoße zum Abendbrot, und ich übte, die Angel auszuwerfen. Ich wollte nur auswerfen, denn Fisch hatten wir erst gestern gehabt. Doch gleich beim ersten Wurf hatte ich einen kleinen Hecht am Haken. Vorsichtig zog ich ihn heran. Micky löste den Haken im Wasser und ließ den Fisch frei. Sicherheitshalber warf ich den Blinker nun ohne Haken aus. Der Babyhecht hatte nichts gelernt und verschluckte ihn sofort. Langsam schien ihm das Spiel sogar Spaß zu machen. Jedesmal wenn ich auswarf schnappte er nach dem Blinker, hielt kurz fest und spuckte ihn dann wieder aus. Wenn ich den Köder hochzog schnellte er hoch aus dem Wasser, um ihn zu schnappen. Ich hatte mindestens ebensoviel Spaß wie der Fisch.

Als es fast dunkel war erschien ein Bär, und tappte geradewegs in unsere Richtung. Wie bei der letzten Bärenbegegnung riefen wir ihn an und klatschten in die Hände. Unvermittelt bog er in den Wald ab und verschwand, so leise wie er gekommen war. Der Wald war so dicht mit Unterholz und Beerensträuchern bewachsen, kein Mensch könnte sich dort so geräuschlos bewegen. Gern hätten wir gewußt, wo er abgeblieben war.

8. Juni

Als wir zuhause die Tour planten, hatten wir keine Ahnung gehabt, welche Hindernisse uns erwarteten. Selbstverständlich waren wir davon ausgegangen, daß uns die Strömung eines so großen Flusses schnell voranbringen würde, selbst wenn wir nicht paddelten. Nie hätten wir geglaubt, daß der Churchill praktisch nur in der Nähe von Stromschnellen wirklich fließt. Wir hatten die Kraft des Windes unterschätzt, gegen den wir fast täglich Kämpfe austrugen. Auch Stromschnellen zu begutachten, Portagen zu suchen oder das Kanu in Rapids an die Leine zu nehmen, kostete enorm viel Zeit.

Und nun ertappten wir uns dabei, wie wir versuchten Zeit zu sparen, weil die Länge unserer Tagesetappen bei weitem nicht unseren Erwartungen entsprach. Statt am Morgen die erste Tasse Kaffee und den Ausblick auf den See zu genießen, konnte man ja nebenbei schon das Zelt ausräumen oder Brotteig anrühren. Wir waren auf dem besten Wege, in Verhaltensweisen zu verfallen, wie der Alltag sie mit sich bringt, wenn man berufstätig ist. Dabei waren wir entschlossen gewesen, einen anderen Lebensstil zu praktizieren, ein bißchen Freiheit auszukosten und uns weder unter Zeit- noch unter Erfolgsdruck setzen zu lassen.

Ein Ortswechsel allein reicht eben nicht aus, um ein neuer Mensch zu werden. Der Mensch ist ein Gewohnheitstier! Wir nahmen uns vor, ab sofort die Dinge gelassener zu sehen, alles so zu nehmen, wie es kommt und die Chance zu nutzen, unsere eigenen Erfahrungen zu machen, selbst wenn wir es dadurch nicht schaffen sollten, den Churchill bis zur Mündung zu befahren. Der Weg ist das Ziel.

Trotz der Unterhaltung an diesem Vormittag legten wir übrigens nur wenig später ab als sonst. Dafür waren wir ohne Zeitdruck sehr viel ausgeglichener.

Eine Stunde später erreichten wir mit Rückenwind, die kleine Siedlung Elak Dase, eine abgelegene Ansammlung von Häusern mitten im Busch, ohne Straßenanbindung. In unseren Booklets war zu lesen, daß hier 12 Familien leben. Um völlig autonom existieren zu können, bauen die Menschen Getreide und Gemüse für den Eigenbedarf an, leben von der Jagd und vom Fischen. Das Dorf hat sogar eine eigene Kirche.

Als wir auf die Ansiedlung zupaddelten, wirkte sie verlassen. Doch dann kam jemand den Hügel herunter an die Anlegestelle. Der Mann setzte sich, drehte eine Zigarette und wartete, bis wir herangekommen waren. Er stellte sich als Raymond vor und schüttelte uns die Hand. Aus einem der Holzhäuser auf dem Hügel kam nun auch seine Frau, Philomene. Wir erfuhren, daß Elak Dase inzwischen meist unbewohnt ist und nicht mehr bewirtschaftet wird. Einige Familien kommen gelegentlich am Wochenende, doch im Augenblick leben Raymond und Philomene allein hier. Die Beiden gehen auf die Jagd, fischen, und legen Tiefkühlvorräte für den Winter an. Zusätzlich arbeitet Raymond im Sommer einige Wochen als Führer in einem Bearhunter Camp, wo er 500 $ die Woche verdient. Im Winter wohnen sie in Patuanak und bestreiten ihren Lebensunterhalt von den Erträgen des Sommers.

Raymond und Philomene waren uns sehr sympathisch. Sie haben eine bestimmte Art, freundlich und offen zu sein, ohne aufdringlich zu wirken, sie lassen anderen Personen Raum ohne sich zurückzuziehen. Dabei stört auch nicht die indianische Eigenart, sein Gegenüber beim Sprechen kaum anzuschauen.

Ursprünglich hatten wir gehofft, in Elak Dase Mehl kaufen zu können. Nachdem bei unserem Abenteuer in den Stromschnellen die Vorräte naß geworden waren, hatten wir hauptsächlich Mehl eingebüßt. Ich war nicht sicher, ob es bis zum nächsten Ort reichen würde. Nun saßen wir schon fast zwei Stunden mit Ray und Philomene auf dem Bootssteg und unterhielten uns. Mehl wollten sie uns nicht verkaufen. Stattdessen schenkten sie uns filetierten, gefrorenen Walleye, ein Paket eingeschweißte Bratwürste, Milchpulver und das Mehl obendrein.

Raymond gab Micky einen Tip für das Nachtlager und zeigte ihm die Stelle auf der Karte. Die Beiden wollten heute abend mit dem Boot rausfahren und vielleicht bei uns vorbeischauen.

Kaum hatten wir abgelegt bekamen wir Gegenwind. Er wehte so heftig, daß wir berechtigte Zweifel hatten, heute noch die Stelle

zu erreichen die Ray empfohlen hatte. Während wir uns nach anderen Möglichkeiten umsahen, hörten wir das Motorboot kommen. Raymond kannte die Gegend gut und lotste uns zu einem schmalen, erhöht liegenden Felsplateau ganz in der Nähe.
Die Beiden blieben den ganzen Abend in ihrer unaufdringlichen Art, was wir sehr angenehm fanden. Ich zeigte Philomene das Buch über eßbare Pflanzen, das ich dabeihatte. Wir sahen uns ein wenig in der Umgebung um, fanden aber rein gar nichts das man verwenden konnte. Micky schlug das Zelt auf und ich kochte Eintopf, während wir uns unterhielten. Raymond schnitzte nebenbei aus einem kleinen Stück Holz einen kunstvollen, etwa fingerlangen Totempfahl.
Inzwischen ist es fast dunkel. Ich schreibe bei Feuerschein die Ereignisse des Tages auf. Die Mitglieder der Biberfamilie eines nahegelegenen Baus schwimmen abwechselnd dicht an uns vorbei und lassen ihre Schwänze auf das Wasser klatschen. Manchmal treiben Äste vorbei, wie von Geisterhand bewegt, bis plötzlich ein Biberkopf dahinter auftaucht. Es war ein schöner Tag, wir fühlen uns im Einklang mit uns selbst und froh. Im Augenblick können wir uns nicht vorstellen, daß womöglich bald neue Probleme auf uns zukommen.

9. Juni

Am Morgen war es nicht kalt, aber windig und es sah nach Regen aus. Als wir ablegten klatschten die ersten Tropfen auf das Wasser. Ich hatte keine Lust zu paddeln. Nach den anstrengenden letzten Tagen hätte mir ein Ruhetag gut gefallen.
Auf dem Weg in den Dreger Lake folgten wir einer Abkürzung, die Raymond uns auf der Karte gezeigt hatte. Dieser Nebenarm des Churchill ist nur drei bis vier Meter breit und schlängelt sich durch eine zauberhafte Sumpflandschaft. Weiden hängen ihre Zweige ins Wasser, die Ufer sind hoch und dicht bewachsen mit Gras und Schilf, es herrscht absolute Ruhe. So etwas haben wir bislang auf unserer Fahrt nicht zu sehen bekommen.
Nach etwa 2 km mündet der Fluß in den Dreger Lake, den man auf der Karte überhaupt nicht als See erkennen würde. Er sieht

aus wie ein breiter Fluß mit zerklüfteten Ufern, der nach einer scharfen S-Kurve in den Sandy Lake fließt.
Hier war es nicht mehr windgeschützt. Der Wind trieb uns auf die nächstgelegene Insel im See zu, wo wir anlegten, um die Karte zu studieren. Wir setzten uns auf einen Baumstamm neben einer alten Feuerstelle. Zu spät bemerkten wir, daß wir Vögel beim Brutgeschäft störten. Mitten auf dem Holzkohlehaufen der Feuerstelle entdeckten wir vier grünliche Eier, die mit ihren schwarzen Sprenkeln gut getarnt waren. Wir befühlten sie und stellten fest, daß sie noch warm waren. Ein Vogel mit langem Schnabel, etwa so groß wie ein Eichelhäher, flatterte aufgeregt schnatternd herbei. Immer wieder setzte er sich mit ausgebreiteten Flügeln in der Nähe auf den Boden. Wir konnten nicht glauben, daß ein so kleiner Vogel so große Eier gelegt haben sollte. Unvorstellbar, daß die vier Eier in seinem Bauch Platz gehabt hatten, und er sie rausgequetscht hatte, ohne daß sie kaputtgingen.
Als wir uns in einiger Entfernung auf einen Felsen zurückzogen, trippelte der Vogel vorsichtig näher, und endlich setzte er sich auf das Gelege und fing an zu brüten. Er hüpfte nocheinmal vom Nest als wir aufstanden, ließ sich aber gleich wieder nieder, als wir uns in die andere Richtung entfernten.
Rückenwind und hohe Wellen trugen uns flott über den See. Manchmal surfte das Kanu regelrecht auf den Wellenkämmen. Wir mußten nur darauf achten, das Boot auf Kurs zu halten. Dann knickt der Dreger Lake nach Süden ab. Sofort hatten wir Gegenwind und der Regen wurde heftiger. Um nicht rückwärts zu fahren, durften wir nicht nachlassen mit paddeln, nirgends gab es eine Anlegemöglichkeit. Eine erneute Windung des Sees nach Norden brachte uns zum Glück bald wieder Windschatten. Am Ausgang des Dreger Lake gerieten wir in schnelles Wasser, doch der See war hier so seicht, daß wir schließlich stecken blieben und aussteigen mußten. Ich hatte meine Neoprensocken nicht zur Hand und tastete mich in Sandalen mühsam durch das eiskalte Wasser. Micky schob und zerrte das Kanu über Steine und Kiesel bis das Wasser tief genug war um weiterzupaddeln.

Es regnete immer noch, meine Arm- und Schultermuskeln schmerzten, meine Füße waren eiskalt und mir war zum heulen zumute. Doch auch hier gab es keine Möglichkeit, das Lager aufzuschlagen. Nach weiteren 5 km erreichten wir den Sandy Lake. Plötzlich öffneten sich alle Himmelsschleusen. Der Regen strömte so dicht herab, daß die Ufer nur noch schemenhaft zu erkennen waren. Auf keinen Fall konnten wir bei diesem Wetter auf den See hinaus. Rechts von uns lag eine winzige Bucht vor einem Sandabbruch am Ufer. Als wir anlegten, sprangen zwei Whitetail Deer erschrocken davon.

Im Regen bauten wir das Zelt auf. Die kleine Landzunge war mit kniehohem Gras und wenigen Büschen bewachsen. Etwas weiter entfernt begann ein lichtes Wäldchen. Gerade als wir fertig waren, hörte es auf zu regnen. Weit und breit gab es kein trockenes Stück Holz. Micky schlug mit der Axt Holzspäne aus dem Inneren eines dicken Scheits, um damit ein Feuer anzuzünden. Als es richtig brannte, legten wir Holzstücke zum trocknen auf den Grill und neben die Feuerstelle.

Ich war völlig erledigt und hatte zum ersten Mal ernste Zweifel, für einen solchen Trip geeignet zu sein. Tage an denen wir sehr angespannt waren - sei es durch widrige Wetterverhältnisse, so wie heute, oder in Situationen wie vor ein paar Tagen in den Stromschnellen - forderten mir mehr als nur körperliche Kräfte ab. Ich fühlte mich ausgelaugt und entmutigt, während Micky in schwierigen Zeiten noch über sich hinauswuchs. Im Augenblick war ich an die Grenze meiner Belastbarkeit gestoßen. Ich war erleichtert als Micky vorschlug, öfter mal einen Tag Pause einzulegen, wenn wir einen schönen Lagerplatz fanden.

Gegen Abend riß die Wolkendecke auf und die Sonne gab ein kurzes Gastspiel, bevor sie im See versank.

10. Juni

Unsere Flußinfos priesen den Sandy Lake wegen seiner besonders schönen Sandstrände an. Er ist trotz einiger Quadratkilometer nur etwa halb so groß wie der Knee Lake. Seine Ufer sind zerklüftet und steigen steil zu felsigen Hügeln an. Es gibt nur wenige Inseln, ein paar im Südwesten, zwei weitere im Nordosten.

Die Sonne brannte heiß und ließ die Feuchtigkeit des gestrigen Regentags langsam verdampfen. Der Wind blies aus Norden ungehindert über die riesige Wasserfläche des Sandy Lake. Ein weiterer Kraftakt war nötig, um ihn zu überqueren. Gegen den Wind paddelten wir ca. 5 km in nordöstlicher Richtung auf eine der Inseln zu. Beim Näherkommen erkannten wir, daß sie nicht mehr war als eine schmale, halbmondförmige Sandbank. Ein Adlerpaar nistete in einem der wenigen Bäume, sodaß wir gar nicht erst zu landen versuchten. Die Rückseite der Insel war baumlos, ungeschützt, und erinnerte mehr an eine Wüsteninsel. Im trockenen, gelben Sand wimmelte es von Ameisen. An der Wasserlinie verwesten tote Fische.

Mit dem Fernglas waren mehrere Sandstrände auszumachen. Wir entschieden uns, Richtung Seeausgang zu fahren und paddelten etwa 4 km nach Osten. Gottseidank hatte der Wind etwas nachgelassen, denn das Kanu bekam jetzt Wellen von der Seite und schwappte hin und her. Diese Seitwärtsbewegung nahm jeglichen Schwung aus den Paddelschlägen, sodaß wir nur langsam voran kamen. Wenige Kilometer von der Seeausfahrt entfernt, steuerten wir auf einen flachen Sandstrand zu. Kaum hatten wir angelegt, flaute der Wind ganz ab, die Sonne brannte heiß. Der Strand war optimal zum campieren. Begeistert schlugen wir ein Lager auf und richteten uns für mehrere Tage ein. Das Wetter lud ein zum baden und Wäsche waschen. Wir beschlossen Micky`s Geburtstag hier zu feiern.

11. Juni

Hinter dem Sandstrand, auf dem wir lagerten, erstreckte sich lichter Birkenwald. Durch hüfthohes, trockenes Gras watete ich auf einem Erkundungsgang ein Stück hinein.
Micky hatte ein Sonnensegel gespannt und für den Wassersack einen komfortablen Ständer gebaut. Nun versuchte er zu fischen, doch beim Einholen verfing sich der Haken immer wieder zwischen Steinen und Wasserpflanzen.
Am Nachmittag lag Gewitter in der Luft, die Sonne verbarg sich hinter Dunstschleiern. Ich schrieb Tagebuch und verscheuchte die lästigen Horseflys, die wie immer bei warmem Wetter, sehr angriffslustig waren.
Gegen abend fing es leise an zu regnen. Wir brieten einen Walleye und einen Pike (Hecht), die Micky gefangen hatte, und tranken Kaffee unter dem Sonnendach, das nun als Regenschutz diente. Vor dem Schlafengehen rollten wir die Plane auf, denn Sturm kündigte sich an.
In der Nacht wälzten wir uns unruhig auf dem Lager, denn unablässig warf der Wind Wellen auf den Strand, und die Birken rauschten dazu.

12. Juni

Eine Aneinanderreihung von Stromschnellen, die Snake Rapids, bilden den Ausgang des Sandy Lake und führen den Churchill River in den gewaltigen Pinehouse Lake. Während der Churchill den Pinehouse Lake auf seinem Weg nach Osten im äußersten nördlichen Zipfel durchfließt, erstreckt sich der See gut 80 km weit in südlicher Richtung. Folgt man dem rechten Ufer des Pinehouse Lake nach Süden, erreicht man nach ca. 50 km den gleichnamigen Ort am Highway 914. Diese Straße endet 200 km weiter im Norden bei Key Like Mine im Niemandsland. Folgt man ihr in südlicher Richtung, trifft sie nach weiteren 50 km auf den Highway 165, der mehrere Ortschaften in Ost-West Richtung verbindet.

In Pinehouse mußte unser Proviant für weitere vier Wochen aufgestockt werden. Anstatt mit dem Kanu die ganze Strecke den Pinehouse Lake hinunter bis zur Ortschaft zu paddeln, planten wir, zum Highway hinüberzufahren und zu trampen. Anschließend wollten wir zum Lager zurückkehren, die Snake Rapids durchqueren und ohne Umweg dem direkten Weg des Churchill nach Osten folgen. Dadurch sparten wir mehrere Tage ein.

Eine Brücke führt den Highway über die Snake Rapids. Von unserem Sandstrand aus konnten wir unterhalb der Brücke ein Fishing Camp sehen, von dem aus häufig Motorboote zu Wasser gelassen wurden. Bei ruhigem Wetter hätten wir das Camp in etwa 15 Minuten mit dem Kanu erreichen, und von dort zur Straße hinaufgelangen können.

Leider hatte sich der Wind am Morgen nicht gelegt. Es war unmöglich, direkt auf das Fishing Camp zuzuhalten. Gegen Wind und Wellen kämpften wir uns weit genug auf den See hinaus, um uns dann mit den Wellen zum Ufer tragen zu lassen. Fast schien es verrückt, bei diesem Wellengang mit unserer Nußschale überhaupt loszufahren, zumal das Kanu leer noch windanfälliger ist als in beladenem Zustand.

Beim Fishing Camp trafen wir keine Menschenseele, und so ließen wir das Boot einfach umgedreht am Strand liegen.

Der Highway ist eine schnurgerade Schotterpiste ohne jede Straßenbegrenzung. Ich fragte mich, ob zwei sich entgegenkommende Trucks überhaupt nebeneinander Platz hätten. Sekunden später hielt ein schwarzer Geländewagen, sehr komfortabel mit Klimaanlage ausgestattet. Als er anfuhr, zog er eine dicke Staubwolke hinter sich her. Auch ein entgegenkommendes Fahrzeug erkannte man, lange bevor es zu sehen war, an dem Staub, den es aufwirbelte. War keine Staubwolke zu sehen, fuhr unser Fahrer, ein junger Indianer, in der Mitte der Straße.

Etwa 20 Minuten später waren wir in Pinehouse Lake. Es schien etwas größer zu sein als Patuanak und Buffalo Narrows. Vielleicht waren die Häuser auch nur weiter verstreut. Auf jeden Fall ein staubiges, trostloses Nest ohne asphaltierte Straßen.

Beim Co-op Laden stiegen wir aus. Obwohl er eine größere Vielfalt an Waren anbot als die Northern Stores, vermissten wir einige Grundnahrungsmittel, wie zum Beispiel Hülsenfrüchte. Die Preise waren astronomisch. Mit Schrecken stellte ich fest, daß sich meine Visa Card in der Hitze gewellt hatte. Wenn der Magnetstreifen zerstört war, mußten wir uns umständlich per Postanweisung Geld aus Deutschland schicken lassen. Bargeld hatten wir nur für den Notfall dabei. Der bargeldlose Zahlungsverkehr ist allgemein üblich, sogar telefonieren konnte man meist am „Card-Phone“. Ich war sehr erleichtert, als das Lesegerät die Visa Card problemlos akzeptierte.

Das RCMP Office war geschlossen. An der Tür hing ein Zettel mit einer Telefonnummer für den Notfall. Micky wählte die Nummer, doch der unfreundliche Officer fühlte sich in seiner Freizeit gestört und interessierte sich nicht sonderlich für unser Anliegen. Wir konnten nur hoffen, daß Steve von Patuanak in Pinehouse anrief bevor er eine Suchmeldung herausgab, wenn wir unsere Ankunft nicht meldeten.

Als wir die Tür zum Postamt öffneten, ertönte eine Frauenstimme: we are not open! Wir setzten uns eine Weile in die Cafeteria, die dem Co-op Laden angeschlossen ist. Dort sprach uns ein älterer Mann an. Er wunderte sich, als wir erzählten, wir seien in Buffalo Narrows aufgebrochen, denn von dort führt gar keine Straße nach Pinehouse. Doch als er hörte, daß unser Kanu am Sandy Lake lag, und wir nur zum Einkaufen hier waren bot er an, uns dorthin zurückzufahren. Wir verabredeten uns eine halbe Stunde später vor dem Laden. Inzwischen hatte das Postamt geöffnet. Wir gaben Briefe ab und kauften Briefmarken. Frankierte Briefe kann man zur Not jemandem mitgeben, falls das nächste Postamt mal wieder geschlossen sein sollte.

Unser Chauffeur hieß Dick Hansen und war 75 Jahre alt. Er sprach sehr schnell und nuschelte in seinen Bart, sodaß ich hinten im Fond des Wagens fast nichts verstand. Sein Vater war 1918 von Deutschland nach Kanada ausgewandert und hatte ein Halbblut geheiratet. Dick besaß irgendwo am Churchill eine Jagdhütte und lud uns dorthin ein.

Die Limousine rumpelte über die Schotterpiste und Dick nahm es ungerührt hin, daß ständig Steine gegen das Chassis flogen. Der Geländewagen, mit dem wir gekommen waren, war „hochbeiniger“ gewesen und setzte in Schlaglöchern nicht so schnell auf.

Auf der Brücke hielt Dick an, damit wir einen Blick auf die Snake Rapids werfen konnten. Es waren die längsten Stromschnellen, die wir bisher gesehen hatten. Den Weg von der Brücke hinunter zum Fishing Camp wollte Dick seinem Wagen dann doch nicht zumuten. Wir verabschiedeten uns an der Brücke und schleppten unsere Einkäufe den schmalen Weg hinunter zum Camp. Immer noch war kein Mensch zu sehen und das Kanu lag dort, wo wir es zurückgelassen hatten.

Es kam uns so vor, als hätte der Wind noch aufgefrischt. Wieder mußten wir kreuzen, also gegen den Wind hinaus auf den See fahren. Obwohl wir mit aller Kraft paddelten, blieb das Boot fast auf der Stelle stehen. Sobald wir auch nur zwei Sekunden nachließen, trieb uns der Wind rückwärts, viel schneller als wir paddeln konnten. Nach kurzer Zeit war ich völlig durchnäßt, wenn das Kanu mit dem Bug in ein Wellental klatschte. Doch das war unser kleinstes Problem. Ich fürchtete, daß wir es heute überhaupt nicht schaffen würden, zum Lager zurückzukehren. Außerdem bestand die Möglichkeit, daß uns der Wind so weit in Richtung der Snake Rapids abtrieb, daß wir Gefahr liefen, in den Sog zu geraten. Wir durften einfach nicht nachlassen, und schließlich schob sich das Boot Zentimeter für Zentimeter vorwärts.

Es ist erstaunlich, zu welchen Leistungen der Körper fähig ist, wenn es darauf ankommt. Endlich hatten wir die Snake Rapids so weit hinter uns gelassen, daß wir Richtung Ufer steuern konnten. Die Wellen trugen uns zum Strand, wir mußten nur noch Kurs halten. Mir war schwindlig von der Anstrengung, und vor Erleichterung hätte ich heulen können. Das Kanu lief knirschend auf den Sand, und Micky konnte mich gerade noch auffangen, als ich versuchte, auf meinen wackligen Beinen zu stehen. Micky kochte Kaffee und wir verspeisten eine Menge der gerade gekauften Müsliriegel und eine ganze Tafel Schokolade, um Energie zu tanken.

Gegen abend legte ein Schlauchboot mit Außenbordmotor und drei kanadischen Anglern an. Sie hatten eine Menge Fische gefangen, und Micky hatte endlich Gelegenheit, das Filetieren aus erster Hand zu lernen. Ich glaube, morgen gibt es Fischfilet zum Frühstück.

Ich verstaute die neu gekauften Lebensmittel in den Fässern. Diesmal hatten wir so viel gekauft, daß nicht alles hineinpasste. Micky hat morgen Geburtstag, und zur Feier des Tages hatten wir frisches Obst, Gemüse und Joghurt gekauft, und - welcher Luxus - ein Pfund Gulasch. Wir aßen so selten Fleisch, daß uns beim Gedanken daran das Wasser im Mund zusammenlief.

Als es dunkel wurde flaute der Wind endlich ab, der See war still. Gerade wollten wir in die Schlafsäcke kriechen, da tauchte etwa 20 Meter vom Zelt entfernt ein kleiner Schwarzbär auf, der aussah wie ein richtiger Teddy. Er verzog sich ins Gebüsch, als wir ihn anriefen, ab und zu leuchteten seine Augen im Licht der Taschenlampe. Den Topf mit den Fischfilets, die Eier und die Kekse stellten wir weit weg vom Zelt. Das Gulasch hängten wir an eine Stange unseres Sonnensegels. Bestimmt war sie für einen Bären zu dünn, um daran hochzuklettern. Bei allem Übrigen verließen wir uns auf die Haltbarkeit unserer Proviantfässer.

Kaum hatten wir uns hingelegt, raschelte und knackte es hinter dem Zelt. Leichten Herzens beschlossen wir, dem Bären das Gulasch zu überlassen, wenn er so wild darauf war. Wir hörten noch Wassergeplätscher, und dann schlief ich ein. Micky suchte am nächsten Morgen die Umgebung ab, fand aber statt der Tatzenabdrücke des Bären nur die Schleifspuren von belaubten Ästen und abgenagte Stämmchen, wie Biber sie hinterlassen. Fisch und Gulasch waren unversehrt.

13. Juni

Happy Birthday, Micky! Zur Feier des Tages zauberte er uns ein Riesenmüsli mit Joghurt (statt Trockenmilch) und dekorierte es mit frischem Obst. Es war fast zu schade zum Aufessen.

Längst schon hatte ich mir vorgenommen, einen Geburtstagskuchen zu backen. Getrocknete Aprikosen und Nüsse sollten hinein, und eine Tafel Schokolade hatte ich zu diesem Zweck beiseite gelegt. In Ermangelung eines Backofens erfanden wir eine abenteuerliche Konstruktion. Zunächst heizte Micky ordentlich ein, um viel Glut zu erhalten. Direkt auf die Glut stellten wir die Pfanne. In die Pfanne legte ich vier kleine Steine als Füße für den Topf, in dem sich der Kuchenteig befand. Um den Topf mit Deckel wurde der Windschutz des Benzinkochers plaziert und wiederum mit einem Deckel abgedeckt. Auf diese Weise war eine Art Heißluftofen entstanden.

Der Kuchen gelang tatsächlich, nur war er unten etwas schwarz geworden. Beim nächstenmal durften wir die Pfanne nicht direkt in die Glut, sondern besser auf den Grillrost stellen. Dumm war nur, daß mir anschließend der noch warme Kuchen mit der Oberseite in den Sand fiel.

Kurze Zeit später näherte sich vom Wasser her Geburtstagsbesuch in einem Motorboot, das ein Kanu im Schlepptau hatte. Im Motorboot saßen zwei Männer, im Kanu ein Mann und ein Junge. Sie legten am Sandstrand an, um die

gefangenen Fische an Ort und Stelle zu verspeisen. Micky schaute nochmal beim filetieren zu und lud die Vier anschließend an unsere Feuerstelle ein. Es wurde ein gemütlicher Nachmittag. Sogar die Sonne kam hervor und wärmte uns ein wenig.
Die Angler kamen aus Saskatoon und waren übers Wochenende zum Fischen hinausgefahren. Aus dem Motorboot kamen ein großer Propangaskocher, eine gußeiserne Pfanne, Teller, Besteck und eine Kühlbox zum Vorschein. In der Pfanne wurde Margarine geschmolzen und darin rohe, kleingeschnittene Kartoffeln mit der Schale gebraten. Der filetierte Fisch wurde in Ei und Mehl gewendet und ebenfalls gebraten. Wir durften probieren und kochten Kaffee für uns alle. Auf die Gefahr hin, daß es unhöflich wirkte, bot ich den Sandkuchen lieber nicht an. Er schmeckte sehr gut, nachdem ich den verbrannten Teil abgeschnitten hatte. Die getrockneten Aprikosen waren richtig fruchtig geworden und machten den Kuchen saftig. Nur den Sand hatte ich nicht ganz abbekommen, er knirschte scheußlich zwischen den Zähnen.
Gerade als das Mahl beendet war, verschwand die Sonne und es wurde empfindlich kalt. Schnell verstauten die Angler ihre Ausrüstung und brachen auf. Der kalte Wind entzog mir das letzte Bißchen Körperwärme. Um mich aufzuwärmen verkroch ich mich eine Weile ins Zelt. Micky ist wesentlich „wetterbeständiger“ als ich, er friert einfach nicht so schnell. Später kochte ich das Gulasch, das immer noch am Pfahl hing. Micky fand, es war ein gelungener Geburtstag.

14. Juni

Der Wind wehte mit unverminderter Heftigkeit und warf Wellen auf den Strand. Es sah nach Regen aus. Ich wollte endlich weg vom „Windy Lake“, wie ich ihn heimlich nannte. Obwohl wir uns beeilten, brauchten wir heute ziemlich lange zum Einpacken. Wenn wir mehrere Tage irgendwo lagerten, breiteten wir uns ganz schon aus und verteilten strategisch unsere Sachen.
Da vor uns die Snake Rapids lagen, zurrten wir sicherheitshalber die Ladung mit den Gurten im Boot fest. Zu diesem Zweck hatte

Micky von Ron extra Schlaufen zum einhängen der Gurte am Bootsrand anbringen lassen. Pünktlich zur Abfahrt legte sich endlich der Wind. Der aufgewühlte See warf noch länger Wellen an den Strand, doch sie waren deutlich schwächer, als wir das Kanu hineinlenkten.

Die Snake Rapids sind in drei Abschnitte unterteilt. Den ersten hatten wir von der Brücke aus bereits gesehen. Obwohl ich mich innerlich darauf vorbereitet hatte, krampfte sich mein Herz zusammen, als uns die reißende Strömung erfasste. Es ging jedoch alles so schnell, daß wir schließlich kaum einen Paddelschlag zum Steuern getan hatten. An einem Felsmassiv an der linken Uferseite suchten wir die Portage, die den zweiten Teil umgeht. Vom Felsrücken aus warfen wir einen Blick auf die rapids. Die einzig mögliche Durchfahrt lag ausgerechnet auf der rechten Seite. Von hier aus war schlecht abzuschätzen, wie schmal sie war, oder ob Felsbrocken unter Wasser sie einengten. Nur der obere Teil sah problematisch aus, 10 Meter weiter unten hätte ich keine Bedenken gehabt, die Stromschnelle zu befahren. Vielleicht hätte ich es sogar von hier oben gewagt, wenn mir der Schreck vom ersten Abschnitt nicht noch in den Gliedern gesteckt hätte. Ich erklärte Micky, ich würde es vorziehen, zu portagieren.

Die Portage war zwar erkennbar, aber sichtlich lange nicht benutzt. Der Trail war fast zugewachsen, umgestürzte Bäume versperrten den Weg, der zum Wasser hin steil abfiel. Zugegeben, es wäre eine arge Plackerei gewesen, besonders mit dem Boot. Wir entschieden uns, am rechten Ufer entlang zu waten, und das Kanu an die Leine zu nehmen.

Um nicht in den Sog zu geraten, paddelten wir in weitem Bogen zurück und zur anderen Seite hinüber. Dann versuchte Micky mühsam das Boot unter Kontrolle zu halten. Die Strömung war so stark, daß man das Kanu an einer langen Leine niemals hätte halten können. Es mußte Stück für Stück, so nah wie möglich am Ufer, zwischen Felsen hindurchmanövriert werden. Vermutlich dauerte die ganze Prozedur annähernd so lange wie das Portagieren, doch wenigstens mußten wir unser Gepäck nicht schleppen.

Nachdem wir den oberen, felsigen Abschnitt passiert hatten, stiegen wir ein und ließen das Boot in die Strömung gleiten. Der letzte Teil der Snake Rapids war nicht viel mehr als schnelles Wasser.

Hinter den Stromschnellen mündet der Fluß in die McDonald Bay. Sie ist annähernd so groß wie der Sandy Lake und bildet den nordwestlichen Ausläufer des Pinehouse Lake.

Die Suche nach der Portage und das Waten hatte viel Zeit gekostet. Es war bereits später Nachmittag, als wir in die McDonald Bay einbogen. Der See lag still und ruhig, es war herrlich, in der Abendstimmung über das Wasser zu gleiten. Gerade das hatten wir die letzten Tage sehr vermisst, so machte Paddeln Spaß! Man hatte das Gefühl, ewig so weiterpaddeln zu können. Ausnahmsweise hatten wir mehrere Lagermöglichkeiten zur Auswahl. Schließlich entschieden wir uns für einen Sandstrand an der Durchfahrt zwischen Pinehouse Lake und McDonald Bay. Eine große Feuerstelle deutete darauf hin, daß der Platz häufig benutzt wurde. Wir entdeckten auch einen „Tisch", das übliche Zweibein mit einem Baum als dritte Stütze, und eine zwischen zwei Bäume gebundene Querstange für eine Zeltbahn, wie die Indianer sie benutzen.

Ich nutzte die letzten Sonnenstrahlen, um mich im See zu waschen. Wolken von Insekten schwirrten über dem Wasser und erzeugten einen hohen, durchdringenden Ton. Ich watete förmlich in die Wolke hinein, als ich ins Wasser ging. Inzwischen geht die Sonne deutlich später unter, es bleibt lange hell. Micky kochte uns ein spätes Abendessen. Ohne das ewige Geräusch der Brandung schliefen wir sofort ein.

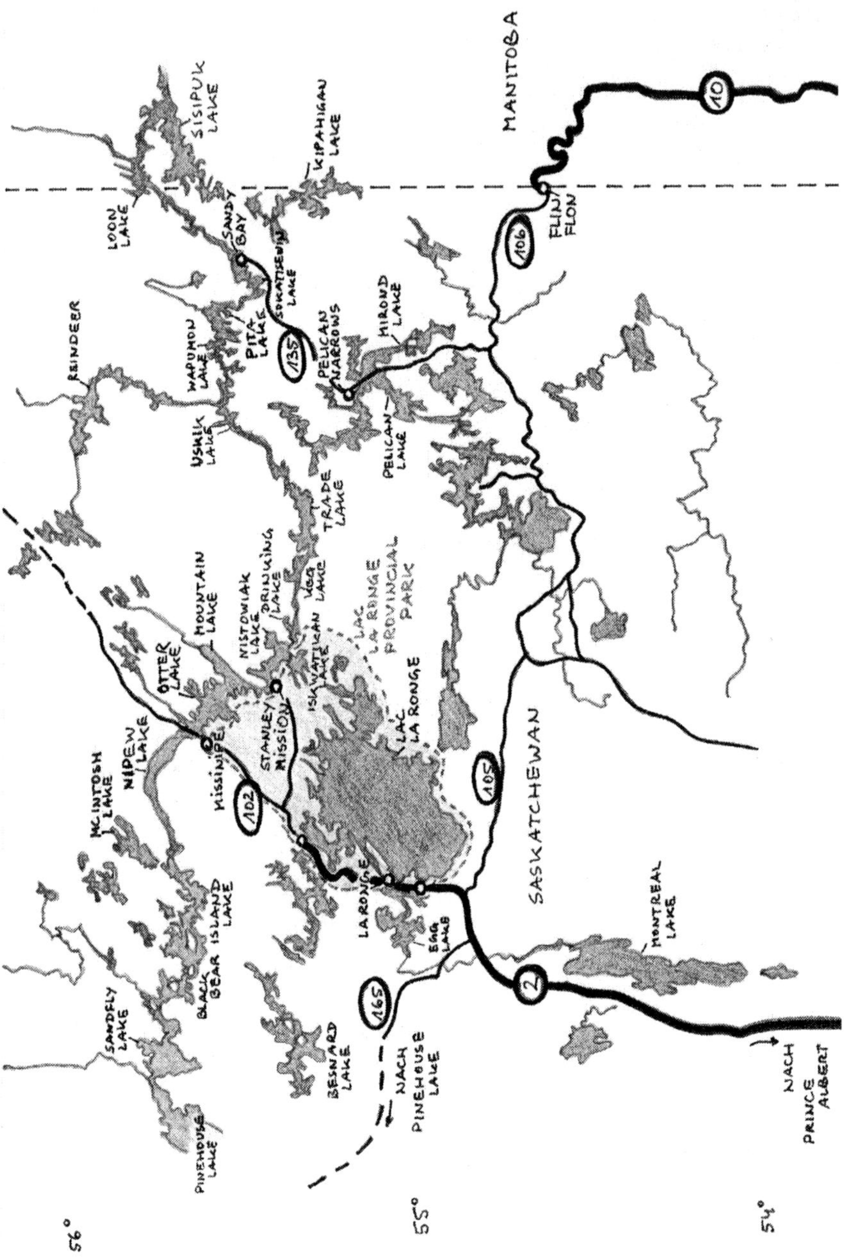

MANITOBA
SASKATCHEWAN
SISIPUK LAKE
KIPAHIGAN LAKE
LOON LAKE
SANDY BAY
SOKATISEWIN LAKE
FLIN FLON
REINDEER
WAPUMON LAKE
PITA LAKE
PELICAN NARROWS
MIROND LAKE
USKIK LAKE
PELICAN LAKE
TRADE LAKE
MOUNTAIN LAKE
NISTOWIAK LAKE
DRINKING LAKE
VOGG LAKE
LAC LA RONGE PROVINCIAL PARK
OTTER LAKE
ISKWATIKAN LAKE
STANLEY MISSION
LAC LA RONGE
NIPEW LAKE
MISSINIPE
MC INTOSH LAKE
BLACK BEAR ISLAND LAKE
LA RONGE
EGG LAKE
MONTREAL LAKE
SANDFLY LAKE
PINEHOUSE LAKE
BESNARD LAKE
NACH PINEHOUSE LAKE
NACH PRINCE ALBERT
102
105
106
135
165
2
10
56°
55°
54°

VON PINEHOUSE LAKE NACH MISSINIPE

15. Juni

Die Sonne lugte über die Baumwipfel und tauchte die linke Seite des Strands in Sonnenlicht. Während ich Teig für Pfannkuchen anrührte, stand Micky auf der Sonnenseite im Wasser, um sich zu waschen. Plötzlich hoppelte ein Hase dicht hinter mir vorbei. Verdutzt blieb er einen Augenblick sitzen, als er mich sah, verschwand dann hakenschlagend im Gebüsch. Besonders scheu war er nicht, denn kurz darauf erschien er wieder, hoppelte am Strand entlang, ganz so als wäre ich nicht da.

Micky zog sich schnell an, holte Bogen und Köcher und ging auf die Jagd. Die Pfannkuchen brutzelten in der Pfanne als ich hörte, wie Micky zwei Pfeile abschoß. Wenig später kam er mit dem ersten selbsterlegten Hasen zurück. Er hatte ihm die Kehle durchgeschnitten und hängte ihn zum Ausbluten mit dem Kopf nach unten an einen Baum. Trotz des guten Schusses schien Micky sich nicht besonders über seinen Erfolg zu freuen. Er erzählte, daß es zwei Hasen waren, die dort offenbar ihren Bau hatten. Nachdem der eine Hase getroffen war lief der andere nicht weg, sondern blieb sitzen und sah Micky an, fast vorwurfsvoll, so schien es ihm, als wollte er sagen, du hast meinen Gefährten getötet.

Nach dem Frühstück packten wir. Durch das Bad und die Jagd war es bereits „high noon“ als wir ablegten. Es tat uns leid, den schönen Platz zu verlassen.

Um dem Churchill weiter zu folgen, überquerten wir nun den nördlichsten Zipfel des Pinehouse Lake. Vor uns lagen zwei langgestreckte Inseln im See. An einem kleinen Sandstrand legten wir kurz an, damit Micky eine Kompasspeilung vornehmen konnte. Irgendwo jenseits der Inseln lag die Ausfahrt aus dem See. Wir hielten Kurs auf die linke Insel, als unvermittelt auf halber Strecke Wind aufkam. Innerhalb weniger Minuten peitschten heftige Sturmböen hohe Wellen mit weißen Schaumkronen auf. Eine schwarze Wolkenfront zog heran, in der Ferne donnerte es.

Micky versuchte, das Brausen des Sturms zu übertönen und bedeutete mir, wir sollten umkehren. Das Festland hinter uns war etwa genausoweit entfernt wie die Insel vor uns, doch gegen den Wind kamen wir kaum noch vorwärts. Wir wendeten das Kanu. Mit unglaublicher Geschwindigkeit schob uns der Sturm vor sich her auf den Strand, an dem wir kurz zuvor den Kompass benutzt hatten. Mittlerweile war es drei Uhr nachmittags. Da wir nicht glaubten, heute noch weit kommen zu können, schlugen wir das Zelt auf. Eine Stunde später legte sich der Sturm, so schnell wie er gekommen war. Es blieb ein kalter Wind, der direkt auf unseren ungeschützten Strand stand.

Micky zog den Hasen ab und nahm ihn aus. Nach der Anleitung aus einem Buch brachte er bestimmte Schnitte an, sodaß sich das Fell leicht abziehen ließ. Der Hase war überraschenderweise weder glibberig noch blutig. Ihm das Fell über die Ohren zu ziehen war viel einfacher als Fische filetieren. Der magere Bursche hatte kein Gramm Fett auf den Rippen, bestand nur aus Muskeln und Sehnen. Fell und Innereien vergrub Micky im Wald. Er schnitt grüne Zweige, um den Hasen am Spieß über dem Feuer zu drehen. Das Boot legten wir als Windschutz auf die Seite. Trotzdem blies der Wind ständig in die Flammen und es dauerte lange, ehe der Braten gar war. Ich machte frische Brötchen dazu und kochte eine Tütensuppe. Das Fleisch hatte einen sehr herben Wildgeschmack, doch selten hat uns etwas so gut geschmeckt. Inzwischen hatte sich auch Micky`s schlechtes Gewissen beruhigt. Hätte er gewußt, wie wenig dran war an dem Burschen, hätte er vielleicht auch den Zweiten noch geschossen. Obwohl ich warm angezogen war, blieb es ungemütlich kalt im Wind. Ich sehnte mich nach einem sonnigen, windstillen Tag.

16. Juni

Bald nach dem Ablegen begegneten uns vier Achter-Kanus mit Pfadfindern. Als sie unseren Kurs kreuzten, stoppten sie kurz. Einer der Guides fragte, ob wir Karten dabei hätten. Wir hielten das für selbstverständlich, wurden jedoch eines Besseren belehrt. Einfach der Nase nach käme man genauso ans Ziel, erklärte er, schließlich brauchte man ja nur dem Flußverlauf zu folgen. Nun, wir hatten da andere Erfahrungen gemacht. Aber wir bauten unser Lager auch nicht aus Ästen und Zweigen und zogen keinen Graben um das Zelt. Die Gruppe paddelte weiter, offenbar wollten sie zwischen den beiden Inseln durch. Wir nahmen nach Micky`s Kompasspeilung lieber einen kleinen Umweg in Kauf und paddelten links an den Inseln vorbei.
Obwohl es keineswegs windstill war, kamen wir in dem kabbeligen Wasser recht gut voran. Wir erreichten Cowpack Island, eine Insel von mehr als zwei Kilometern Länge. Sie teilt den Churchill in einen schmalen und einen breiten Arm. Als wir in ihren Windschatten eintauchten merkten wir erst, wie warm es in der Sonne war. Ein Whitetail Deer schwamm direkt vor uns über den Fluß, kletterte ans Ufer und verschwand im Wald.
Nachdem wir Cowpack Island passiert hatten, legten wir an einem breiten Sandstrand eine Kaffeepause ein. Eine Menge Müll lag herum, vor allem Styroporteller, Plastikbesteck, alte Socken und eine 2-Liter Plastikflasche Whiskey. In der Nähe dümpelten einige Motorboote mit Anglern. Nun kamen auch die Pfadfinder aus Richtung Cowpack Island in Sicht, die ja den direkte Weg genommen hatten, immer der Nase nach. Wir waren

keineswegs böse, daß sie den Sandstrand nicht anliefen, sondern geradewegs vorbeipaddelten.

Als wir ablegten zogen Wolken auf, es sah stark nach Regen aus. Eine gute Stunde später stießen wir auf eine schmale Halbinsel, die weit in den Fluß hineinragte. Wir mußten ein wenig klettern und unsere Ausrüstung hinaufwuchten, um ein hochgelegenes Felsplateau zu erreichen. Oben war es mit dichten Moosteppichen und Nadelwald bewachsen. Wir waren nicht die ersten, die hier lagerten. Leider war auch der hübsche Platz um die schon vorhandene Feuerstelle mit Bierdosen und Alufolie übersät. Scheinbar haben die Waldläufer heutzutage selten Säge oder Axt dabei. Stattdessen werden ganze Baumstämme ins Feuer gelegt und langsam nachgeschoben, wenn sie abgebrannt sind. Die angekohlten Stämme bleiben einfach auf der Feuerstelle liegen, die oftmals achtlos direkt unter Bäumen oder über Wurzeln errichtet wird. Wir wunderten uns immer darüber, wo doch jeder weiß, wie groß die Waldbrandgefahr ist.

Wir bauten eine neue Feuerstelle, näher am Wasser, auf felsigem Grund. Micky paddelte zum Angeln mit dem Boot hinaus, wir hatten Appetit auf Fisch. Nach einem kleinen, unvorsichtigen Zander, zappelte bald ein mindestens meterlanger Hecht am Haken. Er leistete wenig Widerstand. So ein Monster von Fisch hatten wir noch nie gesehen. Beim Einholen verbog sich der Kescher unter seinem Gewicht. Es war so viel Fisch, daß wir ihn zum Abendbrot unmöglich aufessen konnten.

Als wir beim Kaffee saßen, fing es an zu tröpfeln. Ein paar Moskitos umschwirrten uns - ein paar mehr als gewöhnlich, stellten wir fest.

Im Zelt leuchteten wir mit der Taschenlampe. Trotz aller Vorsicht waren mindestens 20 Blutsauger mit hereingehuscht. Geschickt versteckten sie sich, überfielen uns hinterrücks, und ausgerechnet jetzt gaben die Batterien ihren Geist auf. Meine Taschenlampe war schon seit gestern leer, die Ersatzlampe befand sich natürlich draußen im Vorzelt, in einer der Taschen bei den Moskitos. Micky öffnete den Reißverschluß gerade so weit, daß er einen Arm rausstrecken und die Tasche heranziehen

Im „Mückenkampfanzug“

konnte. Endlich hatte er die Lampe ertastet, und wir konnten beginnen, die restlichen Vampire systematisch zu vernichten.
Ein paar Stunden später mußte ich hinaus. Es regnete, ich zog meine Gore Tex Jacke an und zwängte mich durch eine möglichst kleine Öffnung nach draußen. Auf dem Rückweg ließ ich mich rückwärts, mit dem Hintern zuerst, ins Zelt fallen, zog dabei gleichzeitig die mückenbesetzte Jacke über den Kopf und ließ sie draußen. Ich lauschte - kein verräterisches Sirren. Bald schlief ich ein, erwachte erneut als diesmal Micky hinaus mußte. Die ganze Nacht prasselte der Regen auf's Zelt. Wir schliefen unruhig, im Vorzelt hockten die Moskitos im Trockenen und lauerten.
Von diesem Tag an begann der Kampf gegen die Moskitos.

17. Juni

Am Morgen regnete es noch immer. Wir erlegten die letzten Mücken im Zelt, die dick und träge an der Decke hingen und Blutflecken hinterließen. Micky riskierte einen Blick nach draußen: das Zelt war innen schwarz von Moskitos, unsere roten Taschen dicht an dicht besetzt. Sobald sie die geringste Bewegung spürten, flogen einige der Biester auf und setzten sich auf die Tür des Innenzeltes. Wir wurden regelrecht belagert. Micky hüllte sich in Gore Tex, zog das Moskito Kopfnetz über und Handschuhe an. Dann begann er, die Brut im Zelt gehörig aufzuwirbeln, die Gepäckstücke warf er einfach nach draußen. Ich zog mich schnell an, ergriff beim hinausschlüpfen die Jacke, die noch im Vorzelt lag, und trat, wild mit der Jacke wedelnd die Flucht an.

Die Feuerstelle stand komplett unter Wasser. Ich rief Micky zum Frühstücksmüsli, bevor der Regen die Trockenmilch allzusehr verdünnte. So schnell wie möglich packten wir die nasse Ausrüstung ein und beluden das Boot. Kaum waren wir auf dem Wasser hörte es auf zu regnen, die Sonne schickte wärmende Strahlen durch die aufgerissene Wolkendecke, wir schälten uns aus den dampfenden Regensachen.

Der Churchill River mündet hier in den Sandfly Lake. Scharfgezackte Fjorde, Einschnitte und unzählige kleine Buchten kennzeichnen seine zerklüfteten Ufer. Zahlreiche Inseln und Inselchen erschweren das Navigieren. Auf der Suche nach einem moskitofreien Lagerplatz paddelten wir von Insel zu Insel, viele waren nicht mehr als nackter Felsen. Wind wühlte die riesige Wasserfläche des Sandfly Lake auf. Wellen drohten das Kanu gegen die Uferfelsen zu werfen, als wir an einer großen Insel ein Anlegemanöver versuchten. Sie wirkte abweisend und häßlich, doch es war die letzte in der Reihe, dahinter dehnte sich uferlos der See. In verschiedenen Richtungen durchstreiften wir die Insel. Durch reichlich Unterholz und Gestrüpp kämpfte ich mich bis zur Rückseite - und plötzlich schien ich in einer anderen Welt zu sein. Flache, vom Wasser geglättete Felstafeln erstreckten sich wie eine Terrasse über die ganze Breite der Insel. Hier und

dort lagen große und kleine Felsbrocken, dazwischen wuchsen niedrige Sträucher und Gras. Das Ganze wirkte fast wie ein angelegter Steingarten.
In diesem Augenblick erreichte Micky ebenfalls das sonnenbeschienene, windgeschützte Plateau. Hier ließ es sich aushalten. Wir durchquerten erneut die Insel und umrundeten sie dann mit dem Kanu. Beim Anlegen entdeckten wir, daß die Felstafeln im Wasser senkrecht mehrere Meter tief abfielen. An der Felskante stiegen wir vorsichtig aus und entluden das Boot, bevor wir es aus dem tiefen Wasser heben konnten.

18. Juni

Ein weiterer Tag auf der Insel tat uns gut. Wir ließen uns Zeit mit dem Frühstück, faulenzten und veranstalteten große Wäsche. Bei bewölktem Himmel war das Wetter ruhig und angenehm mild. Erst gegen abend blies der aufkommende Wind das Kochfeuer auseinander und fraß eine Menge Holz, bevor der Eintopf gar war. Diesmal lag unsere Inselseite nicht im Windschatten. Schnelltreibende Wolken und die Sonne warfen abwechselnd gespenstisches, fahlgelbes Licht auf die nächstliegenden Inseln oder das Festland.
Erneut machten wir uns Gedanken, ob wir genug Zeit hätten, bis Ende September Churchill an der Hudson Bay zu erreichen. Auf keinen Fall wollten wir die Strecke nur abreißen, um sagen zu können, wir haben es geschafft. Ab und zu ein Tag zum Ausruhen mußte drin sein. Und wer weiß, was uns noch alles aufhalten konnte.

19. Juni

Es war uns schon fast zur Gewohnheit geworden, ausgerechnet bei Wind und Wellen einen großen See zu überqueren. Graue Regenwolken verdüsterten den Himmel, das Kanu tanzte wie eine Nußschale über den breiten Sandfly Lake. Nachdem man die „Outlet Rapids“ am Seeausgang passiert hat, stößt man nach wenigen Kilometern auf Needle Rapids und

Needle Falls, bevor der Churchill ungehindert weiter in Richtung Black Bear Island Lake fließt. An allen drei Stromschnellen gibt es Portagen.

Das Rauschen der Outlet Rapids in den Ohren bogen wir um eine Felsnase, als das Kanu mit schrecklichem Knirschen auf einen unter Wasser liegenden Felsblock auflief. Durch die Lichtspiegelung auf der Wasseroberfläche war er nicht zu sehen gewesen. Der Felsen war oben abgeflacht und das Boot war durch den Schwung weit hinaufgeschlittert, sodaß der größte Teil des Bodens auflag. Das schabende, kratzende Geräusch tat in den Ohren und im Herzen weh, als wir das Kanu rückwärts stakten, bis es wieder ins Wasser glitt. Rote Farbe blieb auf dem Felsen zurück.

Die nur etwa 40 Meter lange Portage an den Outlet Rapids bestand aus einer sogenannten „Log Ramp“ aus geschälten Stämmen. Auf Längshölzer werden kurze Querstreben genagelt, sodaß die Konstruktion ähnlich aussieht wie eine Leiter. Motorboote werden einfach darüber gezogen. Wir mußten jedoch zumindest einen Teil des Gepäcks ausladen, um das Kanu ziehen zu können.

Die Needle Rapids werden durch eine Insel im Strom in zwei Kanäle geteilt. Nur der rechte Kanal war gut einsehbar. Er brodelte regelrecht vor weißer Gischt, die über große Felsbrocken stürzte. Unterhalb der Rapids schaukelten Pelikane auf den Wellen und warteten auf Beute.

Die knapp 400 Meter lange Portage umgeht den linken Kanal. Nachdem wir eine kurze Strecke mit schnellem Wasser passiert hatten, legten wir am linken Ufer unterhalb eines Steilhangs an. Micky stieg hinauf, um die Lage zu peilen, bevor wir Gepäck und Boot hinauf hievten. Der Trail war teilweise breit und gut zu gehen, doch stellenweise war er nicht mehr als ein Trampelpfad durch dichtes Gebüsch und über umgestürzte Bäume. Mehrere Bärenkothaufen wiesen darauf hin, daß auch Meister Petz den Weg gern benutzte. Micky trug zuerst das Kanu. Im mittleren Teil der Strecke führte der hier kaum mehr als fußbreite Pfad direkt am steilen Hang oberhalb der Needle Rapids entlang. Ich konnte kaum hinsehen als Micky, das Boot über Kopf, zügig einen Fuß

vor den anderen setzte, während ich auch ohne Boot Mühe hatte, auf dem abschüssigen Trail die Balance nicht zu verlieren.
Beim zweiten Gang schnappte ich mir zwei weitere Gepäckstücke und stiefelte los, um die Schlepperei möglichst schnell hinter mich zu bringen. Als Micky mich einholte war er sauer auf mich, weil ich nicht gewartet hatte und weil ich wieder mal barfuß losgelaufen war. Wegen der Bären hielt er meinen Alleingang für riskant und sagte das auch. Widerwillig zog ich mir Schuhe an und grummelte vor mich hin, doch insgeheim wußte ich natürlich, daß er Recht hatte.
Die Portage um die Needle Falls begann mit einer Log Ramp und ging dann in einen ausgetretenen Pfad über, Löwenzahn wuchs am Wegesrand. Die Lichtung am Ende des Trail war mit Müll übersät. Wir entdeckten mehrere alte Feuerstellen und eine Menge Bärenkot. Von hier aus konnte man die Fälle sehen, die über eine etwa drei Meter hohe Felsstufe stürzten.
Es war bereits Abend, als wir die Portage um die Needle Falls hinter uns gebracht hatten. Am gegenüberliegenden Ufer tappte ein Bär auf Futtersuche am Wasser entlang. Nach den schweißtreibenden Portagen fröstelte ich im Wind, es war ungemütlich und kalt geworden. Micky zog den Kompass zu Rate, damit wir gleich die richtige Richtung einschlugen,denn gegen den Wind kamen wir nur noch mühsam voran. Hinter einer Landzunge bogen wir links ab, in einen engen Durchlaß, der sich nach etwa 500 Metern zu einem sehr viel breiteren Flußabschnitt öffnete. Aus dieser Richtung wehte der Wind und drückte Wellen in die Durchfahrt. Es war zu spät, um den Fluß noch weiter zu erkunden, vor allem unter diesen Bedingungen. Deshalb suchten wir zunächst am rechten Ufer nach einer Lagermöglichkeit, doch die Uferböschung war zu steil und felsig. Das linke Ufer war vollkommen bewachsen, Bäume und Buschwerk reichten bis an das steil abfallende Ufer heran. Trotzdem steuerten wir auf eine Stelle zu, an der Felsbrocken eine natürliche Leiter bildeten, vielleicht konnte man hinaufgelangen. Kaum hatten wir uns vom Ufer abgestoßen, wurde das Kanu mit der Wellenbewegung vor und zurück geschaukelt, ohne jedoch von der Stelle zu kommen, obwohl wir mit aller Kraft paddelten. Eine merkwürdige

Unterströmung entgegen der Windrichtung und der Wellen, die der Sturm vom Fluß hereindrückte, verursachte eine Art Wasserwirbel, der das Boot auf der Stelle stehen ließ. Unter Aufbietung aller Kräfte gelang es uns schließlich Fahrt aufzunehmen und das rettende Ufer zu erreichen. Der Sturm zerrte an meinen Haaren als wir schnell die Ausrüstung an Land warfen, und das Kanu die steile Böschung hochzogen. Kieloben band Micky es an einem Baum fest.

Als wir das Zelt aufbauten war es fast dunkel geworden. Die Zeltplane drohte davonzufliegen und bauschte sich im Wind. Micky befestigte sie mit zusätzlichen Schnüren sturmsicher an den umliegenden Bäumen. Feuerholz war ausreichend vorhanden, doch auf dem mit niedrigen Beerensträuchern bedeckten Boden gab es keine freie Stelle zum Feuer machen. Bei dem Sturm hätten wir vermutlich sowieso kein Feuer in Gang bekommen.

Ich war total erschöpft und verschwendete keinen Gedanken mehr an Abendbrot. Obwohl der Sturm am Zelt zerrte, fühlte ich mich geborgen und war erleichtert, daß wir vor dem Dunkelwerden einen Lagerplatz gefunden hatten. Kurz vor Mitternacht saß Micky mit der Taschenlampe im Sturm, kochte Kaffee auf dem Benzinkocher, und anschließend einen kräftigen Eintopf mit Corned Beef. Als er den Topf hereinbrachte und mir der Duft in die Nase stieg, konnte ich nicht widerstehen, erst jetzt merkte ich, wie hungrig ich war.

Wir hatten uns ausgestreckt und machten uns wieder einmal Gedanken zur weiteren Planung. Gerne würden wir Churchill Town an der Hudson Bay erreichen. Wenn uns der Wind allerdings weiterhin so zu schaffen machte wie bisher, würde die Zeit knapp werden.

20. Juni

In der Nacht hatte sich der schlimmste Sturm gelegt. Es hatte zu regnen begonnen und es war immer noch windig. Da wir kein Feuer machen konnten und Benzin sparen wollten, gab es Müsli zum Frühstück. Beim Kaffee studierten wir die Karte.

Wir passierten die Durchfahrt, vor der wir gestern umgekehrt waren. In dem langen, geraden Flußabschnitt lagen mehrere Inseln, wie an einer Schnur aufgereiht, in der Nähe des rechten Ufers. Zum x-ten Mal verfluchte ich den Wind, der wie zum Hohn wieder an Stärke zunahm. Wir paddelten zwischen der Inselreihe und dem felsigen, mehrere Meter fast senkrecht aufragenden rechten Ufer. An einer der Inseln legten wir an und kletterten einen steilen Pfad nach oben. Auf der windabgewandten Seite ließ es sich gut aushalten und Kräfte sammeln. Der Ausblick auf den Fluß war grandios, etwa vier Meter unter uns lag das Kanu.

Wir nahmen einen neuen Anlauf. Die meterhohen Wellen ließen das Boot auf und ab tanzen, in den Wellentälern tauchte der Bug jedesmal ein und übernahm Wasser. Das steile, schroffe Ufer wirkte bedrohlich, nirgends hätte man im Notfall anlegen können. Ich versuchte, schneller zu paddeln, um so bald wie möglich aus dem Wind zu kommen, vergeudete dadurch jedoch nur unnötig Kraft. Überdies brachte ich Micky aus dem Rhythmus, der verzweifelt versuchte, das Boot auf Kurs zu halten.

Nach einer weiteren guten halben Stunde Kampfpaddeln bogen wir endlich aus der Windrichtung ab. Die nächstmögliche Anlegestelle nutzten wir für eine Kaffeepause. Wir begannen, über das Paddeln und die Situation vorhin zu diskutieren und gerieten prompt in Streit. Micky hatte kein Verständnis für meine Blackouts und ich konnte nicht einsehen, warum ich unbedingt immer alles ruhig hinnehmen sollte. Womöglich sollte es mir auch noch Spaß machen, ständig gegen den Wind anzukämpfen! Wortlos stand ich auf und ging in den Wald, um mich abzureagieren. Ich setzte mich auf einen Baumstamm und atmete ein paar Mal tief durch. Von Anfang an war klar gewesen, daß die Tour kein Spaziergang werden würde, sie war eine Herausforderung in vielerlei Hinsicht und keiner von uns konnte vorher einschätzen, wie gut oder schlecht er sie bewältigen konnte.

Ich ging zurück und erklärte Micky, daß ich nach wie vor bereit war, mich den Herausforderungen zu stellen, auch wenn ich häufig an meine Grenzen stieß. Micky durfte nur nicht erwarten, daß ich genauso besonnen reagierte wie er. Tatsächlich behielt er stets die Übersicht und verhielt sich der Situation angemessen, während ich meinen Gefühlen freien Lauf ließ.

Diesmal im Windschatten brachen wir wieder auf. Nach einem knappen Kilometer stießen wir auf eine weite Bucht, direkt vor uns lag ein lichtes Waldstück, am sandigen Ufer wuchsen Binsen. Dahinter kletterten wir über einige Felsen und betraten dicht mit Moos bewachsenen Waldboden. Der Platz lud zum Bleiben ein. Das Zelt errichteten wir so, daß es morgens im Schatten lag. Die Feuerstelle bauten wir näher am Wasser, unmittelbar bevor die Felsen zum Strand hin abfielen. Von dort hatte man den besten Ausblick auf die Bucht. Ein herrlicher Sonnenuntergang färbte Himmel und Fluß in violetten und rosa Farbtönen. Ein Biber schwamm neugierig dicht am Ufer vorbei.

21. Juni

Auf weichen Moospolstern im schattigen Zelt schlief es sich herrlich. Micky war gerade auf dem Weg zum Zähneputzen, als er verkündete, ein Kanu nähere sich. Ich beeilte mich, wach zu werden, konnte jedoch gerade noch ein „good morning“ murmeln, ehe das Boot schon wieder ablegte. Die beiden Kanuten hatten es eilig, wollten in einer Woche von Pinehouse Lake nach Missinipe paddeln. Um diese Strecke, für die wir mehr als zwei Wochen brauchten, in sieben Tagen zu schaffen, mußte man sich ganz schön ranhalten. So hatten sie Micky`s Einladung zum Kaffee ausgeschlagen, um den schönen Tag zu nutzen.

Schäfchenwolken tummelten sich am Himmel, der Fluß reflektierte das Sonnenlicht. Obwohl wir mittlerweile Ende Juni hatten, war das Wasser immer noch zu kalt zum schwimmen. Wenn ich beim Wäsche waschen bis zu den Knien im Fluß stand, waren die Füße nach kurzer Zeit eiskalt. Micky schnitzte einen neuen Kochlöffel. Anscheinend hatten wir den Alten beim Notlager in der Sturmnacht vergessen.

Beim Frühstück grübelte ich laut darüber nach, warum wir Großstädter so große Schwierigkeiten haben, uns mit den Naturgegebenheiten zu arrangieren. Wir hatten so lange von dieser Tour geträumt, daß ich geglaubt hatte, alles würde sich

von selbst ergeben. Ich war entschlossen gewesen, bei Kälte nicht mit hochgezogenen Schultern zusammengekauert dazusitzen, sondern mich lieber ordentlich zu bewegen, um warm zu werden. Den Wind wollte ich ignorieren, statt mich ins Zelt zu verkriechen und auf besseres Wetter zu warten. Nach dem Motto, nimm es wie es kommt, hatte ich es mir einfach vorgestellt, allen Widrigkeiten zu trotzen.
Wir hatten andere Reisen unternommen, z.B. mit dem Rucksack durch Ecuador und Venezuela, bei denen es mir leichter gefallen war, mich auf die Umstände einzustellen. Bei einem Trip von vier bis sechs Wochen, also von durchschnittlicher Länge, kann man einige Unannehmlichkeiten hinnehmen, weil man weiß, daß man in wenigen Tagen oder Wochen wieder zuhause sein wird. Doch niemals hatte mir eine Reise so viel abverlangt, war mein Anpassungsvermögen derart gefordert worden. Hier draußen ist man Wind und Wetter ständig ausgesetzt. Die extremen Bedingungen und schnellen Wetterumschwünge gewähren einem keine Verschnaufpause. Ich glaube kaum jemand, der nicht selbst eine ähnliche Tour gemacht hat kann ermessen, was es bedeutet sich monatelang nur mit dem Kanu fortzubewegen, auf die eigene Stärke angewiesen zu sein, mit einem kleinen Zelt als einzigem Schutz. Ich war jedoch zuversichtlich, daß mit den Anforderungen auch meine Fähigkeiten wachsen würden.

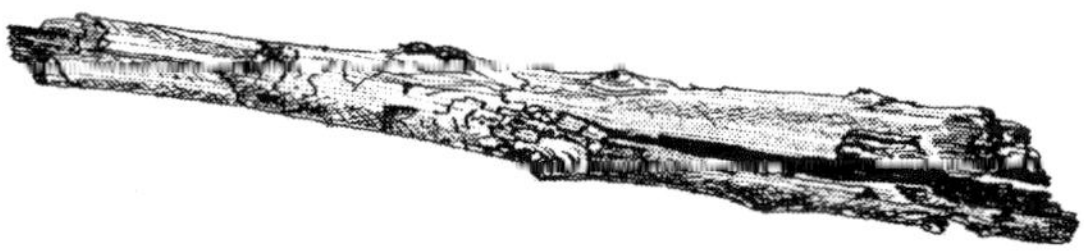

SOMMER

22. Juni

Bei bestem Paddelwetter gelangten wir durch ein Gewirr von Inseln an die Silent Rapids. Eigentlich handelt es sich nicht um Stromschnellen, sondern lediglich um große Pools oder Kehrwasser. Bei hohem Wasserstand und starker Strömung können sie jedoch durchaus gefährlich werden. Die Kehrwasser drehen das Boot plötzlich im Kreis, mal nach rechts, mal nach links, und man hat Mühe ihnen zu entkommen. In diesem Jahr mit den niedrigen Wasserständen bestand keine Gefahr. Die Silent Rapids zupften nur hier und da an unserem Kanu, hielten uns aber nicht weiter auf.

Kurz darauf wurde der Fluß von einer Insel in zwei Arme geteilt. Auf beiden Seiten hatten sich kleine Stromschnellen gebildet, die sich in einer Linkskurve wieder vereinten. Die Insel lag so herrlich, eingebettet zwischen die Rapids, die im Sonnenlicht glänzten, daß wir am felsigen Ufer festmachten. Ich kochte Kaffee, während Micky die Angel auswarf. Nach wenigen Minuten hatte ein Hecht angebissen. Es war heiß in der Sonne. Ich erkundete die mit Nadel- und Birkenwald bestandene Insel. Sie war nicht groß, in jede Richtung konnte man etwa 10 bis 20 Meter gehen. Der federnde, weiche Waldboden war mit einem Teppich aus Tannennadeln und Moos bedeckt. Einige ausgetretene Pfade und eine Feuerstelle wiesen auf frühere Besucher hin Micky hatte inzwischen einen zweiten Hecht gefangen und wir machten uns wieder auf den Weg. Während wir das Kanu durch die flachen Stromschnellen treiben ließen, benutzte er die Angel erstmals als Schleppangel.

Wir näherten uns Black Bear Island Lake. Das viele Quadratkilometer große Gebiet besteht aus annähernd so viel Festland wie Wasser. Mit seinem Gewirr von Wasserarmen und einem wahren Labyrinth von Inseln ist es der Alptraum des Navigators. Ausgerechnet für diesen schwierigen Abschnitt hatten wir eine 37 Jahre alte Karte erwischt.

Langsam veränderte sich die Umgebung. Die Birken verschwanden ganz, die Ufer wurden steiler und schroffer, Nadelwald ließ die Gegend dunkel und unwirklich erscheinen. Nachdem wir viele Kilometer zurückgelegt, eine Landzunge nach der anderen umrundet hatten, ohne eine einzige Stelle zum Anlegen zu finden, waren wir reichlich entnervt. Endlich stießen wir auf einen felsigen Abhang, der am Wasser eine breite, komfortable Terrasse bildete. Oberhalb des Abhangs erspähten wir einen winzigen, unebenen Flecken für das Zelt. Steine, wilde Rosen und andere stachelige Sträucher mußten entfernt werden. Ein großer Steinbrocken war jedoch so fest im Erdreich verankert, daß wir ihn nicht herausbekamen.

Die Schleppangel hatte uns noch zwei kleine Zander eingebracht, sodaß für das Abendbrot reichlich gesorgt war, doch wir waren fast zu hungrig und erschöpft, um sie zuzubereiten. Der Abend war angenehm mild, doch Müdigkeit und Moskitos trieben uns bald ins Zelt. Genau unter meiner Schlafmatte lag der große Stein und drückte mir ins Kreuz. Ständig war ich bemüht, mich irgendwie drumherum zu drapieren und störte Micky, der in der stickigen Zeltluft ebenfalls eine unruhige Nacht verbrachte.

23. Juni

Unser Schlafbedürfnis ist wirklich enorm, neun bis zehn Stunden sind fast schon die Regel. Da wir keinen Wecker dabeihaben, holt sich der Körper den Schlaf, den er braucht. Manchmal schien es uns, als holten wir noch Schlaf von zuhause nach. Gegen halb 10 wurde die Hitze im Zelt unerträglich. Es war bewölkt und diesig, Dunst hing über dem Wasser.

Auf den verschlungenen Wasserwegen in Black Bear Island Lake begegneten wir unserem ersten Elch. Die Elchkuh stand äsend im grünen Gras, schaute ruhig zu uns herüber, als wir vorbeipaddelten.

Schwarze Gewitterwolken brauten sich zusammen. Zunächst hofften wir, daß es vorbeizog, doch der zunehmende Wind trieb die Front rasch in unsere Richtung. Als die ersten Tropfen fielen, legten wir an der nächstgelegenen Insel an, um das Gewitter

Rapids am Blackbear Island Lake

abzuwarten. Micky spannte eine Regenplane zwischen die Bäume und wir tranken gemütlich Kaffee. Es donnerte und Blitze zuckten über den Himmel, doch der erwartete Regenguß blieb aus.

Nach einer guten Stunde gaben wir auf, rollten die Plane ein und ließen uns auch nicht abhalten, als es nun stärker zu regnen begann. Schnell zogen wir Regenzeug über und legten ab. Wenige 100 Meter weiter tauchte am linken Ufer ein Camp auf. Es gehörte zwei kanadischen Urlaubern aus Saskatoon, die in einem Kanu mit kleinem Außenbordmotor unterwegs waren, natürlich zum Fischen. Die Kanadier scheinen wirklich alle angelverrückt zu sein. Bei Cola mit Rum plauderten wir eine Weile und tauschten Erlebnisse aus. Besonders bei Micky`s Beschreibung seiner ersten Angel- und Filetierversuche wollten die Beiden sich ausschütten vor Lachen. Das Gewitter schien sich endgültig verzogen zu haben, sodaß wir das Regenzeug ausziehen konnten. Erst zwei Stunden später brachen wir wieder auf, mit einem Tip für ein Nachtlager versehen. Nach einigen Bechern Cola-Rum ging das Paddeln wie geschmiert, schnell erreichten wir die Stelle, wo der Fluß sich wieder zum See erweitert. Mit Sorge beobachteten wir, daß hinter uns erneut eine Gewitterfront heranrollte, doch noch war der Himmel vor und über uns blau. Wir veranstalteten einen Wettlauf mit dem Gewitter, das schnell näherrückte. Mitten auf dem breitesten Stück des Sees holte es uns ein, schwarze Wolken schoben sich über den letzten Streifen blauen Himmels, Windböen peitschten das Wasser, dicke Tropfen klatschten ins Kanu. Wir zogen das Regenzeug wieder über und paddelten gegen den Sturm an, doch der Wind trieb uns fast rückwärts, nur zentimeterweise schob sich das Boot voran, für die letzten 150 Meter brauchten wir 20 (!) Minuten. Wir nahmen Kurs auf eine Insel, in deren Windschatten wir uns etwas ausruhen wollten. Im selben Augenblick, als wir die Insel erreichten, war die Gewitterfront über uns hinweggezogen und die Sonne brach durch die Wolken. Sie tauchte das Wasser um die Insel herum in karibische Farben, während es zum Festland hin immer noch schwarz und aufgewühlt war. Halbherzig legten wir an und sahen uns um. Im Inneren war die Insel von Moosteppichen bedeckt, in die man bis zu den Knöcheln einsank. Zwischen den Bäumen gab es einen kleinen Zeltplatz auf weichem Moos. Eine schmale Sonnenterrasse mit Blick auf den See überzeugte uns rasch, daß wir die Nacht über hier bleiben würden. Abends saßen wir am Feuer und beobachteten das Wetterleuchten, das unentwegt am Horizont aufflackerte. Erst als ein leichter Regen einsetzte, zogen wir uns ins Zelt zurück.

24. Juni

Nichts erinnerte an diesem sonnigen Tag an das Unwetter von gestern. Ich machte einen Rundgang über die Insel, die mit ihren kleinen, sonnenbeschienenen Lichtungen fast märchenhaft wirkte. Auf der Rückseite gab es eine Landverbindung zur noch kleineren Nachbarinsel. Hätte ich mir eine Stelle für eine Hütte aussuchen können, hätte ich vielleicht diese Zwillingsinseln gewählt. Allerdings konnte ich mir gut vorstellen, wie schnell die Moospolster zertrampelt und die Idylle zerstört wäre, wenn wir hier länger campierten.

Black Bear Island Lake vermittelte einem den Eindruck, daß man sich tatsächlich auf einem Fluß befand, die schmalen Wasserarme schlängelten sich durch eine abwechslungsreiche Landschaft. Trotz der uralten Karte und der vielen Inseln hatten wir bisher keine Probleme gehabt, den Weg zu finden. Zwischendurch überquerten wir auch größere Seen und breite Flußabschnitte, wie so oft gegen den Wind. Erneut auf Lagerplatzsuche, legten wir an verschiedenen Inseln an, ohne etwas Geeignetes zu entdecken. Notgedrungen waren wir bei dem kraftraubenden Wind schon viele Kilometer weiter gepaddelt, als wir vorgehabt hatten. Wir steuerten eine Insel mit steilem Felsvorsprung an, die nicht sehr einladend aussah, aber wenigsten wollten wir etwas essen und ein wenig ausruhen. Doch als wir den Felsvorsprung erklommen hatten, erlebten wir eine positive Überraschung. Der Wald trat etwas zurück und gab genügend Platz für ein Lager frei. Nach dem Essen nahmen wir ein Bad im See. Der Wind legte sich endlich, es wurde ein ruhiger, schöner Abend. Fast bis Mitternacht blieb es inzwischen hell, und auch lange danach blieb ein heller Streifen am Horizont zu sehen. Weil es warm war, schlossen wir nur die Fliegengittertür des Zelts, die leider wegen der Moskitos unvermeidlich war, und genossen die Aussicht. In der Ferne rauschten die Birch Rapids.

25. Juni

Die zweiteiligen Birch Rapids verbinden den Black Bear Island Lake mit dem Trout Lake. Der erste Teil ist ein Wasserfall (class 5 rapid) und muß mit einer etwa 200 Meter langen Portage umgangen werden. Die Portage war, wie in unseren Flußinfos beschrieben, in „excellent condition“, im Vergleich zur Letzten der reinste Waldspaziergang. Ober- und unterhalb der Fälle dümpelten mehrere Motorboote mit Anglern. Bereits hier war zu merken, daß wir uns dem Lac La Ronge Provincial Park näherten, einem der wichtigsten Erholungsgebiete der Region. Während wir auf den zweiten Abschnitt der Birch Rapids zupaddelten, überholten uns einige Motorboote, offenbar mit dem gleichen Ziel. Wir achteten darauf, welchen Kurs sie nahmen und merkten uns die Einfahrt auf der linken Seite. Zum überlegen blieb keine Zeit. Ein kurzer Adrenalinstoß, etwas Wasser im Boot und durchnässte Klamotten, schon hatte uns die Strömung durchgetragen. Am Fuße der Rapids wurden wir erneut von einer Reihe Motorboote empfangen. Unablässig wurden Angeln ausgeworfen und eingeholt.

Wir hatten den Trout Lake erreicht und erspähten gleich zu Anfang mehrere mögliche Lagerplätze. Noch in Sichtweite der Angler fanden wir es jedoch zu überlaufen, und paddelten daran vorbei. Bald bedauerten wir unser leichtfertiges Verhalten, denn wie so oft bot sich nun lange keine Anlegemöglichkeit mehr. Beim Kaffee ärgerten wir uns über uns selbst. Seit Tagen nahmen wir uns vor, nur eine kurze Tagesetappe zu fahren, eventuell sogar mal wieder einen Ruhetag einzulegen. Doch jedesmal machten wir den gleichen Fehler, paddelten an guten Plätzen vorbei, und bekamen prompt die Quittung präsentiert.

Die malerische Umgebung entschädigte ein wenig für die vergebliche Suche. Unser Weg führte zwischen unzähligen Inseln hindurch, passierte enge Durchfahrten, teilweise kräuselte leichte Strömung das Wasser. Endlich entschieden wir uns für einen Lagerplatz, der auf den ersten Blick gar nicht schlecht aussah. Trotzdem fühlten wir uns unbehaglich. Nicht nur daß es von Fliegen aller Art, Blackflies und Moskitos wimmelte. Der Ort hatte einfach eine merkwürdige Ausstrahlung, die wir nicht genau definieren konnten. Wir tranken Kaffee und schauten auf den See hinaus. Es war absolut still, fast unheimlich, nur die Schreie eines Loons hallten ab und zu über den See. Der Loon gehört zu den Eistauchern, die im arktischen Nordamerika, auf Grönland und auf Island vorkommen. Es sind Einzelgänger, bis sie einen Partner gefunden haben mit dem sie dann lebenslang zusammenbleiben. Das Auffälligste ist jedoch sein eindrucksvoll heulender Balzgesang. Manchmal klingt er wie Wolfsgeheul und manchmal wie ein hohes, irres Kichern. Leise begann es zu nieseln. Schließlich plagten uns die Moskitos so sehr, daß wir uns ins stickige Zelt zurückzogen.

26. Juni

Früher als gewöhnlich waren wir wach. Nach einem schnellen Müslifrühstück packten wir ein und verließen rasch den seltsamen Ort. Mehrere Rapids bzw. Portagen lagen heute vor uns.
Auf dem Trout Lake kam Wind auf, der in Minutenschnelle stürmische Ausmaße annahm und das Kanu über meterhohe Wellen tanzen ließ. An der nächstgelegenen winzigen Felseninsel legten wir an, um abzuwarten, wie sich das Wetter entwickelte. Die Insel stieg von der Wasserlinie steil an, nur oben bildete sie eine kleine Plattform, von der man einen guten Rundumblick hatte. Wir entdeckten, daß Wind und Wellen dicht am linken Ufer von einer Inselkette etwas abgeschirmt wurden. In diesem Augenblick tauchten vier Kanus auf, die ebenfalls den Windschatten jenseits der Inselreihe ausnutzen wollten. Da wir unser Boot sturmsicher versteckt hatten, bemerkten sie uns nicht. Als wir die Verfolgung aufnahmen, fing es an zu regnen. Von weitem konnten wir erkennen, daß die Kanus, vier bunte Farbflecken, an Land gezogen wurden. Dort mußte der Zugang zur Portage um die ersten Trout Rapids sein.
Hier am Ende des Trout Lake fließt der Churchill durch ein felsiges, zerklüftetes Gebiet. Zusammen mit den Wassern des Trout Lake und einem Abfluss des McIntosh Lake, der nordöstlich des Churchill liegt, ergießt er sich durch zahlreiche große und kleine Stromschnellen in den Nipew Lake.
Als wir anlegten war die Crew der Boote mit dem Umtragen des Gepäcks bereits fertig, nur die Kanus warteten noch auf den Transport. Sie grüßten kurz ehe sie aufbrachen, Urlauber aus Salt Lake City im US Staat Utah, unterwegs auf einer vierzehn tägigen Paddeltour.
Die Portage war etwa 150 Meter lang und gut begehbar. Sie endete in einer großen Lichtung, die hübsch gewesen wäre zum campen. Von hier hatte man einen guten Ausblick auf die gerade

umgangenen Rapids, ein Wasserfall, etwa drei Meter hoch und sechs Meter breit. Der Regen hatte nachgelassen, wir schwitzten beim Schleppen unserer Ausrüstung und wußten kaum noch, ob unsere wasserdichten Gore Tex Sachen von außen oder von innen feuchter waren.

In Abständen folgten nun weitere Stromschnellen, ich weiß nicht wieviele. Alle waren problemlos zu bewältigen, doch ich hatte mit der gewohnten Panik zu kämpfen, in die ich mich von Rapid zu Rapid mehr hineinsteigerte, sodaß ich jedesmal vor Angst schlotterte, selbst wenn nur schnelles Wasser vor uns lag. Immer wieder fuhren wir an den Rapids auf die Kanus aus Utah auf und mußten warten, bis sie sich nacheinander durch die engen Schluchten geschleust hatten. Die Stromschnellen verbinden mehrere kleine Seen.

Dann kamen die eigentlichen Trout Rapids, eingestuft in Klasse drei, also für offene Kanadier gerade noch befahrbar. Eine Log Ramp zum ziehen der Boote bildete den ersten Teil der Portage, die sogenannte Rock Trout Portage.

Als wir anlegten diskutierten die Amerikaner bereits darüber, ob und wie die Trout Rapids zu befahren wären. Die Log Ramp lag direkt am Ufer, parallel zur starken Strömung. Dahinter folgte eine Rechtskurve, die den Hauptstrom unmittelbar an einer senkrecht abfallenden Felswand entlangführte. Ein Blick darauf genügte, um mich zu überzeugen, daß ich es vorziehen würde zu portagieren. Mein Bedarf an Stromschnellen war am heutigen Tag ohnehin gedeckt.

Während die jüngeren Leute der Gruppe aus Utah lieber portagieren wollten, wagte ausgerechnet ein Ehepaar mittleren Alters die Durchfahrt. Alle, einschließlich Micky und ich, schauten gespannt zu, als sich die Beiden von der Log Ramp aus abstießen und von der Strömung erfasst wurden. Der Schreck fuhr uns in die Glieder, als sich das Boot vor der Rechtskurve drehte und rückwärts auf die Felswand zuglitt. Doch ohne jede Hektik schafften sie eine weitere Drehung, fanden die Ideallinie und legten wohlbehalten unterhalb des Hauptstroms an der Felswand an. Zu allem Überfluß kam das Paar über die Portage zurück, um ein zweites Kanu durch die Schnellen zu steuern. Mir sträubten sich die Haare, als sie diesmal viel zu weit nach links abdrifteten, doch auch diesmal gelang es ihnen rechtzeitig, das Boot in den Hauptstrom zu bugsieren.

Während wir unser Gepäck hinter den Amerikanern über den Portagen Trail schleppten, schimpfte ich lautlos vor mich hin und war höchst unzufrieden mit mir selbst. Es traf mich hart zu sehen, mit welchem Selbstvertrauen die beiden Amerikaner nicht ungefährliche Stromschnellen bewältigt hatten. Okay, man durfte nicht vergessen, daß sie ihr Kanu vorher entladen hatten, sodaß auch bei einer Kenterung kein Gepäck hätte verlorengehen können. Auch ist es ein Unterschied ob man, wie wir, nur zu zweit in einem Boot unterwegs ist, oder in einer Gruppe mit mehreren Kanus. Selbst wenn eines davon beschädigt wird, kann man sich gegenseitig helfen und Insassen und Ladung auf die anderen Boote verteilen. Wir dagegen waren ganz auf uns allein gestellt und durften nicht riskieren, Ausrüstung oder Kanu zu verlieren. Trotzdem wollte mich das nicht so recht trösten, zumal wir über eine gute Paddeltechnik verfügen und keineswegs darauf angewiesen sind, das Boot willenlos der Strömung zu überlassen. Ich war wild entschlossen, hart daran zu arbeiten diese übertriebene Angst zu überwinden. Entweder es gelang mir, oder ich würde mich von nun an zu den Gelegenheitspaddlern zählen, nach dem Motto: Wildnis ja, aber bitte in moderaten Häppchen: Wind nur als wohldosierte Brise, keine hohen Wellen, alle 10 km ein Lagerplatz, selbstverständlich Fliegen- und Mückenfrei. Rapids maximal als schnelles Wasser und Portagen nur in „excellent condition"!

Gegenüber der Portage lag ein weitläufiges Areal dessen Grund aus glattgeschliffenem Felsgestein bestand. Dahinter erstreckten sich niedrige Beerensträucher so weit das Auge reichte, nur wenige Bäume standen im Hintergrund. Hier wollten wir lagern. Es war so warm, daß wir das Zelt bis auf die Fliegengittertür offen ließen. Micky spannte eine Regenplane über dem Zelteingang, denn abends fing es an zu Regnen und nachts erhellte Wetterleuchten den Himmel. Das Rauschen der Trout Rapids dröhnte uns in den Ohren.

27. Juni

Wir hatten beschlossen, einen weiteren Tag auf dem Felsplateau unterhalb der Trout Rapids zu bleiben.
Während Micky eine Menge Baumstämmchen zersägte, um genug Brennmaterial zum Brotbacken zu erhalten, probierte ich mein Angelglück. Mit wenigen Würfen direkt in die Strömung fing ich zwei Hechte. Einen sehr kleinen Pike und einen Baby-Walleye ließ ich wieder frei. Micky versuchte es ebenfalls und bekam noch zwei Walleyes an den Haken. Anschließend zeigte er mir, wie man die Fische filetiert. Es ist wirklich eine widerlich glibschige Angelegenheit, selbst in totem Zustand versucht der Fisch permanent, ins Wasser zu entkommen. Nach den Lehrstunden der kanadischen Angler am Sandy Lake gab es nun endlich richtige Filets.
Abends lauschten wir im Zelt auf Regengeprassel und Donnergrollen, untermalt vom unaufhörlichen Rauschen der Trout Rapids. Wieder einmal dachte ich laut über meine Angst vor Stromschnellen und hohen Wellen auf großen Seen nach. Micky war der Meinung, ich sollte ganz einfach auf mein Können vertrauen. Ich sei geradezu besessen von der Angst! Statt dagegen anzugehen, liefere ich mich ihr völlig aus. Er fragte: wovor hast du eigentlich Angst, davor ins Wasser zu fallen? Du kannst doch schwimmen! Wenn man es genauer betrachtete fiel

mir wirklich kein konkreter Grund ein. Die Möglichkeit zu kentern war zwar immer gegeben, doch mit ein wenig Umsicht nicht sehr wahrscheinlich. Überdies war die Ausrüstung wasserdicht verpackt und schwimmfähig, sodaß wir sie bergen konnten, selbst wenn wir einmal kenterten. Auf großen Seen war das schon schwieriger, wenn das Ufer sehr weit entfernt ist und man im kalten Wasser mehrmals hin und her schwimmen müsste, um alle Gepäckstücke zu erreichen.
Im Augenblick sah ich alles so klar vor mir, daß ich überzeugt war, die Angst überwinden zu können, auch wenn ich noch nicht wußte wie.

28. Juni

Früh waren wir wieder auf den Beinen, frühstückten einige der am Vortag gebackenen Brötchen mit Spiegeleiern und Schinken und packten schnell ein. Bei herrlichem, sonnigem Wetter legten wir ab und glitten in die auslaufende Strömung der Trout Rapids.
Auch heute hatten wir mehrere Stromschnellen zu überwinden, bevor wir den Nipew Lake erreichten. Als wir auf die ersten Rapids zusteuerten spürte ich, wie erneut Panik in mir aufstieg. Es war schwierig, eine Einfahrt zu finden, mehrmals mußten wir gegen die Strömung zurücksetzen, um Felsbrocken im Wasser auszuweichen. Schließlich hatten wir es geschafft, die ganze Anspannung entlud sich, ich zitterte und weinte vor Erleichterung. Danach ging es besser. Ich bemühte mich, gemeinsam mit Micky die beste Fahrrinne zu bestimmen. Da ich vorne saß konnte ich überdies plötzlich auftretende Hindernisse schneller erkennen und rechtzeitig gegensteuern.
Ein niedrig klassifizierter Abschnitt erwies sich als überraschend wild. Mehrere Liter Wasser schlugen ins Boot und ich wurde klatschnaß, doch die Panik blieb aus. Wir rasteten kurz und Micky lenzte das Kanu mit einem Schwamm, den wir an der ersten Portage um die Trout Rapids gefunden hatten. Die letzten Stromschnellen waren dagegen weit harmloser als wir angenommen hatten.

Bei der Einfahrt in den Nipew Lake traf uns heftiger Gegenwind, das Kanu ritt über meterhohe Wellen. Bisher war alles so gut gelaufen, daß ich mir davon die Laune nicht verderben lassen wollte. Ich ignorierte den Wind so gut es ging und nahm die Wellen in Angriff, so weit die Kraft eben reichte. Wir hielten uns dicht am linken Ufer, wo die Wellen nicht ganz so hoch waren. Meine neugewonnene Zuversicht schien uns Flügel zu verleihen, wir schafften es in überraschend kurzer Zeit, den ganzen See zu überqueren.
Eine enge Stelle am Seeausgang brachte uns aus dem Wind und zu einem wunderbaren Lagerplatz. Offensichtlich war er häufig frequentiert, mehrere ausgetretene Pfade führten in den lichten Nadelwald hinein. Wir fanden verschiedene Feuerstellen, einige davon mit Baumstämmen als Sitzbank am Feuer ausgestattet. Nicht weit von der gemütlichsten Feuerstelle entfernt schlugen wir das Zelt auf dicken Moospolstern auf. Gegen abend legte sich der Wind, der See lag spiegelglatt und reflektierte das Rot und Orange des Sonnenuntergangs. Erst jetzt merkten wir, wie sonnenverbrannt unsere Haut war und nahmen ein erfrischendes Bad im See. Ich war in Hochstimmung, weil ich zum ersten Mal seit dem Abenteuer in den Crooked Rapids am 5. Juni mit Spaß Rapids befahren hatte.

29. Juni

In der Nacht kam der Bär. Als unsere Töpfe und Teller auf den Felsboden schepperten waren wir sofort hellwach. In Sekundenbruchteilen war uns klar, daß wir Besuch hatten. Gleich darauf hörten wir es mehrfach krachen. Wir sahen es förmlich vor uns, wie der Bär unsere kleinen Plastikcontainer mit Zucker, Milchpulver und Kaffee knackte. Er zerbrach die Seifenflasche, und da ihm der Inhalt sicher nicht schmeckte, machte er sich daran, unsere Proviantfässer zu öffnen. Mit Herzklopfen lagen wir keine fünf Meter entfernt im Zelt und lauschten auf das Knacken, Kratzen und Poltern, wenn er die Fässer durch die Gegend warf. Sehen konnten wir ihn nicht, er hatte sich die dunkelste Stunde der Nacht ausgesucht, etwa drei Uhr morgens.

Endlich hörten wir Freßgeräusche, lautes Schmatzen und gelegentliches Schnauben.

Bevor wir in die Wildnis aufbrachen hatten wir einiges darüber gelesen, wie man sich vor Bärenbesuch schützt und wie man sich bei einer Begegnung verhält. Häufig wird empfohlen, Lebensmittel an einem Seil ca. vier Meter hoch auf einen Ast zu ziehen und mindestens zwei Meter vom Stamm entfernt aufzuhängen, denn Schwarzbären können ja klettern. Auf unserer gesamten Reise im nördlichen Saskatchewan und Manitoba fanden wir jedoch keine Bäume von solcher Größe. Die windschiefen, mickrigen Nadelbäume, die sich nach oben hin verjüngen, sind völlig ungeeignet, Birken und Espen werden nur an wenigen Stellen groß genug, um das Gewicht zu tragen. An die Regel, niemals Lebensmittel im Zelt aufzubewahren, hatten wir uns bis jetzt strikt gehalten. Die Proviantfässer stellten wir meist in einiger Entfernung auf, doch diese Maßnahme dient lediglich dazu, uns selbst zu schützen. Wenn uns aber ein Bär mitten in der Wildnis, viele Tagesreisen vom nächsten Ort entfernt, überfallen und den Proviant wegfressen sollte, dann hätten wir ein erhebliches Versorgungsproblem.

In diesem Fall hatten wir vor lauter Begeisterung über den erfolgreichen Tag versäumt, die Fässer weit genug wegzustellen. Die widersprüchlichsten Gedanken und Gefühle gingen uns durch den Kopf. Wohlmöglich wurde der Bär wütend, wenn er die Tonnen nicht knacken konnte und kam im Zelt nachsehen, ob dort etwas essbares zu holen war. Oder sollten wir uns vielleicht hinauswagen, Lärm schlagen und versuchen, ihn zu vertreiben? Wir waren keineswegs sicher, daß der Bär in der Stimmung war, zu diskutieren. Eher war davon auszugehen, daß er nicht kampflos hergeben würde, was er sich bereits unter die Kralle gerissen hatte. Schnell verwarfen wir die Idee, das Zelt zu verlassen. Stattdessen hofften wir, daß sein Appetit irgendwann gestillt war und genug Lebensmittel für uns übrig blieben, um Missinipe, den nächsten Ort, zu erreichen. Wir gingen davon aus, daß wir es nach Missinipe in etwa vier Tagesetappen schaffen konnten, vielleicht sogar früher.

Nach einer knappen Stunde hörten die Freßgeräusche auf, grunzend und schnaubend entfernte sich der Bär in Richtung See. Ein paar Minuten verhielten wir uns still, dann griffen wir nach unseren Taschenlampen und wagten uns vorsichtig hinaus, um den Schaden zu begutachten. Es schien so, als hätten wir Glück gehabt, scheinbar waren zwei Fässer unversehrt. Bevor der Bär zurückkehrte, um den Rest zu fressen, verzogen wir uns schnell wieder ins Zelt. Im Dunkeln konnten wir sowieso nicht viel ausrichten. Lange konnten wir nicht einschlafen, lauerten auf jedes Geräusch und wälzten Gedanken.

Wenig erholt waren wir sehr früh wieder wach und krochen aus dem Zelt. Das gesamte Areal um die Feuerstelle sah aus wie ein Schlachtfeld. Und schnell kam die Ernüchterung, der Bär hatte alle vier Fässer ruiniert. Zwei von ihnen waren völlig zerstört, Boden und Seitenwände regelrecht aufgerissen, nur unsere wasserdichten Schraubdeckel hatten seinen Zähnen standgehalten. Die beiden anderen Fässer wiesen Bißspuren auf und waren nun alles andere als wasserdicht, jedoch war ihr Inhalt erhalten geblieben. Wir machten Bestandsaufnahme: während einer knappen halben Stunde hatte der Bär 10 Eier, einen ganzen Topf Margarine, etwa ein Pfund Käse, ebensoviel Speck und Schinken und annähernd ein Kilo Milchpulver verspeist. Als Dessert gönnte er sich Getränkepulver für mehrere Liter Fruchtsaftgetränk. Sämtliche Tüten waren aufgerissen, alles was er nicht mochte, also die gesamten trockenen Vorräte, in der Gegend verstreut. Hauptsächlich beklagten wir den Verlust von etwa 1 kg Haferflocken, 1 Pfund Reis, 2,5 kg Mehl, 1 Pfund Hülsenfrüchten und 1 Pfund Salz. Unberührt waren lediglich die Gewürze, Backpulver und eine Dose Corned Beef, die einsam in einem der zerfetzten Fässer lag.

Wir klaubten vom Waldboden zusammen, was noch zu retten war, je eine Handvoll Haferflocken, Hülsenfrüchte und Mehl, mitsamt einigen Tannennadeln. Die langen, schwarzen Bärenhaare sammelte ich einzeln heraus. Der Inhalt der beiden Fässer mit den Bisslöchern war zum Glück unversehrt. Sie enthielten so wesentliche Dinge wie Marmelade, Erdnussbutter, Öl, weiterhin Trockenfrüchte, ein noch verschlossener Beutel

Milchpulver und Kaffee. Gut die Hälfte unseres Proviants hatten wir eingebüßt. Voll waren die Fässer ohnehin nicht mehr gewesen, da wir in Missinipe nachkaufen wollten.

Aus den Trockenfrüchten, Haferflocken (mit Tannennadeln) und Milchpulver bereitete ich uns ein Müsli zum Frühstück. Micky flickte die beiden zerstörten Tonnen mit Ducktape und einem Rest Plastikfolie zusammen, sodaß wir wenigstens den Müll damit abtransportieren konnten. Die Bisslöcher wurden ebenfalls notdürftig mit Ducktape repariert. Als wir das Gepäck zum Boot schleppten entdeckten wir, daß der Bär auf seinem Weg zum Wasser (vielleicht war er durstig und wollte dem Getränkepulver etwas Wasser hinzufügen?) auch die Mülltüten inspiziert hatte, die wir im Kanu gelassen hatten. Natürlich hatte er den ganzen Inhalt verstreut. Wir sammelten alles ein und stopften es in die „Mülltonnen".

Unser vorrangiges Ziel war es jetzt, so schnell wie möglich Missinipe zu erreichen. Obwohl es schon spät war, wollten wir es unbedingt heute noch bis zu den Great Devil Rapids schaffen.

Gegen 17.00 Uhr hatten wir den schmalen Abfluss aus dem Nipew Lake hinter uns gelassen und legten neben drei grünen Old Town Kanus an der Great Devil Portage an.

Mit etwa 1100 Metern ist sie eine der längsten Portagen am Churchill. Sie umgeht die Great Devil Rapids, die mit Klasse 4 im offenen Kanu nicht befahren werden können. Dahinter müssen noch die Little Devil Rapids passiert oder portagiert werden, bevor man den Devil Lake erreicht.

Als wir ausstiegen umschwirrten uns ein paar Horseflys, sodaß ich statt der kurzen eine lange Hose anzog, um wenigstens die Beine zu schützen. Während wir das Boot entluden, kamen nach und nach die Besitzerinnen der drei Old Town Kanus schwerbeladen den Trail herauf. Es waren sieben junge Mädchen aus US Wisconsin, alle ziemlich gleich gekleidet mit kurzen Hosen, vorne geknoteten Blusen, Schwimmwesten und schweren Lederboots. Die meisten hatten ihre Haare zu Rastazöpfen geflochten und trugen hinten geknotete Kopftücher. Wir erfuhren, daß die Gruppe in Missinipe aufgebrochen war und eine 4-wöchige Kanutour stromauf(!) vor sich hatte. Es war der erste Tag und die Portage um die Great Devil Rapids bereits die dritte. Die Mädchen hatten ihr Gepäck in drei oder vier riesigen Bündeln zusammengeschnürt, die sie mit einem Stirnriemen trugen. Die Bündel waren so schwer, daß man eines davon in gebeugter Haltung nur wenige Meter tragen konnte und sich dann ablösen lassen mußte. Doch bei sieben Personen mußte man den Weg dafür nur einmal gehen.

Alle Sieben waren völlig verschwitzt und schmutzig, die Schwimmwesten schlammbespritzt. Unbekümmert wateten sie mitsamt den Stiefeln ins Wasser, um die Boote zu beladen, was wir in der Regel vermieden, denn ständig nasse Füße in nassen Socken und Schuhen ist ziemlich ungesund. Nicht umsonst fanden wir so ziemlich an jeder Portage weggeworfene alte Socken.

Die Mädels wunderten sich, daß wir nach 47 Tagen auf dem Fluß sauber und trocken wirkten, während sie schon am ersten Tag aussahen wie aus dem Wasser gezogen. Auf den Gedanken, daß man outdoor auch waschen kann würden sie sicher noch kommen.

Micky erkundigte sich, wie die Portage sei. Wonderful, war die Antwort, but a little buggy. („Bugs“ ist der engl. Sammelbegriff für Insekten aller Art.)

Das „a little buggy“ stellte sich bald als Untertreibung des Jahres heraus. Die Great Devil Portage machte ihrem Namen alle Ehre und erwies sich als wahrer Horrortrip. Als hätten die Mädchen mit ihrem einmaligen Gang über den Trail sämtliche Biester der Umgegend auf uns aufmerksam gemacht, fielen Horseflys, Deerflys und Moskitos in Heerscharen über uns her und fraßen uns bei lebendigem Leib. Sie bissen und stachen gnadenlos überall, selbst durch die Kleidung und in die Kopfhaut. Ein Gepäckstück abzusetzen oder eine kurze Pause einzulegen, etwa um das Moskitokopfnetz aus dem Gepäck zu fischen, bedeutete die Hölle. Wir legten den Weg, immerhin mehr als ein km, in Rekordzeit zurück. Durch den stark reduzierten Proviant mußten wir nur 3 mal (bedeutet: 3 mal hin, 2mal zurück, also 5500 Meter) statt wie sonst 4 mal gehen, doch mit jedem Gang schien sich die Zahl der Quälgeister und ihr Blutdurst zu vervielfachen. Die letzte Tour legten wir im Laufschritt zurück, schweißüberströmt, umschwirrt von unaufhörlich summenden, stechenden Vampiren. Einem Nervenzusammenbruch nahe und völlig zerstochen warfen wir die Gepäckstücke ins Boot. Micky stieß uns ab und zog sich schnell hinein. Selbst auf dem Wasser verfolgten uns einige besonders hartnäckige Horseflys. Wir waren am Ende unserer Kräfte. Nur die Fliegen und die Aussicht hinter den Little Devil Rapids irgendwo lagern zu können trieb uns vorwärts.

Nach wenigen 100 Metern begannen die Little Devil Rapids, die wir unbedingt befahren wollten. Auf keinen Fall wollten wir die sicher ebenfalls fliegenverseuchte Portage benutzen. Die aus vier Abschnitten bestehenden Rapids waren richtige „kleine Teufel“ mit engen Kurven, Hindernissen und Felsstufen. Wir mußten trickreich manövrieren und konnten einigen Hindernissen nur durch rückwärts- und seitwärtspaddeln ausweichen. Beim letzten Abschnitt schließlich ging nichts mehr, die Stufen und Schwälle waren so verteilt, daß wir keine Durchfahrt ausmachen konnten. Micky stellte sich bis zu den Oberschenkeln in das schnell strömende Wasser und ließ das Kanu an der kurzen Leine über die Steine rutschen.

Kurz hinter den Stromschnellen lockte ein Lagerplatz, direkt am Ende der Portage um die Little Devil Rapids. Doch heute fürchteten wir den „Portagenbären“. Leider werfen die Leute meist achtlos ihren Müll weg. Auf der Suche nach Essbarem benutzen auch Bären gerne den bequemen Trail. Nicht selten findet man an Portagen Bärenkot. Der Bär, der uns gestern überfallen hatte, kannte womöglich ebenfalls die häufig benutzte Stelle und inspizierte sie regelmäßig. Vielleicht hatte er auch mit ähnlichen Proviantfässern schon Bekanntschaft gemacht.

In dieser Nacht wollten wir jedenfalls ruhig schlafen, möglichst bärenfrei. Notgedrungen paddelten wir weiter und gelangten kurze Zeit später an die Einfahrt in den Devil Lake. Micky suchte das dichtbewachsene Ufer ringsum mit dem Fernglas nach einer Lagermöglichkeit ab. Wir überquerten den See, entdeckten auf einer (vermeintlichen) Insel ein verlassenes Camp mit einem großen, ehemals weißen Zelt und machten dort fest. Mittlerweile war es fast 21.00 Uhr, die Sonne ging langsam unter. Ich wusch mich ein bisschen im See während Micky kochte, ausnahmsweise auf dem Benzinkocher. Wir waren einfach zu müde, um noch lange nach Holz zu suchen und ein Feuer zu machen. Kaum war die Sonne verschwunden tauchten Wolken von Moskitos auf, sodaß uns nichts übrig blieb, als uns mit dem Kaffee ins Zelt zurückzuziehen. Am nächsten Morgen stellten wir fest, daß die Insel nur eine Halbinsel war, doch allein der Glaube, einen bärensicheren Ort gefunden zu haben, bescherte uns eine ruhige Nacht.

30. Juni

Mehl zum Brotbacken war noch ausreichend vorhanden, doch das „Zubrot" hatte der Bär gefressen. Wir begnügten uns mit den restlichen Haferflocken zum Frühstück in der Gewissheit, heute noch Missinipe erreichen und Lebensmittel nachkaufen zu können. Da wir gestern gezwungenermaßen sowohl die Great Devil als auch die Little Devil Rapids hinter uns gebracht und den Devil Lake bereits überquert hatten, hatten wir mehr als einen Tag gewonnen. Die gesammelten Stechfliegen der Umgegend umschwärmten uns schon am frühen Morgen so reichlich, stachen vorzugsweise in die Schulterblätter und die Füße, daß wir es eilig hatten wegzukommen.
Nicht viel später legten wir oberhalb der Otter Rapids an, die den Devil Lake mit dem Otter Lake verbinden. Als wir ein Stück am Ufer entlanggingen, um uns einen Eindruck zu verschaffen, sank mein Mut. All mein neuerlangtes Selbstvertrauen, das ich durch das Befahren der hinter uns liegenden Rapids gewonnen hatte, war wie weggeblasen.
Durch die Nähe des Highways gut zu erreichen, sind die Otter Rapids Gegenstand vieler Versuche, sich in Stromschnellen zu beweisen und dafür fast berühmt. Allein deshalb bedeuten sie eine Herausforderung. Schätzungsweise sind sie 50 Meter breit und mindestens 300 Meter lang. Sie weisen keine einzige Biegung, keine Stufen und kaum Hindernisse auf, doch die Strömung ist reißend und erzeugt im tiefen Wasser hohe,

unregelmäßige Wellen mit weißen Schaumkronen. Für gewöhnlich werde ich vorne im Boot schon naß, wenn wir eine einzige Welle passieren, und ich befürchtete, daß das Kanu nahezu gefüllt sein würde, bis wir unten anlangten. Ich konnte mir gut vorstellen, daß es Spaß machte, die Otter Rapids in einem leeren Kanu hinunterzufahren, aber mit dem vollbeladenen Boot? In dem Amateurvideo, das wir bei Ken Cornett in Ile-a-la-Crosse gesehen hatten, waren die Otter Rapids ebenfalls vorgekommen. Die vier jungen Männer hatten die Kanus entladen und das Gepäck portagiert. Dann hatte sich einer nach dem anderen, das Paddel mit beiden Händen quer vor sich haltend, der Strömung überlassen. Alle waren gekentert.

Nach langem Zaudern entschieden wir uns für die Portage. Sie war nur halb so lang wie der Trail um die Great Devil Rapids und glich eher einem bequemen Wanderweg, der etwas oberhalb der Rapids entlangführt. Der Highway 2 erstreckt sich von La Ronge Richtung Norden und überspannt die Otter Rapids im unteren Drittel mit einer gigantischen Eisenbrücke. Die Portage kreuzt die Brücke, von der aus man einen guten Blick über die Stromschnellen hat. Schon ärgerte ich mich wieder über meine Feigheit. Schließlich wußten wir, wozu wir unsere Paddel gebrauchen konnten und mußten unserem Untergang nicht tatenlos zusehen, wie die vier Hamburger aus dem Video!

Hinter der Brücke führt der Weg an einem Campingplatz vorbei, hinunter zu den auslaufenden Rapids.

Es war ein heißer Tag, wir waren gerade dabei, am Fuße der Stromschnellen unseren Durst zu löschen, als Leute vom Campingplatz herunterkamen. Wir lernten Charles und Bernadette McIntosh mit ihren beiden Töchtern kennen. Selbst reiselustig waren sie sehr interessiert an unserem Trip. Bald kamen wir auf das Bärenabenteuer zu sprechen, und natürlich hatten sie ebenfalls Bärenstories auf Lager. Im Nu verging die Zeit mit Plaudern.

Eine gute Paddelstunde später kam Missinipe in Sicht. Der Ort liegt im Norden des Nationalparks La Ronge, direkt am Highway 2. Der Lac La Ronge Provincial Park ist der größte der Provinz und mit seinen fast 100 fischreichen Seen ein beliebtes

Urlaubsziel. Missinipe gilt als nördlichste Siedlung in Saskatchewan mit überwiegend weißer Bevölkerung. Die Einwohnerzahl der kleinen Gemeinde steigt in den Sommermonaten von 12 bis 15 Menschen auf über 100. Die Mehrzahl der Häuser sind sogenannte „cottages", Wochenendhäuser aus Holz.
„Thompsons Incorporated" bietet „Fly-in-fishing lodges", Motorbootverleih, Angeltouren und besitzt das einzige Restaurant weit und breit.
Ric Driediger ist einer der „Churchill River Canoe Outfitters". Sein Laden trägt den faszinierenden Namen „Horizons Unlimited". Selbst Kanufreak bietet Ric fundierte Kenntnisse der gesamten Region, Kartenmaterial, Kanu- und Wildwassertouren mit und ohne geschulte Guides und natürlich Kanu- und Zubehörverleih und Übernachtungen in gemütlichen Lodges.
Weiterhin verfügt Missinipe über einen „Air Charter Service" für Wasserflugzeuge und einen staatlichen Campingplatz. Im Laden, der „Trading Post", bekommt man neben Lebensmitteln so ziemlich alle Gebrauchsgegenstände, selbst Fernseher und Möbel. Sie ist gleichzeitig auch Postamt und Tankstelle. Last but not least gibt es eine Eisdiele, in der man außerdem Videos ausleihen kann.
Als wir am Bootsanleger von Missinipe festmachten, wirkte es auf uns wie ein riesiges, geschäftiges Feriencamp. Etwas ratlos standen wir herum, wußten nicht recht was wir beginnen sollten. Proviant einzukaufen hatte wenig Sinn, solange wir keine neuen Container besorgt hatten, und bis jetzt hatten wir keine Ahnung, woher wir die bekommen sollten. Micky schlug vor, auf dem Campingplatz zu übernachten und am nächsten Tag alles zu organisieren.
Der Campingplatz war gut belegt mit Wohnmobilen von der Größe und dem Komfort einer Ferienwohnung. Außer in amerikanischen Filmen hatte ich solche meterlangen Ungetüme noch nie gesehen, Europas Dimensionen reichen dafür einfach nicht aus. Die meisten zogen auch noch Bootstrailer hinter sich her. Der Campingplatz liegt direkt am See und verfügt über eine betonierte Rampe, um die Boote bequem zu Wasser lassen zu

können. Offensichtlich rechnete hier niemand mit Campern, die nur mit Zelt ausgerüstet sind. Die großzügig abgeteilten Plätze waren mit grobem Schotter aufgeschüttet, der Boden hart wie Stein. Außer einigen Toiletten waren keinerlei sanitäre Anlagen vorhanden. Kunststück, die Wohnmobile hatten natürlich von der Dusche über Kühlschrank bis zum Fernseher alles an Bord.
Mit dem Kanu umrundeten wir den Campingplatz und legten an besagter Rampe an. Wir schleppten Gepäck und Boot hinauf und belegten einen Platz in der Nähe, gegenüber vom Toilettenhäuschen. Die Zeltheringe ließen sich nur ein kleines Stück in den steinigen Boden treiben und blieben Stolperfallen. Auf dem großen Areal wirkte unser Zelt etwas verloren. Wie gewohnt wollten wir anschließend ein Bad im See nehmen. Wir suchten uns ein lauschiges Fleckchen, das vom Platz aus nicht einsehbar war. Kaum hatten wir uns ausgezogen, bog von links ein Mootorboot um die Ecke, auf dem Weg zum Anleger, von rechts schwebte ein Wasserflugzeug ein und landete fast vor unserer Nase. Die Haare waren bereits eingeseift, nun ließen wir uns von solchen Nebensächlichkeiten nicht abhalten. Hastig beendeten wir unsere Waschung, bevor wir noch mehr Zuschauer anlockten.

Wo so viele Menschen waren, tauchten die Moskitos wesentlich früher auf als gewöhnlich. Schon um fünf Uhr nachmittags wimmelte es von ihnen, obwohl die Sonne noch am Himmel stand. Wir konnten nicht begreifen wie die Leute es aushielten, weiterhin in kurzen Hosen und T-shirts herumzulaufen und sich stechen zu lassen, während wir uns schon bis zum Hals vermummt hatten. Lieber schwitzten wir ein wenig, als freiwillig unsere Haut zu Markte zu tragen. Und wie viele andere mit einer Familiendose „Off“ herumzulaufen, hatten wir auch keine Lust.

Lebensmittel hatten wir noch nicht eingekauft und Feuer machen konnten wir hier auch nicht. So beschlossen wir, uns zur Abwechslung ein Essen im Restaurant von Thompsons Incorporated zu gönnen. Micky freute sich auf das erste kühle Bier, seit unserem Aufbruch. In dem freundlich eingerichteten Raum waren wir die einzigen Gäste. Eine Speisekarte gab es nicht. Die nette Bedienung, in kurzen Hosen und Sandalen,

erläuterte uns das einzige(!) Menü des Tages und stellte endlich die heißersehnte Frage nach den Getränken. Ich bestellte einen Orangensaft und Micky das Bier, wobei ihm beim Gedanken daran sicher schon das Wasser im Mund zusammenlief. Doch welch herbe Enttäuschung als das Mädchen erklärte: sorry, we are not licenced!
Das Essen schmeckte nicht schlecht, ähnelte aber beim Vergleich mit unserer Campingküche eher einer In-Wasser-gedünstete-Gemüse-Diät. Selbstverständlich probierten wir anschließend das Eis in Rose`s Eisdiele und tranken den dünnen kanadischen Kaffee.
Beim Zeltplatz trafen wir Charles und Bernadette wieder, die inzwischen ihren Wohnwagen ebenfalls hier abgestellt hatten. Wir hatten gerade unsere Karten ausgebreitet, um uns die weitere Route anzusehen. Charles kniete mit Micky auf dem staubigen Boden und ließ sich den Verlauf der bisherigen Strecke zeigen. Auch er kratzte unaufhörlich seine zahllosen Moskitostiche.
Im Zelt lauschten wir auf die ungewohnten Geräusche von so vielen Menschen, knirschende Schritte auf Kies, gedämpfte Stimmen und ab und an Motorenlärm. Es dauerte lange, ehe wir einschliefen.

1. Juli

Frühmorgens ließ uns Fluglärm aus dem Schlaf schrecken. Es kam uns so vor, als landeten die Wasserflugzeuge direkt neben dem Zelt, so laut war es. Bernadette kam vorbei, um uns zum großen „Pancake Breakfast“ mitzunehmen, das die Gemeinde mit Hilfe von Sponsoren anläßlich des „Canada Day“ veranstaltete, des Nationalfeiertags der Kanadier. Die „Trading Post“ war wegen des Feiertags geschlossen, sodaß wir ohnehin nichts einkaufen konnten. Gerne nahmen wir das Angebot an und begleiteten Bernadette und die Mädchen zur „Community Hall“. Sie war brechend voll, scheinbar war das ganze Dorf dort versammelt, Einwohner wie Gäste. Auf mehreren Campingkochern wurden unermüdlich Pfannkuchen gebacken, um den Nachschub zu gewährleisten. Auf den Tischen standen große Flaschen mit Ahornsirup. Immer wieder mußten wir die Geschichte unseres Kanutrips erzählen. Die Meisten bewunderten unsere Ausdauer und gaben freimütig zu, die Bequemlichkeit ihres Wohnmobils vorzuziehen. Jemand gab uns den Tip, duschen könnte man bei Ric Driediger in einer seiner Lodges.

Nachdem wir im Restaurant umsonst zwei nagelneue Fässer für unseren Proviant erhalten hatten, begaben wir uns zu „Horizons Unlimited“. Ric begrüßte uns mit Handschlag und erklärte, er hätte schon von uns gehört. Auch das Bärenabenteuer hatte offensichtlich bereits die Runde gemacht (dabei waren wir noch nicht einmal 24 Stunden hier). Ric und seine Frau sind ebenso begeisterte Paddler wie wir, sodaß wir sofort massenhaft Gesprächsstoff hatten und schnell vom Hundertsten ins Tausendste kamen. Völlig überwältigt waren wir als sich herausstellte, daß die Beiden Bill Mason den kanadischen Kanu Guru Bill Mason persönlich kannten. Ich erwähnte eingangs im Vorwort, daß wir durch Videos von Bill Mason erst so richtig mit dem Kanu Fieber infiziert worden waren. Wir waren betrübt als Ric uns mitteilte, daß Mason vor einigen Jahren gestorben war. Doch bis heute wird er nicht weniger verehrt. Seine außergewöhnliche Sichtweise der Natur und sein Einfühlungsvermögen spiegelt sich in jedem seiner Filme und seiner Bilder wieder. Jedes Jahr werden Symposien zum Andenken an ihn veranstaltet. Leider hatten wir gerade das „Waterwalker Film Festival“ in Memory of Bill Mason verpasst.
Doch zurück zur Realität. Wir fragten Ric, ob er Informationen über den weiteren Verlauf des Churchill in Manitoba hätte. Er erklärte, daß die Kommunikation zwischen den Provinzen sehr mangelhaft sei. Lediglich aus zweiter Hand hatte er gehört, daß in Manitoba am Southern Indian Lake ein Damm gebaut worden war. Der See war geflutet worden, sodaß die Gegend weithin unter Wasser stand und nur die Baumwipfel herausschauten. Auf viele Kilometer war es unmöglich an Land zu gehen, geschweige denn zu campen. Im weiteren Verlauf wurde der Wasserstand dagegen so flach, daß sogar Paddeln stellenweise schwierig war.

Ric war nicht erstaunt darüber, daß wir vom Touristenbüro „Travel Manitoba“ keine näheren Informationen erhalten hatten. Durch den Dammbau wurde viel Natur zerstört, die in dem Gebiet lebenden Indianer sind gezwungen wegzuziehen. Solche Nachrichten behält man lieber für sich und gibt sie nicht an Touristen weiter.
Im Übrigen riet Ric uns davon ab, bis nach Churchill Town zu paddeln. Abgesehen von verwüsteter Natur durch den Dammbau wird die Landschaft immer flacher und sumpfiger. Der breiter werdende Fluß und die karge Vegetation bieten dem Auge kaum noch Abwechslung. Ab Mitte September muß man außerdem mit Schneefall rechnen und eisige Winde fegen von der Hudson Bay herunter.
Ric schlug stattdessen vor, andere, kleinere Fluß- und Seensysteme in der Umgebung zu erkunden, um dann später unseren Weg den Churchill hinauf fortzusetzen so weit wir wollten. Vor dem Southern Indian Lake und dem Damm konnten wir die Tour in einem der Orte mit Straßenanbindung beenden.
Wir lernten Kevin kennen, der bei Ric als Guide arbeitet und Unterricht in Paddeltechnik gibt. Während der Sommermonate lebt er in Missinipe in einem ausrangierten, bunt bemalten Bus. Nachdem wir Ric versprochen hatten, seine Empfehlung zu überdenken, lud Kevin uns auf ein Bier und eine Limo ein. Wir saßen vor dem Bus im Schatten, hörten Musik und unterhielten uns über Sinn und Unsinn der Anhäufung materieller Dinge, und über den merkwürdigen Hang der Menschen, immer mehr und Größeres haben zu wollen. Hier schien einem das wirklich völlig abwegig zu sein.
Dann gingen wir mit Kevin zur Hauptstraße, um die Parade zum Canada Day nicht zu verpassen. Die Bewohner der kleinen Ortschaft hatten sich wirklich viel Mühe gegeben, besonders die Kinder, die in allen möglichen Verkleidungen und auf allen nur denkbaren Vehikeln die Parade gestalteten. Ric fuhr ebenfalls im Konvoi mit. Er hatte seinen Van mit einem riesigen, ausgestopften Hirschkopf geschmückt.
Kevin stellte uns Hank und Audrey vor, die ihren Urlaub häufig in Missinipe und Umgebung verbrachten und hier schon fast zur

Familie gehörten. Die beiden waren in einem Pick up mit Campinganhänger unterwegs, das Dach des Pick up trug zwei Kanus. Gegen abend luden Hank und Audrey uns in ihr Wohnmobil auf ein Bier und ein Glas Wein ein. Wir erfuhren, daß sie bei Kevin Paddelunterricht genommen hatten und demnächst zu einer kleinen Tour aufbrechen wollten. Gegen 22.00 Uhr gingen wir gemeinsam hinunter zum Bootsanleger, um uns das Feuerwerk zur Feier des Tages.

Es ist schwer zu beschreiben, welche Eindrücke wir von hier mitnehmen. Die Menschen sind alle so aufgeschlossen und freundlich, man fühlt sich sofort aufgenommen. Wie in anderen kleinen Ortschaften, in Kanada, Europa und überall auf der Welt, kennt hier jeder jeden und sorgt sich um den anderen. Es sind die anderen Lebensumstände, die es so besonders machen. Die Arbeit hier ist ein Saisongeschäft, auf die wenigen Sommermonate beschränkt. Ich habe keine Vorstellung, was man während des langen, harten Winters macht, wenn die Natur erstarrt ist und im Schnee versinkt, die Wege abgeschnitten sind und keine Touristen kommen. Kevin zum Beispiel lebt im Winter in Prince Albert und arbeitet dort. Doch einige Bewohner überwintern in Missinipe. Vielleicht sind die Menschen hier, ob weiß oder rot, näher dran an der Natur, mehr im Einklang mit sich selbst und flexibler in der Lebensgestaltung. Vielleicht sind es auch einfach Individualisten und wissen die Möglichkeiten zu schätzen, die das Land ihnen bietet. Sie bevorzugen das einfache Leben und nehmen die harten Seiten gerne in Kauf.

Zum Abschluss des Tages sahen wir uns mit Kevin, Hank und Audrey den Film „Waterwalker“ von Bill Mason an. Während des 90 Minuten langen Videos paddelt Bill Mason durch wilde, urwüchsige Landschaften rund um den Lake Superior, nur begleitet von einem Kameramann. Er versteht es in einmaliger Weise, dem Zuschauer sein Gefühl für die Natur nahezubringen und ist mit seinem Kanu so sehr ein Teil von ihr, daß man am liebsten sofort lospaddeln würde um es selbst zu erleben.

Auch diesmal konnten wir lange nicht einschlafen. Wir hatten so viele Menschen kennengelernt, neue Eindrücke gesammelt, nachgedacht, es war fast zuviel gewesen für einen einzigen Tag.

2. Juli

Nach einer kurzen Nachtruhe scheuchten uns Flugzeuglärm und Automotoren erneut früh aus dem Schlafsack. Da wir immer noch nichts eingekauft hatten, frühstückten wir im Restaurant Toast und Eier „sunny Side up“ mit Schinken. Anschließend schlenderten wir hinüber zu Horizons Unlimited. Ric empfahl uns eine mehrwöchige Tour über die Flüsse und Seen nordöstlich des Otter Lake zu unternehmen. Auf einer großen Wandkarte zeigte er uns die Möglichkeiten, unter anderem einen Rundkurs, der uns wieder nach Missinipe zurückbringen würde. Allerdings mußte man dafür zahlreiche Portagen in Kauf nehmen, denn die Seen sind natürlich nicht alle untereinander verbunden. Noch inspiriert von „Waterwalker“ erschien uns die Tour trotzdem sehr verlockend. Vor allem reizte es uns, ein Gebiet mit kleineren Wassersystemen zu erforschen, wie es der Churchill nicht bieten kann. Begeistert stimmten wir zu und verabschiedeten uns damit endgültig von der Idee, die ganze Strecke bis zur Hudson Bay zu paddeln.

Wir kauften bei Ric Karten der Region in größerem Maßstab. Unsere Karten waren für eine solche Tour fernab jeder Route völlig ungeeignet, da sie bei weitem nicht genügend Einzelheiten zeigen. Unser Mad River Kanu tauschten wir bis zu unserer Rückkehr gegen ein „Prospektor“ Modell, ein Kanu Typ, den wir von zuhause kennen und dessen Fahreigenschaften wir schätzen. Ric hatte die Erlaubnis, als Ersatz unser Boot zu vermieten, wenn er es brauchte.

Bei der „Trading Post“ erstanden wir für über 300 $ Lebensmittel, Kocherbenzin, Angelhaken und Köder, neue Topfreinigungsschwämme und andere Kleinigkeiten. Als wir schwer bepackt Richtung Campingplatz gingen, begegneten uns Hank und Audrey, die gerade im Begriff waren, zu ihrer Kanutour aufzubrechen. Hank lehnte sich aus dem Fenster des Pick up und fragte: need a ride? Gerne nahmen wir das Angebot an und verstauten schnell die Kartons auf der Ladefläche. Audrey rückte ein Stück, um mir Platz zu machen und Micky fuhr auf der Stoßstange mit zum Campingplatz. Die Beiden winkten aus dem

Fenster und Hank ließ zum Abschied die Hupe des Pick up ertönen.
Wie üblich füllten wir Lebensmittel aus sperrigen Verpackungen in Gefrierbeutel um und verstauten sie in den Proviantfässern. Inzwischen waren wir daran gewöhnt, daß jeder der vorbeiging auf einen Plausch stehenblieb und sich nach unserem Trip erkundigte. Anscheinend hatte mittlerweile jeder hier schon von uns gehört. Unter den Wohnmobilcampern und Motorbootfahrern waren wir die Exoten, die ein wenig Abwechslung brachten und Gesprächsstoff boten.
Zu Fuß gingen wir hinüber zu Kevins Wohnbus, um uns zu verabschieden. Kevin würde morgen zu einer 3-Tages Tour mit lernwilligen Kanuten aufbrechen. Bei Rose tranken wir einen dünnen Abschiedskaffee. Dann beluden wir den Prospektor, auf dessen Bordwand zu lesen war „Horizons Unlimited". Genau das war unsere Richtung.
Wir waren begeistert von der Form des Bootes. Die Seitenwände sind oben leicht nach innen gezogen, sodaß man das Paddel nicht so weit ab vom Körper halten muß. Die Sitze sind etwas höher angebracht als beim Mad River und man kann sich beim knien im Kanu bequem dagegenlehnen. Ein wenig Gepäck, das wir im Augenblick nicht unbedingt brauchten, hatten wir bei Ric deponiert. Dafür schleppten wir nun zusätzlich einen großen Karton mit, in dem wir Eier, Kartoffeln, Zwiebeln und frisches Obst transportierten.
Es war bereits später Nachmittag und noch immer sehr warm, ein laues Lüftchen wehte. Wir überquerten den Otter Lake, der uns mit seinem Gewirr von Inseln einen Vorgeschmack auf das gab, was uns erwartete. Ric hatte uns einen Tip für ein Nachtlager gegeben, Paul Island. Mit den neuen Karten war es sehr viel einfacher, die Route zu verfolgen. Nachdem wir Paul Island fast umrundet hatten, entdeckten wir den offensichtlich vielbenutzten Platz.
Da wir nun nicht mehr unter Zeitdruck standen beschlossen wir, mit einem Ruhetag zu beginnen.

EINE TOUR ÜBER DIE SEEN NORDÖSTLICH DES CHURCHILL RIVER

3. Juli

Der heiße, sonnige Tag verging wie im Flug, hauptsächlich mit baden und Wäsche waschen. Das Wasser war inzwischen merklich wärmer geworden. Wenn das Wetter so blieb dauerte es sicher nicht mehr lange, bis man schwimmen konnte. Micky fuhr ein wenig mit dem Boot hinaus um zu angeln, doch die Fische waren bei der Hitze genauso träge wie wir. Gottseidank bot unser Lagerplatz ausreichend Schatten. Bei Gelegenheiten wie dieser machte ich meist Hefebrot auf Vorrat. Wenn wir morgens schnell aufbrechen wollen ist es zu zeitaufwendig, den Teig erst aufgehen zu lassen, dann gibt es Backpulverbrötchen.
Obwohl uns der Abschied von den Freunden in Missinipe schwergefallen war, tat es gut, wieder unterwegs zu sein. Auf der Insel wuchs sogenanntes „Fireweed" (in Deutschland heißt es „Waldweidenröschen", obwohl es nicht die geringste Ähnlichkeit mit einer Rose hat). Die Pflanze wird ca. 1,5 m hoch und hat dunkelgrüne, etwa 10 cm lange, schmale Blätter. Die kleinen, pinkfarbenen Blütchen sind an der Spitze pyramidenförmig in Trauben angeordnet. Schon die Voyageurs hatten es zur Nahrungsergänzung gegessen, um ihren Vitaminbedarf zu decken. In meinem Naturführer wird empfohlen, die Blätter als kohlähnliches Gemüse zu kochen. Ich pflückte zwei Handvoll Blätter, wusch sie und überbrühte sie dann, um Insekten abzutöten, die vielleicht darinsaßen. Gekocht schmeckten sie tatsächlich ein wenig nach Kohl und ein bißchen wie grüne Bohnen. Dazu grillten wir Würstchen und aßen Kartoffeln aus dem Feuer.
Als es zu dämmern begann, setzten wir uns mit dem Kaffee an einen etwa 10 Meter senkrecht abfallenden, felsigen Hang auf der anderen Seite der Insel. Von hier überblickte man eine kleine Bucht, in der Seerosen schwammen. Der Himmel war übersat mit Sternen und Mondlicht spiegelte sich im Wasser

4. Juli

Durch das Insellabyrinth des Otter Lake paddelten wir in Richtung Robertson Falls, ein etwa drei Meter hoher, breiter Wasserfall. Das Wasser strömt über zahlreiche versetzte Stufen. Wäre nicht das Gefälle, könnte man fast mit dem Kanu hinunterfahren. Die gut 70 Meter lange Portage führt durch ein parkähnliches Gelände, das mit dem Auto erreicht werden kann. Häufig wird es von Campern benutzt, die an den Robertson Falls fischen. Auch heute trafen wir welche an, die wir vom Campingplatz in Missinipe bereits kannten. Wenige 100 Meter hinter den Robertson Falls liegt ein Fishing Camp, unmittelbar neben den Twin Falls. Die Portage um die Twin Falls führt direkt durch das Camp und ist am Anfang und am Ende mit Log Ramps ausgestattet. Als wir dort anlegten schwamm das Kanu in einer trüben Brühe, vermutlich verschmutzt durch Abwässer des Camps. Entlang des gut begehbaren Trails fanden wir die ersten reifen Himbeeren und Walderdbeeren, doch wegen der Moskitos und Stechfliegen mochte man sich nicht lange aufhalten. Beim Einsetzen auf der anderen Seite versank ich knietief in schmutziggrauem, übelriechendem Schlamm.

Da man die Twin Falls von der Portage aus nicht sehen kann, machten wir einen Abstecher dorthin. Vorsichtig vertäuten wir das Boot unterhalb des wesentlich kleineren Zwillings. Über glitschige Felsbrocken kletterten wir ein paar Meter hinauf, um einen Blick auf die tosenden Wassermassen zu werfen, die als weißer Gischtvorhang etwa sechs Meter herabstürzen und uns naßspritzten. Am Fuße der Fälle legten wir eine Kaffeepause ein. Einige Angler waren mit Motorbooten unterwegs, vermutlich vom nahen Fishing Camp. Angeblich beißen ja die Fische unterhalb von Stromschnellen besonders gut, und auch Micky versuchte sein Angelglück, jedoch ohne Erfolg.

Durch einen schmalen Durchlaß paddelten wir auf den langgestreckten Mountain Lake hinaus, auf der Suche nach einem Lagerplatz. Doch der See und sämtliche Inseln glichen einem einzigen, überdimensionalen Campingplatz. Jede Insel war bereits mit mindestens einem Zelt belegt, es herrschte reger

Motorbootverkehr. Nie zuvor waren wir auf unserer Reise durch eine so belebte Gegend gekommen. Kein Wunder, daß die Fische nicht beißen, wenn hier derart abgefischt wird.
Durch die Cow Narrows, eine weitere Seeenge, gelangten wir in eine etwas ruhigere Zone. Wir lagerten auf einer kleinen Insel, die nicht besonders schön, aber brauchbar war. Leider wimmelte es von Deerflys, sodaß ich mir schließlich trotz der Hitze lange Hosen und Hemd überziehen mußte. Als wir uns schlafen legten störte uns Motorengeräusch, laut grölende Stimmen, und ab und zu hallten Schüsse durch die Nacht.

5. Juli

Bei strahlendem Sonnenschein und wolkenlosem Himmel paddelten wir auf dem Mountain Lake in nordöstlicher Richtung. Durch ein weiteres Nadelöhr gelangten wir in die Guncoat Bay, ein langes, kanalartiges Gewässer. Hier verließen wir den Lac La Ronge Provincial Park und tauchten in das Gewirr aus kleinen und kleinsten Seen und Flüssen ein.
Eine gute Stunde später legten wir an einem Felsen an, um zum ersten Mal schwimmen zu gehen. Vom Felsen aus konnte man sich direkt ins tiefe Wasser gleiten lassen, oder auch kopfüber hineinspringen. Anschließend setzten wir uns auf die Steine und ließen uns von der Sonne trocknen. Herrlich erfrischt paddelten wir weiter. Ohne gegen Wind und Wellen ankämpfen zu müssen, glitt das Kanu fast mühelos über den ruhigen See.
Gegen abend erkundeten wir eine kuppelförmige Insel mit einer hochgelegenen Lichtung. Wie üblich war bereits eine unordentliche Feuerstelle mit angekohlten Holzresten vorhanden, eine Querstange war zwischen zwei Bäume gebunden. Ein kleines Raubvogelpaar kreiste aufgeregt über dem Lager und stieß hohe Schreie aus. Etwas abseits schlugen wir unser Zelt auf und bauten eine eigene kleine Feuerstelle auf felsigem Grund. Den Pappkarton, der zum Transport von Obst und Gemüse gedient hatte, wurde nun zum Tisch umfunktioniert, indem wir ihn einfach umdrehten. Während Micky gebackenen Camembert briet und Spaghetti kochte, ging ich nochmal

schwimmen. Ich schwimme gerne weit hinaus und beobachte, wie das Ufer immer kleiner wird.
Micky zeichnete auf der neuen Karte unsere Route ein. Wir waren an diesem Tag 18 km gepaddelt, bis jetzt fast rekordverdächtig. Und das ganz auf die gemütliche Tour.

6. Juli

Heiß brannte die Sonne vom Himmel, im Zelt war die Luft zum schneiden dick. Unsere Felsterrasse und die Vorräte lagen in gleißendem Sonnenlicht.
Ich hockte vor dem heißen Feuer, briet Pfannkuchen zum Frühstück, und dabei schwitzte man schon ohne „Heizung" genug. Micky baute inzwischen das Zelt ab und belud das Boot.
Wir paddelten ein paar 100 Meter über den See, um uns auf die Suche nach der ersten Portage zu machen. Für dieses Gebiet hatten wir natürlich keine Beschreibung über Lage, Zustand und Länge der Portagen. Auf der Karte war lediglich ein Strich eingezeichnet, der zwei Seen miteinander verband. Alles weitere mußten wir selbst herausfinden.
Wir stießen auf einen breiten Binsengürtel, der den gesamten Uferstreifen umschloß. Die braunen, abgestorbenen Stengel vom vergangenen Jahr waren inzwischen verschwunden und frischen, kräftigen grünen Binsen gewichen, die unsere Köpfe überragten, wenn wir im Boot saßen. Wir trieben das Kanu hinein, bis wir mittendrin steckenblieben. Schnell zogen wir unsere langen Hosen aus und versanken bis zu den Knien im Morast, als wir ausstiegen. Micky hatte vorsorglich seine Neoprenschuhe angezogen und ich die Sandalen anbehalten, denn die Binsen sind sehr hart und scharfkantig, und in der Brühe konnte man nicht sehen, worauf man trat. Wir zogen und zerrten das Kanu durch das Dickicht, bis wir trockenen, festen Boden betraten. Hier entluden wir das Boot und schleppten das Gepäck durch kniehohes Gras bis zum Waldrand, wo sich vor uns ein Weg öffnete. Das mußte die Portage sein. Meine nackten Beine waren von den messerscharfen Grashalmen völlig zerkratzt, und nun stürzten sich die Stechfliegen auf uns. Es waren so viele, daß wir

schnell lange Hosen und langärmelige Hemden aus den Taschen zogen, dazu trugen wir Handschuhe und stülpten die Moskitokopfnetze über. Wir schätzten die Temperatur auf mindestens 30 Grad im Schatten, genau das richtige Wetter, um in diesem Aufzug eine 1km Portage zu absolvieren. (4 mal gehen mit Gepäck, 3 mal ohne, macht für jeden 7 km.) Ich ging barfuß, da im Sumpf ein Riemen meiner rechten Sandale gerissen war und ich keine Lust hatte, umständlich nach Socken und Schuhen zu kramen. Unsere fliegen- und mückendichte Kleidung war leider wenig atmungsaktiv, sodaß wir darin im eigenen Saft schmorten. Der Schweiß lief uns in Strömen am Körper hinunter während uns die blutgierigen Biester immer zahlreicher umschwärmten. Auf der anderen Seite warfen wir die Ausrüstung ins Boot und flüchteten auf den See hinaus. Wir steuerten die nächstgelegene, winzige Insel an - nicht mehr als ein Felsblock mit zwei Bäumchen darauf - zerrten uns die durchnässten Sachen vom Leib und stürzten uns in den See. Fast erwartete man, zischende Dampfwölkchen aufsteigen zu sehen, als wir abkühlten.

Nicht weit davon hatten wir eine zweite Portage zu bewältigen. Sie war nur etwa 250 Meter lang, doch fast zugewachsen mit dichtem Gesträuch, der Boden war sumpfig und feucht. Zu allem Überfluss mußten auf der Strecke etwa 30 Höhenmeter überwunden werden. Auch hier wimmelte es von Moskitos und Stechfliegen. Geduckt kämpften wir uns im „Anti-Fliegen-Kampfanzug", wie wir ihn jetzt nannten, durch das Dickicht. Je öfter wir den Trail benutzten, desto matschiger wurde er und immer größere Schlammlöcher taten sich auf. Wenigstens kühlte es schön an den Füßen - ich war immer noch barfuß - und die inzwischen bis zu den Knien nasse, schlammverschmierte Hose kümmerte mich längst nicht mehr. Beim letzten Gang zog Micky das Kanu im Laufschritt durch den Matsch, und schnell flohen wir hinaus auf das Wasser um die Blutsauger loszuwerden.

Wir paddelten mehrere Kilometer, bevor wir auf einer flachen, vorgeschobenen Felsnase eine Kaffeepause einlegen konnten. Lagermöglichkeiten schienen auch in dieser Gegend nicht gerade dicht gesät zu sein. Das Festland wies ringsherum schroffe, steile Ufer auf. Endlich legten wir an einer Insel an, die zum Campen geeignet war. Mittlerweile war es ein gewohntes Bild für uns, an den insgesamt so seltenen Lagermöglichkeiten Feuerstellen vorzufinden. Doch leider hatten wir während unserer bisherigen Reise immer wieder erlebt, wie unachtsam die Menschen mit der Natur umgehen, überall Müll liegenlassen, statt den Platz für den nächsten Besucher sauber zu hinterlassen. Auch die Insel war die reinste Müllhalde. In der Feuerstelle lagen Bierdosen und Alufolie, Plastikabfälle waren überall verstreut. Unter zwei großen Sperrholzplatten hatten sich Ameisen eingenistet, sodaß wir sie ließen wo sie waren. Nach dem Essen gingen wir nochmal schwimmen. Der Wasserzugang war flach und möglicherweise lagen Glasscherben oder anderer Unrat im Wasser, sodaß wir nicht ohne Neoprenschuhe hineingingen. Erst bei Sonnenuntergang verzogen sich die letzten Stechfliegen, wurden aber sogleich von den Moskitos abgelöst. Es waren so viele, daß man es außerhalb des Zeltes nicht aushalten konnte und es wenn möglich vermied, nachts zum pinkeln nach draußen zu gehen.

7. Juli

Schon der Morgen war heiß und schwül. Kurz nach 10 Uhr waren wir wieder auf dem Wasser, auf der Suche nach der Mündung eines kleinen Creeks, den wir stromauf paddeln wollten. Sollte er zugewachsen oder nicht zu finden sein, standen alternativ zwei weitere, lange Portagen auf dem Programm. Doch bald entdeckten wir das schmale Flüßchen, das sich träge durch ein Binsendickicht wand, auf der Oberfläche schwammen Seerosen. Zunächst war die Wassertiefe noch ausreichend zum Paddeln, bis wir auf einen Biberdamm stießen, der den gesamten Creek staute. Der Damm war nicht besonders hoch. Nachdem wir ihn an einer Stelle etwas „umgestaltet“ hatten, konnten wir das beladene Boot darüberziehen. Kurz darauf wurde das sandige Bachbett zu flach, um weiter zu paddeln. Im Wasser watend zogen wir das Kanu gegen die schwachen Strömung. Die Binsen und Seerosen wurden nach und nach von Felsen und

Nadelwald abgelöst, das Flußbett wurde steinig. Fast sah es jetzt aus wie ein Bach in einer Gebirgslandschaft. Ausgerechnet hier streikte unser Fotoapparat. Weder wollte er den Film transportieren, noch zurückspulen. Im Wasser stehend, die Arme in einem Schlafsack als Dunkelkammer versuchte Micky, wenigstens einen Teil der Bilder zu retten, doch leider vergeblich. Viele schöne Aufnahmen waren verloren, und schnell wurde uns klar, daß auch die Fotos hinüber waren, die wir nach dem Bärenüberfall gemacht hatten. Wütend riß Micky den Film aus der Kamera, zerknüllte ihn und stopfte ihn in den Müll.

Beide hatten wir die Hosen bis zum Knie aufgekrempelt und wateten im Flußbett, zogen und schoben dabei das Kanu. Wurde das Wasser tiefer, paddelten wir ein Stück. Schließlich war der Bach so schmal geworden, daß sich das 5 Meter lange Kanu hoffnungslos zwischen Felsbrocken verkeilte und nicht mehr um die engen Kurven zu bewegen war. Wir entluden einen Teil des Gepäcks, sodaß wir das Boot ein Stück tragen konnten. Plötzlich wurde das Flußbett wieder so tief, daß ich bis zum Hintern im Wasser stand. Ein weiterer Biberdamm bildete eine Staumauer, der Wasserspiegel des dahinterliegenden Sees lag deutlich höher. Diesmal zerrten wir das fast leere Kanu über den Damm und holten dann unser restliches Gepäck. Nach der Anstrengung legten wir auf einer winzigen Insel eine Kaffeepause ein. Ihre Vegetation wirkte wie von Menschenhand angelegt, ringsum wilde Rosenbüsche, in der Mitte einige kleine Bäumchen, davor zwei Sitzplätze. Fehlte nur noch die Sitzbank.

Durch eine Enge im See gelangten wir in den Kemp Lake, der eine bizarre Mondlandschaft bot. Das gesamte linke Seeufer war total abgebrannt, nur tote, schwarze Baumstümpfe ragten in den Himmel. Kein bißchen Grün hatte sich auf den nackten, felsigen Untergrund verirrt. Das rechte Seeufer war vom Feuer verschont geblieben. Bei den Inseln bot sich das gleiche Bild: auf der linken Seeseite waren sie abgebrannt, auf der rechten grün. Die verbrannte Landschaft wirkte abweisend, sogar etwas unheimlich, kein Vogellaut unterbrach die Stille. Endlich gelangten wir an eine flache Stelle am Ufer, die offensichtlich häufiger als Lagerplatz benutzt wurde. Dahinter stieg ein Hügel

etwa 50 Meter steil an. Eine Feuerstelle war direkt über Baumwurzeln errichtet worden, einige Konservendosen lagen herum. Dafür gab es eine ideale Badestelle, die ich sofort nutzte, um ein paar Runden zu schwimmen.

In der Ferne donnerte es und Wolken zogen auf, frische Windböen nahmen der Luft die Schwüle. Doch es regnete nicht und der Abend blieb angenehm warm. Merkwürdig war nur die Stille ringsum, und es fehlten die sonst unvermeidlichen Fliegen. In der Ferne stieß ein Loon sein hohes irrlichterndes Kichern aus. Als wir in den Schlafsäcken lagen hörten wir plötzlich die Töpfe klappern, die ich auf einem Felsblock aufgestapelt hatte. Sofort waren wir alarmiert, das Bärenerlebnis steckte uns doch noch in den Knochen. Es klapperte erneut. Micky zog sich an, entschlossen diesmal den Proviant zu verteidigen, gegen wen auch immer. Als er das Außenzelt öffnete war nichts zu sehen, lediglich ein kleiner Schatten huschte vorbei. Wahrscheinlich nur eine Maus.

8. Juli

Noch vor dem Frühstück gelang Micky der große Wurf. Ein Monster von einem Hecht, gut einen Meter lang und mehrere Kilo schwer, zog ihn und das leere Kanu mindestens 20 Minuten hinter sich her, bis er müde war und Micky ihn mit einigen gezielten Paddelschlägen auf den Kopf beruhigen konnte. Das Abendbrot war gesichert.

Wir faulenzten, badeten und schwammen im See, der nun wirklich Badetemperatur hatte. Am späten Nachmittag näherten sich fünf Kanus aus der gleichen Richtung aus der wir gestern gekommen waren. Es handelte sich ausgerechnet um eine Gruppe deutscher Jugendlicher mit zwei kanadischen Guides. Offenbar hatten wir ihren anvisierten Lagerplatz belegt, sodaß die Gruppe notgedrungen ihr Camp auf der Landzunge gegenüber aufschlug. Auf dem abgeflachten Gipfel des dort steil aufragenden Felsens bauten sie die Zelte auf. Mit der Ruhe war es jetzt vorbei. Gestern abend war es uns zu still gewesen, heute

wehten ständig deutsche Gesprächsfetzen herüber, Holz wurde gehackt, mit viel Geschrei und Gespritze gebadet.
Nachdem wir einen Teil des Riesenhechts zum Abendbrot verzehrt hatten, setzten wir uns mit dem Kaffee ans Ufer und schauten über den See. Da tauchten sechs weitere Kanus auf, diesmal aus der entgegengesetzten Richtung. Die Boote waren vollbesetzt mit Indianern, die im Zickzackkurs auf uns zu steuerten, ein Paddelschlag rechts, einer links. Das erste Boot hielt bei uns an, der Mann auf dem Vordersitz grüßte kurz und fragte Micky: where is the beach? wo ist der Strand? Wir trauten unseren Ohren nicht, Micky wirkte perplex, doch es gelang ihm zu erklären, daß es hier nirgendwo einen Strand gab. Die Indianer bestanden darauf, daß es einen geben müsse, obwohl wir versicherten, daß wir gestern aus dieser Richtung gekommen waren und keinen gesehen hatten. Unter lautem Geschrei und gelegentlichem „Juchu“ nahmen sie im Zickzack Kurs auf die nächste Insel, um diese zu umrunden, nach wie vor auf der Suche nach dem Strand.
Langsam kamen wir uns vor wie in einem Comic. Fehlte nur noch, daß als nächstes von links Boote auftauchten und jemand wissen wollte, wo hier denn bitteschön die menschenleere kanadische Wildnis sei. Das fragten wir uns langsam auch.

9. Juli

An den Kemp Lake schlossen sich auf unserer Route mehrere kleine Seen an, die nicht miteinander verbunden waren und also portagiert werden mußten. Trotz der Hitze blieb es uns nicht erspart, wieder den Anti-Fliegen-Kampfanzug anzulegen, lange Hose und Hemd, Strümpfe, Schuhe, Handschuhe und Moskitokopfnetz. Die Portagen zwischen den Seen wurden offensichtlich selten benutzt und waren keineswegs in „excellent condition“. Die Erste war etwa einen halben Kilometer lang und bestand aus mehreren Trampelpfaden, die allesamt matschig waren, stellenweise mit feuchtem, vollgesogenem Moos bewachsen. Es wimmelte von Mücken, die jede noch so winzige Stelle nackter Haut mit sicherem Spürsinn entdeckten. Eine schmale Lücke zwischen Handschuh und Hemdsärmel beispielsweise fanden sie im Blindflug.

Auf der Karte waren kurz hinter der Portage zwei Wasserfälle eingezeichnet. In der Hoffnung auf eine kühle Dusche nahmen wir den kleinen Umweg gern in Kauf. Doch wir wurden enttäuscht, die Wasserfälle waren nicht mehr als dünne Rinnsale. Außerdem scheuchten wir Schwärme von Mücken auf, als wir entlang der Fälle ein Stück hochkletterten, sodaß wir schleunigst kehrtmachten und weiterpaddelten.

Während wir uns dem Ende des Sees und damit der zweiten Portage näherten kam Wind auf, der dunkle Gewitterwolken vor sich hertrieb, in der Ferne grollte der Donner. Es war so heiß, daß wir es nie länger als unbedingt nötig in voller Montur aushielten. Selbst die Kopfnetze verursachten einen regelrechten Hitzestau, sodaß wir zumindest diese und die Hemden und Handschuhe sofort wieder auszogen, sobald wir auf dem Wasser waren. Die vor uns liegende Portage war nur etwa 20 Meter lang und wir versuchten, den Fliegen und dem Gewitter zu entkommen indem wir unsere Geschwindigkeit erhöhten, anstatt uns schon wieder umzuziehen. Der kleine See in den wir einsetzten bot ein trostloses Bild, ringsum nur kahle, abgebrannte Hügel.

Kurz bevor wir Portage Nummer drei erreichten, holte uns das Gewitter ein. Als wir anlegten prasselte der Regen mit solcher Heftigkeit los, daß unsere dünnen T-shirts schon durchnäßt waren, ehe wir Regenzeug überziehen konnten. An der Portage lagen drei Boote, zwei Kanus und ein Kajak. Die Besatzung, vier Frauen, ein Mann und ein Hund, war mit leichtem Gepäck unterwegs auf einem einwöchigen Trip über die Seen. Missinipe war das Ziel, und wir gaben bereitwillig Auskunft über den Campingplatz und den Ort. Als der Regen nachließ sprang der Hund in eines der Boote und gab damit das Zeichen zum Aufbruch.

Während wir portagierten hörte es auf zu regnen, doch wir behielten das Regenzeug als Mückenschutz an. Wenigsten die Horse- und Deerflys waren vom Gewitter verscheucht worden. Auf dem ca. 400 Meter langen Trail gerieten wir sofort ins

Schwitzen. Das Ende der Portage bot einen weiteren trostlosen Anblick, auch hier nur verkohlte Baumstümpfe und kahle Hänge. Auf einem großen, quadratischen Felsblock kochten wir Kaffee. Wir waren müde von der ganzen Schlepperei, unter dem Regenzeug fühlten wir uns feucht an vom Schwitzen und die Haare klebten am Kopf vom Regen. Vor uns lagen noch mehrere kleine Seen. Fanden wir nicht bald einen Lagerplatz, mußten wir in kurzer Folge weitere Portagen bewältigen.
Hinter Portage Nummer vier an diesem Tag war zumindest die rechte Uferseite vom Brand verschont geblieben. Auf einem schmalen Felsplateau entdeckte ich einen Lagerplatz, der gerade genug Platz für das Zelt bot, oder vielmehr erahnte ich ihn, denn eigentlich konnte man die Stelle vom Wasser aus überhaupt nicht sehen. Erleichtert schlugen wir ein Lager auf, kochten Abendessen und schafften es sogar noch zu baden, bevor wieder leichter Regen einsetzte.

10. Juli

Frühmorgens lag unser Lager noch im Schatten. Während wir packten, schob sich die Sonne über den Hügel gegenüber und brannte heiß wie eh und je. Beim überqueren des kleinen Sees machte sich Unlust breit. Schon wieder portagieren! Wieder zwang uns die Fliegen- und Mückenpest auf dem Trail in unseren „Saunaanzug“, als ob es nicht ohnehin schon heiß genug gewesen wäre. Mehrere Steine auf dem Weg zeigten deutliche rote Lackspuren und feine korkenzieherartige Löckchen wie sie entstehen, wenn man ein Boot unachtsam darüber zerrt, statt es zu tragen. Wenn sie ihre Boote so portagierten wie sie paddelten, konnte man fast die Indianer im Verdacht haben, denen wir vor zwei Tagen am Kemp Lake begegnet waren, denn sie waren aus dieser Richtung gekommen.
Die Einfahrt in den etwas größeren Settee Lake führte durch eine Art natürliches Tor aus Felsgestein. Auf der Karte waren dort als Sehenswürdigkeit indianische Felszeichnungen eingetragen, die wir uns ansehen wollten. Wir machten das Boot fest und kletterten den Hügel hinauf. Jeden Stein suchten wir ab,

ohne eine einzige Zeichnung zu finden. Enttäuscht und verschwitzt stiegen wir hinunter und suchten uns in der Nähe ein schattiges Plätzchen für eine Kaffeepause und ein erfrischendes Bad. Währenddessen sahen wir zwei rote Kanus in der Einfahrt auftauchen und unterhalb des Felsens festmachen. Gespannt beobachteten wir, wie die Besatzung ebenfalls im Dickicht verschwand, doch auf einen Ausruf oder ein Zeichen des Entdeckens warteten wir vergeblich.

Der Settee Lake brachte wenig Abwechslung. Die Ufervegetation sah meilenweit gleich aus, unterbrochen von gelegentlichen verbrannten Abschnitten. Schön war nur das klare, dunkelgrüne Wasser. Noch mehrere Meter in der Tiefe konnte man jeden Felsen, jede Wasserpflanze erkennen.

Stunde um Stunde paddelten wir, inspizierten mögliche Campsites, ohne einen Platz zum Lagern zu entdecken. Gegen abend legten wir an einer wenige Quadratmeter großen, flachen Uferstelle an. Hier gab es keine Bademöglichkeit, denn der Untergrund bestand aus scharfkantigen Schieferplatten.

Micky verzog sich nach dem Abendbrot gleich ins Zelt und legte sich schlafen. Während mir Wind und Kälte zusetzten machte ihm die gegenwärtige Hitze mehr zu schaffen. Er fühlte sich ausgelaugt und auch ein wenig enttäuscht von der Tour über die Seen. Wir paddelten zwar auf schmalen Gewässern, doch sonst unterschied sich die Gegend nicht sehr von der am Churchill. Der Preis dafür waren viele Portagen und endlose Schlepperei.

11. Juli

Weiter ging es auf dem Settee Lake, dessen klares, grünes Wasser nach wie vor von abgebrannten Hängen umrahmt wurde. Am Ende des Sees führte eine kurze Portage über einen staubtrockenen Hügel in einen weiteren namenlosen See. Die Erde war mit Asche vermischt, die wir beim gehen aufwirbelten, ein paar grüne Halme versuchten verzweifelt, zwischen verkohlten Baumstrunken Fuß zu fassen.

Am gegenüberliegenden Ufer konnten wir zwei rote Farbflecke ausmachen, die beiden Kanus, die wir an der Einfahrt des Settee

Lake bereits gesehen hatten. An der nächsten Portage holten wir sie ein. Seit geraumer Zeit stieg die atompilzähnliche Qualmwolke eines Waldbrands in den Himmel. Die Besatzung der beiden roten Kanus, zwei Frauen und zwei Männer, beratschlagten gerade, ob sie wegen des Brandes lieber umkehren sollten. Die Wolke wirkte hier in der Tat bedrohlich nah und sie wuchs schnell. Die Gruppe schätzte die Entfernung des Feuers auf etwa 4 Km. Micky erkundigte sich, ob denn jemand zur Bestimmung der Lage des Buschbrands eine Kompasspeilung vorgenommen hätte. Der Ältere der beiden Männer erklärte, er sei drüben auf einen kleinen Hügel gestiegen und hätte die Entfernung geschätzt. Der Hügel war ungefähr 3 Meter hoch und wir verließen uns lieber auf eine eigene Einschätzung mit Karte und Kompass. Wir vermuteten die Lage des Feuers bedeutend weiter weg und waren entschlossen, weiterzupaddeln. Während die anderen kehrtmachten, portagierten wir die kurze Strecke in den langgezogenen Hornett Lake. Hier war die Umgebung wieder grün, die Vegetation abwechslungsreich. An seinen schmalsten Stellen wand sich der Hornett Lake wie ein Fluß durch felsiges Gebiet.

Der Waldbrand schien sich zunächst weder zu nähern noch entfernte er sich. Wir vermuteten, daß er tatsächlich noch wesentlich weiter weg war, als wir geschätzt hatten. Doch ganz wohl war uns nicht. Unsere Route beschrieb jetzt einen Bogen nach Nordwesten, genau in Richtung des Feuers.

Gegen abend errichteten wir das Lager auf einer Insel. Sie hatte die Form eines langgezogenen Dreiecks. Die breite Waldseite war mit dicken Moosteppichen bedeckt, umgestürzte Bäume lagen kreuz und quer. Um Platz für das Zelt zu schaffen mußten wir erst ein wenig aufräumen, sprich Unterholz und gefallene Stämme beseitigen. Von hier aus wurde die Insel schmaler und lief in einer kaum zwei Meter breiten Felsnase aus, auf der wir die Feuerstelle errichteten. Treppenartig fielen Felsen zum See hin ab und ergaben einen exzellenten Wasserzugang.

12. Juli

Regentropfen pochten leise auf das Zelt und weckten uns. Nachdem der kurze Schauer abgeklungen war, stand ich auf, machte Feuer und kochte Kaffee. Micky spannte eine Regenplane zwischen die Bäume, damit wir trocken frühstücken konnten, denn es blieb wechselhaft und bewölkt.

Am Ufer gegenüber stand ein Cabin, eine Hütte auf einem gerodeten Areal. Ich war sicher, dort Löwenzahn zu finden und wollte später hinüberpaddeln, um frische Blätter für einen Salat zu sammeln. Längst fanden wir die Behauptung bestätigt, daß Löwenzahn, Brennesseln und andere „Unkräuter“ ausschließlich in der Nähe menschlicher Ansiedlungen wachsen. Ab und an fanden wir die Pflanzen an häufig benutzten Portagen, doch niemals im unendlichen kanadischen Busch.

Diesmal fiel die gute Gelegenheit jedoch im wahrsten Sinn des Wortes ins Wasser, denn am frühen Nachmittag zog mit rasender Geschwindigkeit ein Gewitter auf. Ich war beim Brotbacken und rettete mich und den Teig gerade noch unter die Plane, bevor der Regen losprasselte. Nach wenigen Minuten klärte sich der Himmel für kurze Zeit, die Micky nutzte, um das Wasser aus dem vollgelaufenen Boot zu schöpfen. Doch schnell braute sich ein neues Unwetter zusammen. Fahlgelbe Blitze schossen aus den schwarzen Wolkengebirgen zur Erde, es goß wie aus Eimern.

Zum ersten Mal kochten wir das Abendessen auf dem Kocher unter der Plane. Auch das Brot mußten wir auf diese Weise backen, denn die Feuerstelle stand längst unter Wasser und natürlich gab es nicht ein Fitzelchen trockenes Holz. Obwohl wir Regenzeug angezogen hatten, fühlten wir uns feucht und ungemütlich. Der Platz auf dem wir saßen war leicht abschüssig, und nur die dicken Moospolster hielten den Regen davon ab, in Bächen unter die Regenplane zu laufen.

Stundenlang kauerten wir unter dem etwa fünf Quadratmeter großen Regendach und warteten auf besseres Wetter. Doch es sah mehr nach Weltuntergang als nach Wetteränderung aus. Früh war es dunkel geworden, der Regen rauschte

ununterbrochen, dicht wie ein Vorhang herab und ab und zu erhellten grelle Blitze den Horizont.
Als endlich auch noch die Moskitos unseren Unterschlupf entdeckt hatten, zogen wir uns ins Zelt zurück und krochen in die klammen Schlafsäcke. An einigen Stellen tropfte es durch den Reißverschluss, doch im großen und ganzen hielt das Zelt dicht. Ein Gutes hatte der Regen: der Waldbrand war mit Sicherheit gelöscht.

13. Juli

Am Morgen sah es noch immer trübe aus und der Wind jagte dunkle Wolken über den Himmel. Micky schlug trockene Holzspäne aus der Mitte eines armdicken Astes und entzündete damit ein Feuer. Wir kochten Kaffee und legten frischgesägte Holzkloben zum trocknen neben den Kaffeekessel auf den Rost.
Während Micky Holz sägte, tauchten die beiden roten Kanus auf, die wegen des Feuers umgekehrt waren. Scheinbar hatten sie es sich anders überlegt. Die ältere Frau redete beim Paddeln ununterbrochen auf ihren Mann ein und beschrieb, was offensichtlich war: „Oh, a cabin on the right side“. Und dann, als sie Micky sah: „Oh look, the German cutting wood“. Ihre Stimme hallte noch über den See, als die Gruppe um die nächste Biegung verschwunden war.
Nach dem Frühstück hatten wir alle Hände voll zu tun, um zu trocknen, was nass geworden war. Das Boot mußte leergeschöpft, die Schlafsäcke und das Regenzeug zum trocknen auf die Leine gehängt, das Zelt gelüftet werden.
Da sich inzwischen häufiger blauer Himmel zwischen den Wolken blicken ließ, beschloß ich Wäsche zu waschen. Micky fing innerhalb einer halben Stunde drei Hechte zum Abendbrot. Der Wind trocknete die Wäsche in Rekordzeit. Gegen abend schob er die letzten Wolken wie eine Decke beiseite und die Sonne brach durch. Fröhlich brutzelten wir unseren Fisch und nutzten die letzten Sonnenstrahlen für ein Bad.

14. Juli

Trotz heftiger Sturmböen brachen wir am späten Vormittag bei bedecktem Himmel auf. Kurz darauf bogen wir in die Tasker Bay ein, ein langes, kanalartiges Gewässer, durch das der Wind blies. Bei der Einfahrt in den Calder Lake fanden wir diesmal die in der Karte angegebenen indianischen Felszeichnungen. Die orange Farbe war stark verblasst und wir bedauerten, daß wir die Bedeutung der Darstellungen nicht kannten.

Es war kühl geworden. Ich zog meine Gore Tex Jacke an, bevor wir auf den See hinaus paddelten. Mitten auf dem See fing es plötzlich an zu regnen. Der Sturm trieb uns mit hoher Geschwindigkeit auf das gegenüberliegende Ufer zu, sodaß Micky keine Zeit blieb, Regenzeug anzuziehen. Wir hatten alle Hände voll zu tun, das Kanu in den Wellen auf Kurs zu halten. Micky steuerte in ein Binsenfeld zwischen zwei Inseln, wo wir uns im schaukelnden Boot Gore Tex über die schon durchnässte Kleidung zogen.

Vor uns lagen mehrere kleine Seen, verbunden durch je eine Portage. Kaum ließ der Regen etwas nach, trieb uns der Wind Nieselregen ins Gesicht. Trotz des Wetters wimmelte es von Moskitos, die Trails waren aufgeweicht und schlammig.

Obwohl die Portagen alle relativ kurz waren, kostete es Zeit, das Kanu jedesmal zu ent- bzw. zu beladen. Nachdem wir zum drittenmal umgetragen hatten, begaben wir uns auf Lagerplatzsuche.

Der Wind hatte mittlerweile stürmische Ausmaße angenommen. Rückenwind trieb uns mit unglaublicher Geschwindigkeit auf die Einfahrt in den McLean Lake zu. Wir steuerten die nächstgelegene Insel an und hatten Glück: sie bot mehrere Plätze für ein Zelt. Die schon vorhandene Feuerstelle lag leider auf der Windseite, es war unmöglich, dort ein Feuer anzuzünden. Der Sturm fegte durch die Bäume und riß an den Zeltschnüren. Ich fror, obwohl wir beim Portagieren gerade noch geschwitzt hatten. Micky spannte eine der Planen senkrecht zwischen zwei Bäume, sodaß wir halbwegs windgeschützt sitzen und auf dem Kocher etwas zubereiten konnten. Trotzdem war mir auch nach

dem Essen so kalt, daß ich schnell mitsamt den Klamotten in den Schlafsack kroch, um mich aufzuwärmen. Dort blieb ich auch, als Micky den Kaffee ins Zelt brachte.
In der Nacht beruhigte sich der Sturm. Nach tagelangem, heißem Sommerwetter fiel die Temperatur auf wenige Grad über Null, an dem Wind ausgesetzten Stellen noch darunter.

15. Juli

Der strahlend blaue, wolkenlose Himmel täuschte über die frostige Temperatur und den kalten Wind hinweg. Nur in windgeschützten Ecken wärmte die Sonne schon wieder tüchtig.
Eine weitere Portage sollte uns in den McLennan Lake bringen. An unserer Anlegestelle lagen mehrere Motorboote, im Hintergrund stand eine Hütte. Der Trail wurde offensichtlich vom Besitzer der Hütte häufig genutzt, denn er war breit und komfortabel, und nach der kalten Nacht sogar mücken- und fliegenfrei.
Wir steuerten nun auf den gleichnamigen Ort zu, eine kleine Ansiedlung, bestehend aus ein paar Häusern, einer Tankstelle mit Store und Restaurant. McLennan Lake liegt am Highway 102, der sich, von Missinipe kommend, weiter nach Nordosten erstreckt.
Nach einem Blick auf die Karte glaubte Micky, eine Abkürzung entdeckt zu haben. Statt eine weitere Landzunge zu umfahren, schien es einen schmalen Durchstich zu geben, durch den wir ein großes Stück des Sees abschneiden konnten. Stattdessen fand sich dort die kürzeste Portage, die wir je absolviert hatten: gute 5 Meter über eine winzige Landverbindung. Als wir den Ort erreichten und am Steg festmachten begegnete uns als erstes eine schneeweiße Katze. Sie bewohnt mit mindestens 15 weiteren Katzen das Blockhaus einer resoluten kanadischen Lady, die uns als nächstes begrüßte. Ich schätzte sie auf Ende 50. Auf der Veranda der Blockhütte standen gemütliche Korbsessel, auf denen sich Katzen in allen nur erdenklichen Fellvariationen sonnten. Die Dame des Hauses erzählte, sie hätte die Blockhütte vor 30 Jahren gebaut, als es

hier noch keinen Ort gab. Sie besitzt ein Wasserflugzeug und bestreitet mit Transportflügen ihren Lebensunterhalt. Wir erkundigten uns nach dem Waldbrand, vor dem wir zwei Tage zuvor beinah geflohen wären. Sie berichtete, daß sie mit dem Flugzeug hingeflogen war, weit hinter McLennan Lake, um sich das Ausmaß des Brandes anzusehen. Wie wir vermutet hatten, hatte der ausgiebige Regen das Feuer gelöscht. Zu unserer Überraschung hörten wir, daß es angeblich vor kurzem auch im „Black Forest" in Deutschland einen Waldbrand gegeben haben sollte. Ich entgegnete, wenn es im Schwarzwald auch nur einen einzigen Brand dieser Größe gegeben hätte, wäre er jetzt bereits verschwunden. Schwer, sich das hier vorzustellen.

Über dem Eingang zum Laden und Restaurant hing ein Schild „Bears Camp". Während Ray die Tankstelle betreibt und im Laden verkauft, übernimmt seine Frau Vivian das Kochen und bedient im Restaurant. Es waren einige Trucker da und Vivian hatte alle Hände voll zu tun, genügend Hamburger und Bratkartoffeln zu machen und Kaffee nachzuschenken. Wir bestellten ebenfalls Kaffee und sahen uns in dem kleinen Laden um, in dem es für alle Eventualitäten das Richtige zu kaufen gab, Babyschnuller, Souvenirs, Werkzeug, Hausrat und Lebensmittel. Wir kauften Mehl, Tee und Schokoriegel, die wir sofort heißhungrig verspeisten.

Um 16.30 Uhr brachen wir wieder auf. Die Landschaft wurde nun gleichförmiger, eintöniger, und Lagerplätze gab es auch keine. Stattdessen lauerte noch eine Portage auf uns, mit der wir nicht gerechnet hatten. Die schmale Durchfahrt in den Davis Lake war ausgetrocknet. Im Bachbett lagen Felsbrocken, nur in der Mitte floß ein Rinnsal, das selbst zum Ziehen des Kanus zu flach war. Es blieb uns nichts anderes übrig als das Hindernis zu umgehen und direkt in den Davis Lake einzusetzen.

Bald darauf fand sich endlich ein schmaler Felsstreifen, wo wir anlegen konnten. Wir waren müde, abgekämpft und so hungrig, daß wir beschlossen, zuerst die Feuerstelle einzurichten und zu kochen. Während ich das Essen zubereitete, es gab Spaghetti mit Löwenzahn-Brennessel-Gemüse in Schinken-Käse-Soße, versuchte Micky, das Zelt aufzubauen. Der Platz, den wir dafür vorgesehen hatten war nackter Felsen, und es stellte sich heraus, daß es nicht genügend Bäume gab, um es abzuspannen. Wir befürchteten, daß wir weiterpaddeln mußten, obwohl es langsam dunkel wurde. Schließlich gelang es Micky, das Zelt weiter hinten im Wald zwischen die dichtstehenden Bäume zu quetschen. Es stand schief und hing etwas durch, doch das störte nicht weiter. Während die Moskitos schon an uns knabberten, tranken wir Kaffee und verschanzten uns dann im Zelt.

16. Juli

Nach dem „arktischen Tief" in der Sturmnacht, das man auch in McLennan Lake registriert hatte, erwärmte sich die Luft nur langsam. Wir gönnten uns ein ausgiebiges Frühstück mit frischgebackenen Brötchen und Rührei mit Schinken. Als wir gegen Mittag ablegten war es wärmer geworden. Schnell merkten wir, daß wir heute nicht fit waren und eigentlich keine Lust hatten, zu paddeln. Wieder kamen wir an eine enge Durchfahrt, die nur noch aus einem Bächlein bestand. Wenigstens mußten wir nicht portagieren, sondern konnten das beladene Boot ziehen und schieben. Wieder auf dem breiten See stocherten wir immer lustloser mit den Paddeln im Wasser herum. Nach etwa 3,5 km legten wir an einer Felseninsel an und blieben dort. Die Inseln im Davis Lake waren allesamt sehr steil, jedoch oben abgeflacht und mit Nadelbäumen bewachsen.
Allein die Aussicht auf einen gemütlichen Nachmittag ließ uns schon wieder munterer werden. Wir badeten, obwohl auch das Wasser merklich abgekühlt war. Doch es war herrlich glasklar und in der dunkelgrünen Tiefe unter uns konnten wir den felsigen Grund sehen.

17. Juli

Von Stimmen und lautem Rufen geweckt schreckten wir hoch und fuhren hastig in die Klamotten. Es hörte sich an, als hätten wir Gäste auf der Insel. Zwei Kanus hatten angelegt und die Insel knapp unterhalb unseres Zeltplatzes für eine Pinkelpause genutzt. Als ich aus dem Zelt krabbelte hatten sie bereits wieder abgelegt, dumpf schlugen die Paddel gegen die Bordwand. Das Zelt stand dicht am Wasser, war aber von dort aus nicht zu sehen. Derart aus dem Schlaf gerissen waren wir durcheinander und ärgerten uns über die Störung. Konnten die nicht an der Nachbarinsel vorbeipaddeln und Lärm machen? Einfach zu überlaufen die Gegend!

Zum Frühstück gab es wieder frische Brötchen und anschließend rührte ich einen Kuchenteig an. Diesmal heizte ich nicht so stark ein, sodaß der Kuchen nicht anbrannte. Es mangelte allerdings an Zutaten, z.B. fehlten die getrockneten Aprikosen, die den letzten Kuchen so fruchtig gemacht hatten.

Der Tag war heiß und wir sprangen mehrmals zum Abkühlen in den See. Immer noch gab es kaum Fliegen und nur vereinzelte Moskitos. Kaum wagten wir zu hoffen, daß der starke Temperaturrückgang ihnen allen den Garaus gemacht hatte.

18. Juli

Immer noch auf dem Davis Lake paddelten wir südwärts, vorbei an bizarr geformten Felseninseln und Inselchen. Die kleinsten erinnerten durch ihre Form an Wasserschildkröten. Der Wind spielte uns allerhand Streiche, wehte mal von vorn, mal von hinten, doch wir waren ausgeruht und ließen uns davon nicht beeindrucken. Stellenweise begann es zu regnen, beschränkte sich jedoch auf kurze Schauer.

Im Lauf des Tages absolvierten wir 5(!) Portagen in unterschiedlicher Länge, nachdem wir den Davis Lake verlassen hatten. Die Seen zwischen den Portagen waren so klein, daß wir das Kanu fast mehr über Land als über Wasser bewegten. Nach dem Ruhetag auf der Insel konnte uns heute nichts erschüttern, doch nach der fünften Portage waren die Arme lang geworden und wir ziemlich erschöpft. Die letzte Portage war die längste gewesen, die wir bis jetzt bewältigt hatten. Obwohl in der Karte mit höchstens 600 m eingezeichnet, war sie in Wirklichkeit

annähernd 2 Km lang. Und wie so oft fand sich anschließend nicht der kleinste Lagerplatz.
Wir überquerten den Kliman Lake, der etwas größer ist als die Seen, die wir zuletzt passiert hatten. Am gegenüberliegenden Seeufer stießen wir auf ein verlassenes Camp, das uns als Lagerplatz dienen sollte. Der Bootsanleger lag hoch über dem Wasser, offensichtlich nur für Motorboote gedacht. Der Wind hatte inzwischen zugenommen und es war schwierig, das Gepäck hinaufzuwuchten, denn wir befanden uns im schwankenden Kanu mehr als einen halben Meter unterhalb der Plattform. Zum Schluß holten wir auch das Boot aus dem Wasser, damit es von den Wellen nicht ständig gegen den Bootssteg geworfen wurde.
Während ich Holz sägte, das reichlich herumlag, baute Micky eine Feuerstelle aus Steinen. Ich begann, einen Eintopf zu kochen, als ich plötzlich bemerkte, daß der Wind eine dunkle Wolkenbank zu uns herübertrieb. Man konnte den dichten Regenvorhang erkennen, als es über dem Wasser abregnete. Ich machte Micky auf das Schauspiel aufmerksam. Schnell spannte er eine Regenplane, die bis ans Feuer heranreichte, denn das Unwetter näherte sich mit atemberaubender Geschwindigkeit. Ich zog Regenzeug über und hatte gerade noch Zeit, das frischgeschlagene Holz abzudecken, bevor uns die Wolkenfront erreichte und ein Regenguß über uns niederging. Das Feuer wurde größtenteils vom Topf abgedeckt, nur einige Tropfen zischten in der Glut.
So schnell wie er gekommen war, war der Spuk vorbei. Die Sonne kam hervor uns zauberte rosa Wolkenbilder auf den See.

19. Juli

Kaum hatte ich Feuer gemacht und den Kaffeekessel aufgesetzt, fing es an zu regnen. Zum Glück war die Plane noch aufgespannt, sodaß wir gemütlich unter dem Regendach frühstücken konnten. Als wir die nasse Ausrüstung eingepackt hatten und bereit waren zum Ablegen hörte es auf zu regnen, es wurde sogar richtig warm.

Inseln im Davis Lake

Die einzige Portage am heutigen Tag sollte uns zu einem Creek führen, einem kleinen Fluß, der in den Stauffer Lake mündet. Micky hatte bereits Befürchtungen geäußert über die Befahrbarkeit des Flüßchens. Der extrem niedrige Wasserstand in diesem Sommer hatte schon mehr als eine Durchfahrt unpassierbar gemacht. Ich hoffte, der Fluß würde breit und tief sein, doch Micky unkte den ganzen Morgen: wir ziehen in den Creek (sprich: Krieg). Leider sollte er Recht behalten.

Die mit Mischwald bewachsenen, wunderschönen Ufer des Kliman Lake rückten näher zusammen, als wir uns seinem Ausgang näherten. Wieder passierten wir viele „Schildkröteninseln", einige trugen ein, zwei kleine Bäumchen oder Büsche auf dem Rücken. Dann erreichten wir den creek bzw. das, was von ihm übrig war: ein seichtes Rinnsal zwischen vielen Felsbrocken. Zu unserer Überraschung gab es eine Portage fast parallel zum Flußbett, breit und gut zu begehen. Wegen der Moskitos zogen wir langärmelige Hemden an und die

Kopfnetze über. Am Ende des Trails stießen wir nicht wie erwartet auf den Creek, sondern auf eine grüne Wand aus Binsen und Schilf soweit das Auge reichte. Als wir das Kanu in das Grün stakten, das über unseren Köpfen zusammenschlug, scheuchten wir Wolken von Moskitos auf.
Doch bald lichtete sich das Binsendickicht und kurz darauf stießen wir auf das Flüßchen hinaus, das sich in Windungen durch das Schilf zog. Wir folgten einer Ente, die vor uns her flatterte, immer in Sichtweite, so als wollte sie uns den Weg zeigen. Plötzlich erhob sie sich und flog davon, wir waren in einer Sackgasse gelandet. Rechts von uns erstreckte sich ein Binsenfeld bis zum waldbestandenen Ufer, vor uns undurchdringliches Buschwerk. Auf der linken Seite versperrte eine Art natürliche Felskante den Weg und staute den Fluß, es war die einzige Anlegemöglichkeit. Unter uns hörten wir Wasser plätschern. Etwa fünf Meter tiefer lag ein fast trockenes, größeres Flußbett. Beständig rieselte Wasser vom Creek über die Felskante und brach stellenweise durch die Böschung. Auf der Suche nach einer weiteren Portage schlug Micky einen weiten Bogen nach rechts durch den Wald. Ich kletterte hinunter zum Flußbett und gelangte über Steine ans andere Ufer. Beide kehrten wir unverrichteter Dinge zurück und hockten ratlos auf der Felskante. Nicht mal Kaffee konnten wir kochen, denn das Wasser des Creek war eine braune, morastige Brühe. Wir stiegen wieder ins Boot und brachen durch Schilf und Binsen, um das rechte Ufer und den Wald dahinter zu erreichen. Es gelang Micky, trockenen Fußes auszusteigen, doch der Wald war undurchdringlich, kein Weg führte hindurch. Zurück an der Felskante überquerte Micky erneut das tiefer liegende Flußbett und ging am Ufer zurück, in die Richtung aus der wir gekommen waren. Dort stieß er schließlich, ziemlich weit von unserer Anlegestelle entfernt, auf einen gut erkennbaren Trail. Laut Karte mußte er zu einem kleinen See führen, vielleicht war das der Weg, um das trockene Flußbett zu umgehen. Wir paddelten eine Strecke zurück und entdeckten endlich, versteckt hinter Binsen, den Anfang des Trails.

Es war mittlerweile 16.00 Uhr und wir hatten keine Ahnung wohin das Ganze führen mochte, doch hierbleiben konnten wir nicht, und wenn möglich wollten wir den vermaledeiten Creek endlich hinter uns bringen. Die Portage war lang und es wimmelte von Moskitos. Wie erwartet endete sie an einem kleinen, ovalen See. Das Einsetzen war schwierig, denn die letzten Meter des Trails waren schlammig und am Wasser versank man bereits bis zu den Knöcheln im Morast. Wir paddelten das Seeufer entlang, parallel zum Flußbett. Wenn es einen gab, mußte in dieser Richtung der Abfluß liegen.
Am südlichen Ufer öffnete sich eine Wasserader, kaum breiter als das Kanu. Hoffnungsvoll paddelten wir hinein, doch schon nach wenigen Metern blieben wir bei der ersten Biegung stecken. Das Ganze war lediglich ein Streifen Wasser im Sumpf, der nirgendwohin führte. Aussteigen konnte man auch nicht, da um uns kein festes Land, sondern schwimmende Torfinseln waren, die unser Gewicht nicht trugen. Rückwärts stakten wir uns wieder auf den See hinaus. Wir umrundeten ihn und suchten verzweifelt nach einer weiteren Portage oder einem Abfluss, wir konnten uns einfach nicht vorstellen, daß zwei gut begehbare Portagen Trails an diesem kleinen See in einer Sackgasse endeten.
An der Westseite des Sees unternahm Micky eine lange Erkundungstour durch den Wald und stieß dort wieder auf den Creek, eine stinkende, sumpfige Brühe, doch immerhin etwa zwei Meter breit. Inzwischen war es zu dunkel geworden, um noch etwas zu unternehmen. Wir beschlossen, zurück zur Portage zu paddeln und dort ein Nachtlager aufzuschlagen. Vielleicht konnten wir morgen quer durch den Wald zum Creek gelangen. Micky paddelte nochmal auf den See hinaus, um den Wassersack mit einigermaßen klarem Wasser zu füllen. Einen Teil des Gepäcks und das Boot ließen wir am Ufer zurück. Mit dem Notwendigsten bepackt gingen wir ein paar hundert Meter auf dem Trail zurück bis zu einer kleinen Lichtung. Als wir das Zelt aufschlugen stiegen Scharen von Moskitos aus den dicken Moospolstern auf und stürzten sich auf uns. Ich hechtete mit Schlafsäcken und Isomatten ins Zelt und mindestens 50 Mücken schafften es ebenso schnell wie ich. Nachdem ich alle erledigt

hatte, besonders die, die mich schon gestochen hatten, richtete ich die Schlafplätze her. Währenddessen kochte Micky auf dem Kocher Kaffee und eine Tütensuppe, damit wir wenigstens etwas in den Magen bekamen. Um nicht bei lebendigem Leib gefressen zu werden, hatte er sich von Kopf bis Fuß in Gore Tex gehüllt und trug Handschuhe, während die Moskitos die Sicht verdunkelten, so dicht saßen sie auf dem Kopfnetz. Als er mir Kaffe und Suppentopf ins Zelt reichte, nutzten 30 Moskitos die Gelegenheit, um ebenfalls hereinzuhuschen. Nachdem wir auch die erlegt hatten, aßen wir die Suppe aus dem Topf und streckten uns dann völlig erschöpft zum Schlafen aus. Draußen belagerten die Moskitos das Zelt.

20. Juli

Nach dem anstrengenden Tag hatten wir gut geschlafen, obwohl der Untergrund, auf dem das Zelt stand, starkes Gefälle hatte und man ständig ans Fußende rutschte.
Die Moskitos hatten sich in der Morgensonne zum Teil schon zurückgezogen, doch es waren immer noch so viele, daß wir nach einem Becher Kaffee und drei trockenen Brötchen vom Vortag schnell einpackten und zum Kanu hinuntergingen.
Wir paddelten gut 100 Meter am Westufer des Sees entlang, bis wir eine lichte Stelle im Wald entdeckten. Von hier aus unternahm Micky erneut einen Erkundungsgang, bis er auf den Creek stieß. Wir entluden das Boot und zerrten es dann die Uferböschung hinauf, durch den Wald. Normalerweise trug Micky es allein, über Kopf, doch das war hier unmöglich. Die Bäume standen so dicht, daß wir das Kanu seitlich kippen mußten, um zwischen den Stämmen durchzukommen. Wenigstens war der Wald hier einigermaßen frei von Unterholz und Gestrüpp, die meist eine undurchdringliche Barriere bilden. Wie üblich mußte jeder von uns noch drei bis vier Mal mit Gepäck gehen. Über Stock und Stein und viele umgestürzte Bäume gelangten wir schließlich zum Flüßchen.
Bei jedem Paddelschlag hing grüner, stinkender Schleim am Paddel und die braune Brühe war ziemlich flach. Wir mußten nun

etwa auf gleicher Höhe mit dem Ende des kleinen, ovalen Sees sein, denn hier endete der Wald, die Ufer wurden von dichtem Buschwerk gesäumt. Auf dem Fluß wuchsen Seerosen und weitläufige Binsenfelder engten ihn ein. Die dicke Suppe, auf der wir schwammen wurde so flach, daß wir stellenweise staken mußten, nach jeder Biegung erwarteten wir das Ende der Fahrt. Zweimal versperrte uns ein Biberdamm den Weg, jedesmal lag der Bach dahinter einen halben Meter tiefer. Glücklicherweise war der Untergrund relativ fest, sodaß wir auf dem Damm aussteigen und das Boot über die Stufe schieben konnten. Doch schließlich stießen wir wieder auf eine grüne Wand aus Binsen und Gras. Der Spalt im Grün, der die ursprüngliche Durchfahrt ahnen ließ, war schmaler als das Kanu. Erneut stiegen wir aus, tasteten uns mit Hilfe des Paddels Schritt für Schritt auf dem schwankenden, moorigen Boden voran und zerrten gleichzeitig das Boot durch die Binsen. Nachdem wir etwa 100 Meter auf diese Weise zurückgelegt hatten richteten wir uns zum ersten Mal auf, um das grüne, wogende Meer zu überblicken. Ich stieß einen Jubelschrei aus, als wir hinter dem Grün den Stauffer Lake erblickten. Bald wurde der Streifen Wasser breiter, sodaß wir wieder ins Boot steigen konnten, und endlich paddelten wir auf den See hinaus.

Nach einer Zigarettenpause machten wir uns auf die Suche nach einem Platz zum anlegen und ausruhen. Nach knapp 1 km entdeckten wir auf einer kleinen Insel einen häufig benutzten Lagerplatz mit Feuerstelle. Wir kochten Kaffee und studierten die Karte. Am Ende des Stauffer Lake erwartete uns ein weiterer Creek, dessen ersten Abschnitt man mit einer 800 Meter Portage umgehen konnte. Da wir weder Lust hatten, einen neuen Creek auf seine Befahrbarkeit zu testen, noch die Ausrüstung über eine lange Portage zu schleppen, blieben wir wo wir waren. Es war erst Mittag, uns so hatten wir genug Zeit, das Lager aufzuschlagen, das Boot von Insekten, Binsen und Schlamm zu säubern und zu baden. Da die Luft kühl war, empfanden wir das Wasser angenehm warm. Während ich ein paar Runden schwamm, flog ein Buschflugzeug eine Schleife über die Insel. Nachdem wir frische Wäsche angezogen und gegessen hatten, fühlten wir uns erfrischt und wie im Paradies nach all dem Schlamm und der Plackerei.

21. Juli

Früh weckte uns Regengetrommel auf dem Zelt. Nach einem kurzen Schauer packten wir ein und paddelten frohen Mutes den Stauffer Lake hinunter, zum nächsten Creek. Es war keine große Überraschung, daß der Fluß, zumindest im oberen Teil, nicht befahrbar war. Innerlich hatten wir uns schon auf die lange Portage eingestellt. Diese wurde offensichtlich kaum benutzt, der Trail war vielleicht 20 cm breit, führte bergauf und bergab und durch Matsch und Morast im Mittelteil. Da unsere Proviantfässer fast leer und daher leicht waren, mußte jeder „nur“ drei mal gehen. Doch die harten Tage davor steckten uns noch in den Gliedern, bald waren wir erschöpft, nur die Moskitos, die sofort über uns herfielen, trieben uns weiter. Nach unserer Schätzung war die Portage nicht 800 Meter, sondern mindestens 1 km lang und endete am Creek, der hier drei bis vier Meter breit und tief genug zum Paddeln war. Das Wasser war braun und trübe, Seerosen schwammen darauf, und wie gewohnt waren die Ufer von Binsen und hohem Gras gesäumt. Doch schon bald stießen wir auf einen Damm, der das gesamte Wasser staute. Das fast trockene Bachbett dahinter lag etwa 1,5 Meter tiefer, nur ein Rinnsal floß zwischen großen, spitzen Felsbrocken. Wir suchten nach einer Möglichkeit, zu portagieren, gaben es aber bald auf.

Mittlerweile waren wir ziemlich sauer auf Ric, der uns diese Tour eingebrockt hatte. Entweder war er schlecht informiert, oder er hatte ganz einfach den in diesem Sommer extrem niedrigen Wasserstand nicht bedacht. Weil das Flußbett nahezu ausgetrocknet war konnten wir uns allerdings kaum vorstellen, daß der Wasserspiegel in günstigeren Jahren so weit stieg, daß man darauf paddeln konnte. Wir hofften nur, daß Ric außer uns und vielleicht einigen Extremsportlern niemanden hierher schickte.

Es blieb uns nichts anderes übrig, als die Ausrüstung oberhalb des Flußbetts durch den Wald zu „portagieren“. Zwischen den dicht stehenden Bäumen wucherte hier dichtes Gestrüpp und Unterholz, sodaß man nicht so viel auf einmal tragen konnte wie sonst. Ständig verfing sich die Kleidung oder das Gepäck, Zweige peitschten uns ins Gesicht, Äste und Blätter regneten auf uns herab. Nach ca. 200 Metern gelangte man hinunter zum Bachbett und dort über flache Steine ans andere Flußufer, wo man direkt am Wasser entlang über die Uferfelsen klettern konnte. Nach weiteren 200 Metern hörten die Felsen auf, der Creek wurde breiter und floß wieder in weichen Windungen durch Binsendickicht. Das Kanu und die Paddel konnten wir nicht durch den Wald transportieren, dafür war die Vegetation einfach zu dicht. Beim vierten Gang schleiften wir es über die spitzen Felsen im oberen Teil des Flußbetts. Es tat uns leid um die Schrammen und Kratzer, die es dabei abbekam, aber es war die einzige Möglichkeit. Weiter unten, wo man auf Steinen gehen konnte, trug Micky das Boot wie gewohnt über Kopf.

Wie gehabt verdichtete sich das Binsenfeld schon nach wenigen Paddelschlägen, die Durchfahrt wurde schmaler, bis schließlich nur noch staken und schieben half. Als wir auf einen kleinen See hinaus stießen, den oberen Teil des Ducker Lake, dachten wir schon, wir hätten es geschafft. Doch die Freude währte nur kurz. Wieder versperrte uns eine grüne Wand aus Binsen den Weg. Wir folgten einer schmalen Wasserader in das Dickicht hinein, bis wir auf ein Wehr aus Schlamm und Geäst stießen. Das Wasser dahinter lag eine Stufe tiefer. Wir kippelten das Kanu über das Wehr indem wir abwechselnd aus- und über das Gepäck in der Mitte des Bootes wieder einstiegen.

Weiter ging es durch die Binsen. Ein Weg war nicht mehr zu erkennen, doch wie am Tag zuvor waren wir im Kanu aufgestanden und hatten ein paar 100 Meter dahinter den Ducker Lake entdeckt.

Ein neues Schlammwehr versperrte uns den Weg. Diesmal war es schwieriger mit dem Aussteigen, denn viele der Grasinseln in der Nähe versanken sofort im Morast, wenn man darauftrat. Abwechselnd stiegen wir aus, schoben das Kanu ein paar Zentimeter weiter und kletterten über das Gepäck wieder hinein. Als ich mich erhob, um erneut einen Blick auf den See zu erhaschen, packte mich plötzlich die Wut. Der See war zum greifen nah und ich am Ende meiner Geduld. Zornig und frustriert schlug ich wie wild mit dem Paddel auf die Binsen und den Schlamm ein. Seit drei Tagen hatten wir mühevoll ein Hindernis nach dem anderen überwunden, nur um gleich darauf auf ein Neues zu stoßen. Kleidung, Boot und Gepäck waren schlammbeschmiert, wir selbst verschwitzt, hungrig, müde und am Ende unserer Kräfte, die Haare hingen voller Stengel und Blätter, es wimmelte von Insekten, und da saßen wir im stinkenden, ekligen Sumpf fest, nur wenige Meter vom See entfernt. Um jeden Zentimeter mußten wir kämpfen, nichts wurde uns geschenkt! Micky war einigermaßen perplex über meinen plötzlichen Ausbruch und wußte nicht recht, wie er mich daran hindern sollte, einfach auszusteigen und bis zu den Hüften im Matsch zu versinken. Als das Kanu endlich im freien Wasser schwamm heulte ich vor Erleichterung und Erschöpfung.

Wir paddelten hinüber zu den Felsen, die am Ausgang des Ducker Lake den Anfang einer Portage markierten. Dort legten wir eine Kaffeepause ein und aßen ein paar Brötchen, denn es war fast Abend geworden und wir hatten den ganzen Tag fast pausenlos geackert und geschleppt. Nach der Stärkung fühlte ich mich besser und wir absolvierten die letzte Portage des Tages in den French Lake. Der Trail war kurz und breit - ein Klacks für uns nach all der Schufterei.

Das Dunkelgrün der Tannen und das klare Wasser des French Lake wirkten so wohltuend nach dem ganzen Matsch und den Binsen, daß das Paddeln fast schon wieder Spaß machte. Der Wind frischte auf, während wir auf Lagerplatzsuche waren. Die einzige Insel im See war von einer Familie mit mehreren Zelten und Kanus belegt. Wir schlugen unser Lager auf einer hochgelegenen Landzunge gegenüber auf. Obwohl es windig und kühl und die Sonne bereits untergegangen war badeten wir, um den ganzen Dreck und Frust des Tages abzuspülen. Danach wollte mir nicht mehr richtig warm werden. Ich kroch in den Schlafsack, während Micky auf dem Kocher Eintopf zubereitete.

Trotz der Erschöpfung konnten wir lange nicht einschlafen.

22. Juli

Weitere zwei Stunden Paddeln und eine Portage brachte uns vom French Lake in die Grandmother`s Bay, die den Zufluss zum Otter Lake bildet. Am frühen Nachmittag erreichten wir Missinipe und mieteten uns dort erneut auf dem Campingplatz ein. Unsere Seen-Rundtour war beendet.

Wir hatten vor, ein paar Tage auszuspannen, Proviant für die nächsten Wochen einzukaufen, unsere Bekannten aus Missinipe wiederzusehen und dann unseren Trip auf dem Churchill River fortzusetzen.

Wir meldeten uns bei Ric, der erfreut war, uns zu sehen. Als wir unsere Probleme mit den Creeks schilderten entschuldigte er sich und erklärte, er hätte tatsächlich nicht an den niedrigen Wasserstand gedacht. Doch im Nachhinein konnten wir dem Ganzen durchaus eine spaßige Seite abgewinnen und darüber lachen, und außerdem sind wir nicht nachtragend.

Dann stellte sich heraus, daß irgendein Tourist, der bei Ric ein Kanu gemietet und eine Tour unternommen hatte, ihm anschließend eine kleine Handvoll roter Korkenzieherlöckchen aus Lack überreicht und behauptet hatte, sie stammten von dem Prospektor Kanu, das wir für die Dauer der Seentour mit Ric getauscht hatten. Doch der kannte den Lack seiner Boote genau und uns gut genug, um sich deswegen keine grauen Haare wachsen zu lassen.

Ric stellte uns Jochen aus Süddeutschland vor, der an einer geführten Wildwassertour teilnehmen wollte. Wir versicherten ihm, daß er bei Ric genau an der richtigen Adresse war (und wünschten ihm insgeheim mehr Wasser unter den Kiel, als wir es gehabt hatten). Ric lud uns alle ein, gegen abend in seinem Haus Bill Mason Filme anzuschauen. Jochen belegte unterdessen auf dem Campingplatz das Areal gegenüber unserem. Er war in Kanada zu Besuch bei Verwandten und jetzt mit einem geliehenen Auto für kurze Zeit auf eigene Faust unterwegs. Obwohl es von Moskitos wimmelte, saßen wir bis weit nach Mitternacht vor dem Zelt und tauschten Urlaubsgeschichten aus.

23. Juli

Da wir auf dem steinigen Zeltplatz kein Feuer machen konnten um Brot zu backen, gönnten wir uns ein Frühstück im Restaurant von Thompson`s Incorporated. Anschließend wollten wir ins 80km entfernte La Ronge trampen, um einige Lebensmittel zu kaufen, die man in Missinipe nicht bekam, z.B. Tütensuppen und -saucen. Hauptsächlich aber, um im einzigen Liquor Store der gesamten Region ein paar Flaschen Bier und evtl. eine Flasche Rum zu kaufen. (Wie in den Vereinigten Staaten gibt es auch in Kanada alkoholische Getränke, auch Bier, nirgends im Supermarkt zu kaufen, sondern ausschließlich in sogenannten „Liquor Stores")

Wir hatten Glück und wurden sofort mitgenommen, direkt bis nach La Ronge. Mit etwa 3000 Einwohnern ist es schon fast eine kleine Stadt. Es liegt am Lac La Ronge im gleichnamigen Provincial Park. Ursprünglich von Cree Indianern bewohnt, die von der Jagd und vom Fallenstellen lebten, war das Gebiet um La Ronge früher ein Pelzhandelszentrum. 1948 erreichte der Highway den Ort und als man Gold, Kupfer und Nickelvorkommen entdeckte, wuchs er rasch. Heute ist er Ausgangspunkt für die umliegenden Erholungsgebiete im Provincial Park.

Wir flanierten die „Einkaufsstraße" entlang, die außer dem üblichen Supermarkt nicht viel mehr bot als ein, zwei Bars, eine Bank und die Post. Im Liquor Store erstanden wir für viel Geld einen 6er-Pack Bier und eine 1,5 Literflasche Bacardi aus Plastik. Es war traurig mitanzusehen, wie die Alkoholiker der Stadt, ausnahmslos Indianer, an der Kasse vor uns ihren Sprit kauften. Vielleicht war es doch besser, den Liquor Store nicht in unmittelbarer Nähe zu haben. In Missinipe und den anderen kleinen Ortschaften, die wir passiert hatten, konnte man Alkohol lediglich zu horrenden Preisen auf dem Schwarzmarkt bekommen.

Nachdem wir beim Postamt Briefe abgegeben hatten, marschierten wir mit unseren Einkaufstüten den langen Weg zurück, bis zur Abzweigung nach Missinipe am Ortsausgang.

Diesmal warteten wir fast eine Stunde bis ein Van anhielt. Die drei Indianer, die uns hereinwinkten wollten nur zum nahegelegenen Flughafen und setzten uns nach 1km Fahrt an einer, wie sie meinten, günstigeren Stelle ab. Tatsächlich hielt wenig später ein PKW mit zwei jungen Frauen, die uns mitnahmen bis zur Abzweigung nach Stanley Mission. Dort wurden wir Sekunden später von einem Pick up aufgelesen, auf dessen Ladefläche wir den Rest der Strecke zurücklegten. Der Fahrer befürchtete, wir könnten zu viel Staub schlucken, doch wir versicherten ihm, daß die Staubfahne erst hinter dem Wagen zusammenschlug. Einigermaßen staubfrei erreichten wir wohlbehalten den Campingplatz in Missinipe. Ich ging zu Ric, um in einer seiner Lodges zu duschen. Anschließend grillten wir uns ein paar leckere Steaks auf dem alten eisernen Grill, der an jedem Zeltplatz angekettet ist. Schon am frühen Abend wimmelte es von Moskitos. Die blutgierigen Biester stachen durch alle Klamotten und scheinbar störte es sie auch nicht, daß wir uns mit Autan eingerieben hatten. In ihrer Gier setzten sich einige sogar auf die heißen Grillkartoffeln auf unseren Tellern und stachen immer wieder wie wild mit dem Rüssel hinein. Später saßen wir mit Jochen auf dem Bootssteg und boten den Moskitos ein gefundenes Fressen. Man mußte aufpassen, daß sie einem beim Sprechen nicht in den Mund flogen. Im Nachhinein frage ich mich, wie wir das aushielten.

24. Juli

Mit dem restlichen Holz vom Vortag versuchten wir, auf dem Grill Pfannkuchen zum Frühstück zu backen. Es war mühsam. Entweder war der Grillrost zu hoch über dem Feuer, sodaß nicht genug Hitze ankam, oder die hochschlagenden Flammen verbrannten den Kuchen, wenn wir zu stark einheizten. Wir fanden hier alles viel zu umständlich und es war an der Zeit, wieder in die Wildnis aufzubrechen.
Nachdem wir uns in der Trading Post mit Proviant für die nächsten Wochen eingedeckt hatten, verabschiedeten wir uns. Der Kartontisch hatte uns gute Dienste geleistet, doch war er

inzwischen so oft durchweicht worden, daß er für eine weitere Etappe nicht mehr taugte. Stattdessen erstanden wir im Laden einen hohen, rechteckigen Plastikkorb, der uns von jetzt an als Tisch dienen sollte. Bei Rose im Eisladen tranken wir einen letzten Kaffee, bevor wir endgültig starteten. Für den Anfang wollten wir lediglich das etwa zwei Paddelstunden entfernte Paul Island erreichen, das wir bereits kannten. Als wir ankamen war unser Lagerplatz dort belegt, doch wir fanden nicht weit entfernt einen anderen.
In der Nacht gingen schwere Gewitter nieder, Blitze erhellten das Zelt. Die 1000 Moskitostiche vom Vorabend juckten ununterbrochen und ließen mich keine Ruhe finden.

VON MISSINIPE NACH STANLEY MISSION

25. Juli

Am Morgen ertönte im Wald hinter dem Zelt ein verräterisches Glucksen, Rascheln und Scharren. Micky wurde sofort hellhörig, packte seinen Bogen aus und schlug sich vorsichtig, leise in die Büsche. Er stieß auf ein Grüppchen Waldhühner, bestehend aus einer Henne mit zwei Jungen. Um das Muttertier zu schonen, legte Micky auf eines der kleinen Hühner an und erlegte es durch einen Kopfschuß. Das Hühnchen landete vorerst in einer Plastiktüte und wurde mit dem Gepäck im Kanu verstaut.

Die ersten Kilometer bis zum Mountain Lake hatten wir zu Beginn der Seen Tour bereits einmal zurückgelegt. Dort würden wir die bekannte Route verlassen und nach Süden abbiegen, zurück zum Churchill River. Bis nach Stanley Mission, unserer nächsten Etappe, war es nicht weit. Wir rechneten damit, es vor Ablauf einer Woche zu erreichen.

Wir verließen den Otter Lake und paddelten Richtung Robertson- und Twin Falls, die wir ja schon kannten. Es war ein drückend heißer Tag und wir sehnten uns nach einem kühlen Bad, doch angesichts der beiden Portagen um die Fälle verschoben wir es auf später.

Nach der kurzen Portage an den Robertson Falls legten wir eine Kaffeepause ein. Kaum hatten wir den Kessel auf dem Feuer, schob sich eine dunkle Wolke vor die Sonne und regnete direkt über uns ab. Die einzelne Wolke war nur ein Vorbote, dumpfes Grollen und eine schnell ziehende schwarze Wolkenfront kündigten ein Gewitter an.

Wie bereits beschrieben ist die Portage um die Twin Falls nur wenige 100 Meter entfernt und führt durch ein Fishing Camp. Wir beeilten uns in der Hoffnung, noch vor dem Gewitter umtragen zu können. Beim zweiten Gang prasselte der Regen los. Unser Regenzeug befand sich irgendwo an verschiedenen Enden des Trails, regensicher verpackt. Als wir einsetzen wollten, durchnässte uns ein sintflutartiger Guss bis auf die Haut. Trotz des Regens paddelten wir über den See, Wind kam auf und ich fror erbärmlich in den nassen Klamotten. Auf einer nahegelegenen Insel entdeckten wir ein verlassenes Camp mit der üblichen Feuerstelle. Das verrostete und verrußte Gitterbord aus einem Kühlschrank lag als Grillrost auf angekohltem Holz. An einem Baum war ein zweibeiniger Tisch befestigt und verschiedene Küchenutensilien hingen an in den Stamm eingeschlagenen Nägeln. Wir bauten das Zelt auf und ich zog mir endlich trockene Sachen an. Micky befestigte eine Regenplane über dem Zelteingang, eine zweite neben der Feuerstelle. Ich spannte eine Wäscheleine, hängte die nasse Wäsche auf und stapelte das Geschirr auf dem Tisch am Baum.

Als ich zum Wasser hinunterging, um den Wassersack zu füllen, sah ich eine weitere dunkle Wolkenwand mit rasender Geschwindigkeit auf uns zutreiben. Ich füllte den Sack, rannte nach oben, riß die Wäsche von der Leine und stopfte sie ins Zelt. Plötzlich brach ein Sturm von nie erlebter Heftigkeit los. Ich sah die Matten, auf denen wir im Boot knien und die Kartentasche durch die Luft fliegen und jagte hinterher. Eine Sturmbö fuhr unter das umgedreht liegende Kanu, wirbelte es mehrere Meter durch die Luft und ließ es gegen einen Felsen krachen. Micky rannte zum Wasser, um das Boot zu bergen und festzubinden, als ich bemerkte, daß der Wind die meisten der Metallösen aus der Plane gerissen hatte, an denen sie befestigt war. Ich versuchte, das wild flatternde Segel festzuhalten und die Knoten zu lösen, doch es gelang mir nicht. Micky kam mir zu Hilfe und schnitt die Halteleinen einfach durch. Während wir das davonfliegende Geschirr einfingen und mit dem Wassersack beschwerten, fing es an zu gießen. Ich flüchtete eilig ins Zelt, während Micky die Leinen der zweiten Plane kappte.

Eine halbe Stunde später war der Spuk vorbei. Die Sonne lachte am blauen Himmel als wäre nichts geschehen. Jetzt erst merkten wir, daß wir einen Bärenhunger hatten. Micky löste die winzigen Keulen und die Brustfilets aus dem Huhn. Es war eine kleine, wohlschmeckende Ergänzung zu den letzten Würstchen aus Missinipe, dazu gab es Kartoffeln und Zwiebeln aus dem Feuer.

In der Nacht frischte der Wind erneut auf. Unruhig standen wir mehrmals auf, um zu kontrollieren, ob noch alles an seinem Platz war.

26. Juli

Gegen Morgen hatte der Wind weiter zugelegt. Obwohl die Sonne am wolkenlosen Himmel stand, war es kalt. Micky hatte Mühe, ein Feuer in Gang zu bringen und löschte es nach dem Kaffee gleich wieder, denn der Wind blies die Flammen auseinander und ließ Funken aufstieben. Zu spät hatten wir außerdem bemerkt, daß die alte Feuerstelle über einer Baumwurzel errichtet worden war. Das Feuer fraß sich unterirdisch entlang der Wurzeln weiter und schwelte vor sich hin. Leicht konnte dadurch ein Waldbrand entstehen. Wir aßen ein Riesenmüsli im Zelt, und ich blieb fast den ganzen Vormittag dort, um dem kalten Wind zu entgehen. Ich nutzte die Zeit zum Lesen und Briefeschreiben, doch am frühen Nachmittag hielt ich es drinnen nicht mehr aus. Micky spannte für mich die mehrmals zusammengefaltete Plane senkrecht als Windschutz zwischen zwei nah beieinander stehende Bäume, sodaß ich einigermaßen geschützt sitzen konnte. Obwohl es alles andere als vernünftig war, paddelte er gegen den Wind hinüber zu den Twin Falls, um sich ein wenig Abwechslung zu verschaffen und zu angeln. Es war außerdem eine gute Gelegenheit, noch einmal Fotos von den Twin Falls zu machen, denn auch die waren auf dem verlorenen Film gewesen.

Gegen abend flaute der Wind endlich ab. Ich hatte den ganzen Tag herumgesessen und brauchte dringend Bewegung. Nach dem Abendbrot ging ich im eiskalten Wasser schwimmen.

27 Juli

Wir befanden uns wieder auf dem schmalen, langgestreckten Mountain Lake, an dessen Abfluß Stanley Mission liegt. Der Wind drehte heute dauernd und machte das Paddeln extrem anstrengend. Ständig mußten wir gegensteuern und den Kurs korrigieren, damit das Kanu dorthin fuhr, wo wir hinwollten. Das Wetter war ähnlich launenhaft, Sonne und Regen wechselten einander ab und wir zogen uns ständig an und aus.

Als Stanley Mission in Sicht kam, hatten wir mit starkem Gegenwind zu kämpfen und kamen nur mühsam voran. Wir hatten geplant, vor Stanley Mission zu lagern und am nächsten Tag dort in Ruhe einzukaufen. Doch in der hügeligen Gegend machten ringsum steil abfallende Ufer das Anlegen unmöglich. Nachdem wir sämtliche Möglichkeiten im Umkreis abgesucht hatten, waren die ersten Häuser von Stanley Mission schon zum greifen nahe. Wir passierten ein Cabin, eine Hütte mit vernagelten Türen und Fenstern. Dahinter erstreckte sich ein schmaler, kiesiger Uferstreifen, auf dem ein Indianer saß und an einem Holzpaddel arbeitete. Kurzentschlossen hielten wir auf ihn zu und fragten, ob er glaubte, daß wir die gerodete Fläche bei der Hütte nutzen dürften, um unser Zelt aufzuschlagen. Er versicherte uns, daß niemand hätte etwas dagegen hätte.

Mir gefiel es gut, auf der frisch gemähten Grasfläche zu lagern. Am Haus und am Rand der angelegten Kartoffelbeete wuchsen Löwenzahn und Brennesseln. Überall lag Kinderspielzeug verstreut, eine Wäscheleine war vorhanden und gegenüber der Hütte stand etwas, das in besseren Zeiten wohl ein Sofa gewesen war.

Um keine Spuren zu hinterlassen, benutzten wir als Feuerstelle das Räucherhäuschen, das in einer Ecke des Grundstücks stand. Ich kochte Spaghetti mit Brennesselgemüse, das wirklich fast wie Spinat schmeckt. Micky war unruhig, da er nicht gerne auf fremdem Grund lagert und hielt öfter Ausschau, ob jemand vorbeikam um sich die Eindringlinge anzuschauen.

Abends saßen wir auf dem Sofa, aus dessen Sitzfläche rostige Sprungfedern ragten, tranken Kaffee und Bacardi. Eigentlich wollten wir den Rum für einen Schluck an besonders harten Tagen aufsparen. Es war nicht schwer zu beschließen, daß dieserTag ein harter Tag war!

28. Juli

Nach dem Frühstück paddelten wir hinüber nach Stanley Mission zum Einkaufen. Im Northern Store bekam Micky zwei Stangen filterlose Zigaretten ausgehändigt, die Steve, der Manager vom Northern in Patuanak, vor vielen Wochen für ihn hierher geordert hatte. Wir hatten nicht wirklich daran geglaubt, daß es funktionieren würde und waren sehr erfreut. Bei der Poststelle, die sich ebenfalls im Laden befand, wartete zum ersten Mal Post aus Deutschland auf uns, die postlagernd geschickt worden war. Der Store war gut sortiert, so daß wir alles bekamen was wir brauchten. Diesmal nahmen wir bedeutend mehr Obst, Kartoffeln und Gemüse mit. Die wenigen frischen Sachen, die wir für gewöhnlich mitnahmen, waren meist schon nach einer Woche aufgebraucht und wir mußten zwei bis drei Wochen mit getrockneten Lebensmitteln vorlieb nehmen.

Stanley Mission unterscheidet sich nicht wesentlich von den Ortschaften, durch die wir vorher gekommen waren, ein paar verstreute Häuser an staubigen Straßen. Doch am gegenüberliegenden Flußufer steht einsam die berühmte „Holy Trinity Anglican Church“, das älteste Gebäude Saskatchewans. Sie wurde 1854 von Reverend Robert Hunt erbaut und war Mittelpunkt einer Missionsgemeinde. Später zogen die Indianer in ein neues Reservat auf der anderen Seite des Flusses, das heutige Stanley Mission, obwohl die Kirche weiterhin benutzt wurde. Heute ist sie restauriert, strahlt in reinstem Weiß und wirkt etwas deplaziert, allein auf einer riesigen gemähten Rasenfläche.

Bei starkem Gegenwind und heftigen Kreuzwellen paddelten wir zurück zum Cabin. Wie gewohnt verpackten wir die Lebensmittel in platzsparende Gefrierbeutel und verstauten sie in den Fässern. Unseren Müll und die Umverpackungen brachten wir zurück nach Stanley Mission, bevor wir aufbrachen.

Eine gute Stunde später erreichten wir die Stanley Rapids, die wegen des niedrigen Wasserstands nicht befahrbar waren. Dafür gab es eine excellente Portage, bei der man das Boot über Rollen ziehen konnte. An der Portage herrschte reger Betrieb, mehrere Zelte standen in der Umgebung der Rapids.

Nicht weit davon entfernt passierten wir eine große Insel. Auf der Rückseite legten wir an, um sie zu erkunden. Es gab mehrere schöne Lagermöglichkeiten und zwei Feuerstellen, und wir beschlossen, zu bleiben. Um zu verhindern, daß sich noch jemand auf „unserer“ Insel breitmachte, bauten wir das Zelt so auf, daß man es sehen mußte, wenn man aus der Richtung der Fälle kam. Wir waren gerade fertig, als es wieder mal anfing zu regnen. Langsam ging uns das wechselhafte Wetter auf die Nerven. Seit Tagen lösten sich Sonne, Regen und Wind in rascher Folge ab, nie war man richtig angezogen.
Die Feuerstelle errichteten wir auf der Rückseite der Insel, wo es einige Felskonstellationen gab, die zum Sitzen einluden. Dort spannte Micky eine Regenplane, die wir auch noch brauchten, denn es fing im Laufe des Tages noch mehrmals an zu gießen. Seit einigen Tagen fällt uns auf, daß es wieder wesentlich früher dunkel wird, etwa wie zu Beginn unserer Reise.

VON STANLEY MISSION NACH SANDY BAY

29. Juli

Wir verbrachten einen weiteren Tag auf der Insel, trödelten und faulenzten nach Herzenslust.

Fast um die gesamte Insel herum war das Wasser sehr seicht. Auf der Seite, wo sich die Feuerstelle befand, wuchsen Wasserpflanzen, das flache Wasser war brackig. Lediglich auf der Windseite war es tief genug zum Angeln und zum Schwimmen. Nachdem ich Brot auf Vorrat gebacken hatte, ging ich eine Runde baden, doch lange hielt ich es im kalten Wasser nicht aus. Die Badesaison scheint in diesen Breiten wirklich extrem kurz zu sein. Micky angelte und fing im Lauf der Zeit ein paar kleine Hechte zum Abendbrot.

Während Micky die Fische und Bratkartoffeln zum Abendbrot briet, beobachteten wir zwei Alukanus, die auf unsere Insel zusteuerten. Als sie näher kamen erkannten wir, daß jedes Kanu mit einem älteren Paar besetzt war. Sie hielten so zielstrebig auf das Ufer zu, daß wir annahmen, die Stelle sei ihnen bekannt. Als die beiden Boote herangekommen waren winkten wir und grüßten. Es war so viel Platz vorhanden, daß wir die freundlichen Leute aufforderten, ihr Lager ebenfalls auf der Insel aufzuschlagen, wie sie es vorgehabt hatten. Doch sie zogen es vor, auf der Insel gegenüber zu campen, die nur etwa 20 Meter entfernt war. Wir wurden für später zum Kaffee eingeladen.

Nachdem wir gegessen hatten, kochten wir uns vorab schon einen kräftigen Kaffee, da ich dem dünnen kanadischen nicht viel abgewinnen kann. Währenddessen beobachteten wir, wie die beiden Paare drüben ihr Lager aufbauten, Feuer machten und Essen zubereiteten. Wie es für ältere Leute typisch ist, machten sie fast alles im Stehen, bzw. in vornübergebeugter Haltung, wie sich eben jemand verhält, der Angst hat nicht mehr hochzukommen, wenn er zu tief sitzt, oder dessen Knie nicht mehr ganz fit sind. Es überraschte uns, daß so „alte" Leute eine Kanutour unternehmen, in Deutschland war das unserer Meinung nach undenkbar.

Bald darauf riefen sie herüber, wir könnten jetzt kommen. Mit Tassen bewaffnet paddelten wir zur Nachbarinsel. Wir schüttelten uns die Hände und stellten uns gegenseitig vor. Mein Name gefiel ihnen gut und klang aus ihrem Mund wie der US Staat Utah. Mit Joan und Dick, Mary und Howard verbrachten wir einen netten Abend. Dick sah mit seinem buschigen weißen Bart aus wie ein alter Waldläufer. Er und Joan waren Rentner und unternahmen jedes Jahr mit Howard und Mary eine 7-10 tägige Paddeltour. Howard stand ebenfalls kurz vor der Rente, nur Mary hatte noch ein paar Jahre vor sich. Die beiden Ehepaare leben in North Battleford, Saskatchewan, und sind bereits Großeltern.
Zum „Kaffee" gab es heißes Wasser und löslichen Nescafe'-Vanille, hier „French Vanilla" genannt, der gar nicht schlecht schmeckte. Dazu reichte Joan von Dick selbst hergestelltes Konfekt herum. Die Vier waren weit in der Gegend herumgekommen, hatten gute Tips auf Lager und verfügten über excellentes Kartenmaterial. Ihre diesjährige Paddeltour endete in Stanley Mission. Sie waren so aufgeschlossene, ungezwungene Gesprächspartner und wirkten überhaupt nicht alt, am Ende kam es uns gar nicht mehr erstaunlich vor, ihnen hier begegnet zu sein. Wir waren beeindruckt.
Leider begannen uns die Moskitos bald zu plagen, und als schließlich alle dasaßen und sich kratzten entschied Howard: "I think I`m gonna hit the sack"! Wir wünschten eine gute Nacht, nicht ohne zu versprechen, uns zu verabschieden bevor wir aufbrachen.

30. Juli

Am Morgen war es brütend heiß, die Sonne brannte vom wolkenlosen Himmel. Ich hatte schlechte Laune. Es nervte mich, daß wir das Zelt so weit ab von der Feuerstelle aufgestellt hatten und diese wiederum so weit weg vom einzig guten Wasserzugang lag. Ständig mußte man über die halbe Insel laufen, nur um ein Handtuch aufzuhängen oder eine Tasse auszuspülen. Das Einpacken und Beladen des Bootes würde sicher chaotisch werden, da wir unsere Habseligkeiten

strategisch verteilt hatten und zum Abwaschen mußte ich vermutlich zwei Mal laufen, weil ich nicht alles auf einmal tragen konnte. Als nächstes ärgerte ich mich darüber, daß der Frühstücksplatz und die Feuerstelle in der prallen Sonne lagen. Während Micky im kühlen Schatten der Bäume das Zelt abbaute, hockte ich vor dem Feuer in der Sonne und war nach kurzer Zeit völlig durchgeschwitzt. Als zu guterletzt die Spiegeleier in der Pfanne kleben blieben, war meine Stimmung endgültig auf dem Nullpunkt.
Auf der Nachbarinsel verlief alles entspannt. Howard und Dick angelten Hechte, während Joan und Mary ein Bad nahmen. Sie schwammen zu einem der Insel vorgelagerten großen Felsblock und aalten sich darauf wie die Wassernixen.
Gegen Mittag hatten wir endlich alles verpackt. Wie abgemacht legten wir drüben noch einmal an, um uns zu verabschieden und ein paar Fotos zu machen. Wir wünschten uns gegenseitig eine gute Reise und versprachen, mal zu schreiben, wenn wir wieder zuhause waren.
Nachdem wir eine Strecke gepaddelt waren, verpuffte nach und nach meine miese Laune. Eigentlich war es ein herrlicher Nachmittag, zum erstenmal seit Tagen wolkenlos. Die Gegend war sehr schön, mit viel Mischwald und hellgrünen Binsensäumen an den Ufern. Wasserpflanzen wogten unter uns wie ein Unterwasserwald und streckten ihre Blüten über die Wasseroberfläche, wo sie stellenweise regelrechte Teppiche bildeten. Wir machten eine kurze Pause, legten uns im Kanu auf das Gepäck zurück und die Füße auf den Bootsrand. Ich blickte in den Himmel wo hoch oben im Blau Spinnenfäden und weiße, federartige Samen schwebten.
Wir näherten uns den Nistowiak Falls, die mit etwa 30 Metern zu den Höchsten und wohl auch zu den Schönsten in Saskatchewan gehören. Sie sind nur mit Boot oder Flugzeug von Stanley Mission aus zu erreichen. An den Nistowiak Falls stürzen die Wasser des Nistowiak Lake in den Iskwatikan Lake, der sich südlich des Churchill erstreckt. Unsere Route führte uns am südlichen Ende des Nistowiak Lake entlang, wo sich „Jim`s Fishing Camp“ befindet. Leider sind die Fälle von hier aus nur

durch das Camp zugänglich. Howard und Mary hatten uns erzählt, daß man beim Camp sehr unfreundlich reagiert hatte, als sie die Fälle besichtigen wollten. Als wir anlegten war kein Mensch zu sehen. Micky stieg aus, um sich umzuschauen. Überall hingen Verbotsschilder, „keep off“. Ein großes Schild machte darauf aufmerksam, daß der Besitzer nicht verantwortlich sei für „herumliegende Sachen“. Da wir für den Aufsteig zu den Fällen und den Rückweg mindestens eine Stunde rechnen mußten, wollten wir das Kanu mit der gesamten Ausrüstung nur höchst ungern unbeaufsichtigt „herumliegen lassen“. Wir warteten noch eine Weile, doch als sich niemand blicken ließ, den man hätte fragen können, paddelten wir enttäuscht weiter.
Später, als wir eine Kaffeepause einlegten, war Micky fast so schlecht gelaunt, wie ich es am Morgen gewesen war. Er war unzufrieden, daß wir uns die Nistowiak Falls hatten entgehen lassen und erklärte außerdem, daß ihm das Gefühl, in der Wildnis zu sein abhanden gekommen sei, seit wir uns im Nationalpark La Ronge aufhielten. Tatsächlich begegneten einem täglich Motorboote mit Anglern, passierte man Fishing Camps und zahllose Wasserflugzeuge überflogen die Gegend. Sogar Rentner unternahmen hier eine Kanu Tour. Bevor wir den Nationalpark erreicht hatten, waren manchmal Tage oder Wochen vergangen, ohne daß wir einem einzigen Menschen begegnet waren. Zwischen Ile-a-la-Crosse und Missinipe schien die Bevölkerungsdichte der Bären eindeutig höher als die der Menschen zu sein. Vielleicht war es auch nur eine momentane Stimmung, die sich einstellt, wenn man so lange unterwegs ist. Wir befanden uns bereits an der östlichen Grenze des Nationalparks und würden ihn ohnehin demnächst verlassen.

Wir machten uns wieder auf den Weg und gelangten wenig später an die Potter Rapids. Ein Fishing Camp lag direkt an den Stromschnellen, doch hier schien Durchgangsverkehr erwünscht zu sein. Eine ausgezeichnete, etwa 100 Meter lange Portage über frische Holzplanken führte direkt an den Rapids vorbei. Entladen mußten wir das Kanu aber trotzdem, das vollbeladene Boot mit ca. 180 kg Gewicht konnten wir nur sehr kurze Strecken ziehen.

Fishing Camp an den Potter Rapids

Beim Einsetzen fiel mein Blick auf einen Tisch, der einsam und vergessen unmittelbar am vorbeirauschenden Wasser stand.
Die Portage führte uns in den Drinking Lake, dessen Ufer bis auf zwei Inseln in der Mitte des Sees abgebrannt waren. Hier mußte das Feuer länger zurückliegen, denn zwischen verkohlten, schwarzen Baumstümpfen wuchs schon wieder frisches Grün, eine neue Generation von Birken hatte sich etabliert. Man konnte sich gut vorstellen, wie viele Jahre der Wald nach einem verheerenden Brand zur Regeneration braucht.
An einer der beiden Inseln legten wir an und ich unternahm einen Erkundungsgang. Der vordere Teil bestand aus nacktem, glatt abgeschliffenem Felsen. Zwei Bäume hielten sich windschief mit letzter Wurzelkraft an der dünnen Erdschicht. Dahinter war die Insel bewaldet. Zwischen den Bäumen fand ich eine vollständig erhaltene Schädeldecke mit Geweih, vermutlich von einem White Tail Deer. Micky befestigte sie später als Galionsfigur am Bug des Kanus. Dort fand sie Verwendung für vielseitige andere Zwecke, z.B. als Wäschetrockner und Sockenlüfter.
Gegen abend war Wind aufgekommen und die Moskitos trieben uns früh ins Zelt. Kaum hatten wir uns ausgestreckt, hörten wir das Getrappel kleiner Füße und ein Rascheln aus Richtung der Vorräte. Schnell stellten wir fest, daß wir das Zelt genau über einem Mäusebau errichtet hatten. Ich vernahm leises Quieken unter der Erde, wenn ich das Ohr auf die Schlafmatte legte. Zumindest einer der Ausgänge des Baus lag innerhalb des Außenzeltes, das keinen Boden hat, sodaß sich die Mäuse beim verlassen des Baus nun plötzlich in fremder Umgebung wiederfanden. Mehrmals umkreisten sie das Innenzelt, kletterten sogar daran hoch und ließen sich wie auf einer Rutschbahn wieder hinuntergleiten. In einer Tüte hatten wir Vorräte im Außenzelt stehen, unter anderem Kekse (Schließlich befanden wir uns auf einer bärensicheren Insel). In die Kekstüte wurde ein kreisrundes Loch genagt, gerade groß genug, daß ein Keks durchpasste. Als Micky mit der Taschenlampe leuchtete war plötzlich alles mäuschenstill, kein Schwanz war zu sehen. Micky schenkte den kleinen Räubern den Keks und holte die Tüte dann ins Innenzelt. Während ich einschlief, wachte Micky bis fünf Uhr

morgens und machte sich Sorgen, die Mäuse könnten das Innenzelt benagen, um an die Kekse zu kommen.

31. Juli

Es war heiß, die verbrannten Hügel ringsum wirkten langweilig und öde, das Paddeln fiel uns heute schwer. Doch nach einer engen Durchfahrt war die Landschaft plötzlich wieder grün und wir atmeten auf. Die Island Falls kamen in Sicht, und da auch der Sog bereits zu spüren war, tasteten wir uns am linken Ufer vorsichtig heran. Als wir anlegten bot sich uns ein malerischer Anblick. Normalerweise nehmen die Fälle die ganze Breite des Flusses ein. Durch den niedrigen Wasserstand lagen nun weitläufige Felsareale frei, die normalerweise vom Wasser überspült werden. Zwischen mehreren kleineren Stromschnellen konnte man auf dem glattgeschliffenen Felsboden umhergehen.
Vertiefungen in denen Wasser stand bildeten kleine Tümpel. Wo Sand oder Erde angeweht worden war wuchsen verschiedene Pflanzen und niedrige Büsche, so daß das Ganze eine hübsche Wasserlandschaft bildete. Wir entdeckten mehrere kreisrunde Löcher mit einem Durchmesser von 30 bis 50 cm, tief wie Brunnenschächte, die Meisten mit grünlichem Wasser gefüllt. Ihre Ränder waren so gleichmäßig rundgeschliffen, wie nur die Natur es über die Jahrhunderte fertigbringt.

Die Island Falls, die in den Keg Lake münden, können auch umfahren werden. Links von den Fällen zweigt ein schmaler, natürlicher Kanal ab, der Inman Channel, der ebenfalls in den Keg Lake führt. Am Anfang des Inman Channel stießen wir auf unfahrbare Stromschnellen. Sie waren nicht tief, doch mehrere kurz hintereinanderliegende Stufen machten ein manövrieren unmöglich. An einer schattigen Stelle neben den Rapids kochten wir Kaffee. Dann ließ Micky das Kanu an der Leine die Stromschnellen hinuntergleiten. Steile Felsabbrüche machten die Ufer im ersten Abschnitt des Kanals unzugänglich und schroff. An Ablagerungen konnte man deutlich erkennen, daß der Wasserstand in regenreicheren Jahren 1 bis 1,5 Meter höher lag Dünne Platten des freigelegten Gesteins waren senkrecht statt

waagerecht zusammengeschoben worden und man konnte sich gut vorstellen, wie im Winter das Wasser in den Spalten zu Eis gefriert und das Gestein aufsplittert.
Danach wurden die Ufer flacher, Wasserpflanzen und Seerosen bildeten vielfarbige Blütenteppiche auf dem Wasser und bedeckten weite Flächen. Der Wald wich zurück und machte Schilf, Binsen und hohem Gras Platz. Etwa in der Mitte des Kanals bildete ein kleines Felsmassiv eine natürliche Barriere. Wir hatten gehört, daß irgendwann ein Durchlaß in die Felsen gesprengt worden war, um dem Wasserlauf einen Weg zu bahnen. Tatsächlich verengte sich der Inman Channel hier auf kaum zwei Meter Breite. Das Wasser wurde mit hohem Druck hindurchgepresst und bildete Stromschnellen. Wir legten am Rand des Felsrückens an uns warfen einen Blick auf die Schnellen, bevor wir uns von der reißenden Strömung in sekundenschnelle durchtragen ließen. Kurz hinter den Rapids weitete sich der Kanal und floß in den Keg Lake.
Wie bereits im Inman Channel erwartete uns hier eine Art Moorlandschaft mit lichtem Bewuchs. Es gab fast ausschließlich Laubwald, niedriges Gebüsch, Binsen und Schilf, Seerosen schwammen auf dem Wasser. Doch zum Anlegen oder gar Lagern waren die Ufer mit ihrem schwankenden, morastigen Boden nicht geeignet. Es war Abend geworden als wir auf einer Insel ein unbenutztes Camp entdeckten. Ehe wir dort anlegen konnten, mußten wir uns und das Boot durch ein Binsendickicht zwängen. Eine halbfertige Hütte stand auf einem gerodeten Areal, praktisch nur eine Plattform mit einem Dach auf vier Stützpfeilern. Die Wände waren ringsum knapp einen Meter aus Querbalken hochgezogen. Im Inneren der Hütte hing eine zusammengerollte Matratze unter der Decke, Haushaltsgegenstände lagen verstreut herum.
Es war bereits 21.00 Uhr, als wir unsere Abendmahlzeit beendet hatten. Wegen des „harten“ Tages gönnten wir uns einen Schluck aus der Rumflasche zum Kaffee.

Uferlandschaft am Inman Channel

1. August

Es war ein herrlicher Morgen, der See spiegelglatt, jeder Stein und jede Uferlinie warf exakte Spiegelbilder auf das Wasser. Lautlos durchschnitt das Kanu den See. Jede Wolke am Himmel war darin abgebildet, fast hatte man das Gefühl zu fliegen, statt zu paddeln.
Nach einer guten Stunde erreichten wir die kurze Portage an den Key Falls. Dahinter waren weitere Stromschnellen zu überwinden, bei denen wir keine Möglichkeit hatten, sie vorher zu besichtigen. Wir mußten uns schnell entscheiden und wählten die linke Seite. Die Strömung drückte uns dicht ans Ufer und plötzlich blieb das Boot im flachen Wasser mit heftigem Ruck an einem scharfkantigen Stein hängen. Wir kamen schnell wieder frei, jedoch nicht ohne eine Portion roter Farbe am Stein zu hinterlassen.

Nach weiteren 3 Km näherten wir uns den Grand Rapids. Sie sind knapp 150 Meter breit und etwa genau so lang. In der Mitte liegt ein großer Felsblock, der die Rapids teilt. Wir legten am rechten Ufer an und zwängten uns ein Stück weit durch dichtes Gestrüpp über die Ufersteine, um von dort die sicherste Route durch die Stromschnellen zu bestimmen. Es ist problematisch, sich von der Seite einen ausreichenden Eindruck zu verschaffen, besonders wenn die Rapids so ausladend sind. Meist sieht das Ganze dann völlig anders aus, wenn man in die Stromschnellen einfährt. Am besten wäre es tatsächlich, man könnte sie von oben betrachten.
Für die Einfahrt in die Schnellen hatten wir uns einen großen Stein gemerkt. Von dort wollten wir ein kurzes Stück mit der Strömung paddeln und das Kanu dann in ein ruhiges Kehrwasser drehen. Doch als wir dann die ganze Breite der Rapids vor uns hatten, sahen wir plötzlich den Stein nicht mehr. Wir hatten nicht weit genug ausgeholt und trieben direkt auf eine Felsstufe zu. Mit aller Kraft paddelten wir rückwärts und es gelang uns, das Boot anzuhalten und mehrere Meter zurückzusetzen. Schnell orientierten wir uns neu, erkannten den Stein und diesmal glückte die Einfahrt. Die Strömung war wesentlich stärker als wir angenommen hatten. Es gelang uns nicht, das Kanu schnell genug aus dem Hauptstrom in ruhigeres Wasser zu manövrieren, doch irgendwie rutschten wir Stufen hinab und umschifften Hindernisse, ohne daß das Boot einen Kratzer abbekam. Schon schwammen wir im auslaufenden Strom und legten vor der nächsten Portage an, die nach den Grand Rapids die Grand Falls umgeht.

Wir hatten nun endgültig die letzten Ausläufer des Lac La Ronge Provincial Park verlassen. Zum ersten Mal seit Wochen waren wir keinem Menschen begegnet. Auch die über 600 Meter lange Portage um die Grand Falls war offensichtlich wenig benutzt. Der Trail war teilweise überwuchert, kaum mehr als ein Trampelpfad, umgestürzte Bäume versperrten den Weg.
Ein paar Meter unterhalb der Fälle suchten wir uns einen Felsen, um eine Kaffeepause einzulegen. Dann passierten wir eine schmale Durchfahrt und paddelten auf den riesigen Trade Lake

Lager am Trade Lake

hinaus, dessen Wasserfläche sich bis zum Horizont erstreckte. Im spiegelglatten See lag linker Hand eine Inselkette, die sich in der Ferne im Dunst verlor. Auf eine der Inseln steuerten wir zu, da sie sehr interessant aussah. In der Mitte eines riesigen Steinkreises wuchs kein einziger Baum, nur dichtes Gebüsch bedeckte das Innere der Insel. Auf der Rückseite entdeckten wir einen winzigen Sandstrand und den Übergang zu einer Nachbarinsel. Beide lagen vermutlich bei höherem Wasserstand unter Wasser. Auf dem Sand schlugen wir unser Lager auf.

2. August

Ein heißer, wolkenloser Tag war angebrochen. Beim Frühstück hörten wir Fußgetrappel und ein Rascheln hinter uns im Gebüsch. Mehrere braune, stromlinienförmige Körper brachen durch das Unterholz, flitzten ganz in der Nähe an uns vorbei über die Landbrücke zur Nachbarinsel. Micky folgte ihnen langsam mit

dem Fotoapparat und beobachtete die marderähnlichen Tiere, die ich für Nerze hielt.
Während ich im Schatten saß überfiel mich eine kleine Heimwehattacke. Wir waren jetzt fast drei Monate unterwegs und ich dachte ab und zu an zuhause. Ich wollte Micky nicht damit belasten, vermutete aber, daß es mir besser ging, wenn ich darüber sprach. Als Micky von der „Fotosafari“ zurückkehrte, rückte ich mit der Sprache heraus. Er hatte Verständnis und bot an, daß wir die Tour verkürzen könnten. So einfach aufgeben wollte ich auf keinen Fall, doch der Gedanke war tröstlich, daß wir es könnten, wenn wir wollten.

Später paddelten wir zu einer nahegelegenen Insel, auf der Suche nach einer besseren Bademöglichkeit als der Steinkreis um unsere Insel sie bot. In einer geschützten Bucht legten wir an einer Felsterrasse an, von der aus man direkt ins tiefe Wasser springen konnte. Ich schwamm weit hinaus und ließ mich anschließend von der Sonne trocknen, während Micky in der Nähe angelte. Eine Otterfamilie tauchte hinter uns aus dem Ufergebüsch auf und tappte im Gänsemarsch zum Wasser. Voran das Männchen, das sehr groß war und auf dem Rücken ein dunkleres Fell hatte, dahinter Mutter und Kind. In aller Ruhe stiegen sie ins Wasser, tauchten ab, und flupp, flupp, flupp erschienen drei Köpfe auf der Oberfläche. Die drei beäugten uns aus der Sicherheit ihres Elements und gaben keifende, fauchende Laute von sich. Dann tauchten sie ab und waren verschwunden.

Wind kam auf, es wurde kühl und wir paddelten zurück. In einiger Entfernung zog eine Gewitterfront vorbei.
Beim Abendessen stocherte eine Schar kleiner Stelzvögel mit langem Schnabel im Uferschlamm nach Futter. Federwolken standen am feuerfarbenen Himmel.

3. August

Ein weiterer heißer, fast wolkenloser Tag bot ideale Bedingungen zum Überqueren eines großen Sees. Bereits am frühen Nachmittag näherten wir uns dem Ende des Trade Lake, als uns eine Gewitterfront einholte, die uns seit geraumer Zeit verfolgt hatte. Micky schlug vor, die nächste Insel anzusteuern und das Gewitter dort abzuwarten. Wenige Meter vom Ufer der Insel entfernt erfasste uns die erste Sturmbö. Sie kam so plötzlich, daß das Kanu quer schlug, noch ehe wir an ein Anlegemanöver denken konnten. Da ich barfuß war stieg ich schnell ins Wasser und zog das Boot an Land. Wir hatten gerade noch Zeit, Regenzeug überzuziehen, als auch schon der Regenguß niederging, das Wasser kochte, hohe Wellen mit weißen Schaumkronen peitschten den Strand. Wenige Minuten später kam die Sonne hervor und im Nu war alles wieder trocken. Wir kochten Kaffee und machten uns dann auf die Suche nach einer Lagermöglichkeit. Die Gegend war übersät mit Felseninseln in allen Größen, eine schöner als die andere. Zum ersten Mal hatten wir die Qual der Wahl was den Lagerplatz angeht. Die meisten Inseln waren nur in der Mitte bewachsen und ringsherum von Felsterrassen eingefasst. Wir machten mehrere Erkundungsgänge bevor wir uns für eine Insel entschieden.
Während wir das Zelt aufbauten zogen wieder dunkle Wolken auf, diesmal von zwei Seiten. Die beiden Wolkenbänke trieben von Osten und Westen schnell aufeinander zu, nur direkt über uns schien die Sonne noch durch ein Wolkenloch. Von Osten her wurde es schwarz, Blitze zuckten, Donner grollte. Dann fielen graue Regenschleier vom Himmel. Wir unterbrachen unsere Arbeit und beobachteten fasziniert das Schauspiel. Während die Ostfront weiterzog näherten sich nun auch schwarze

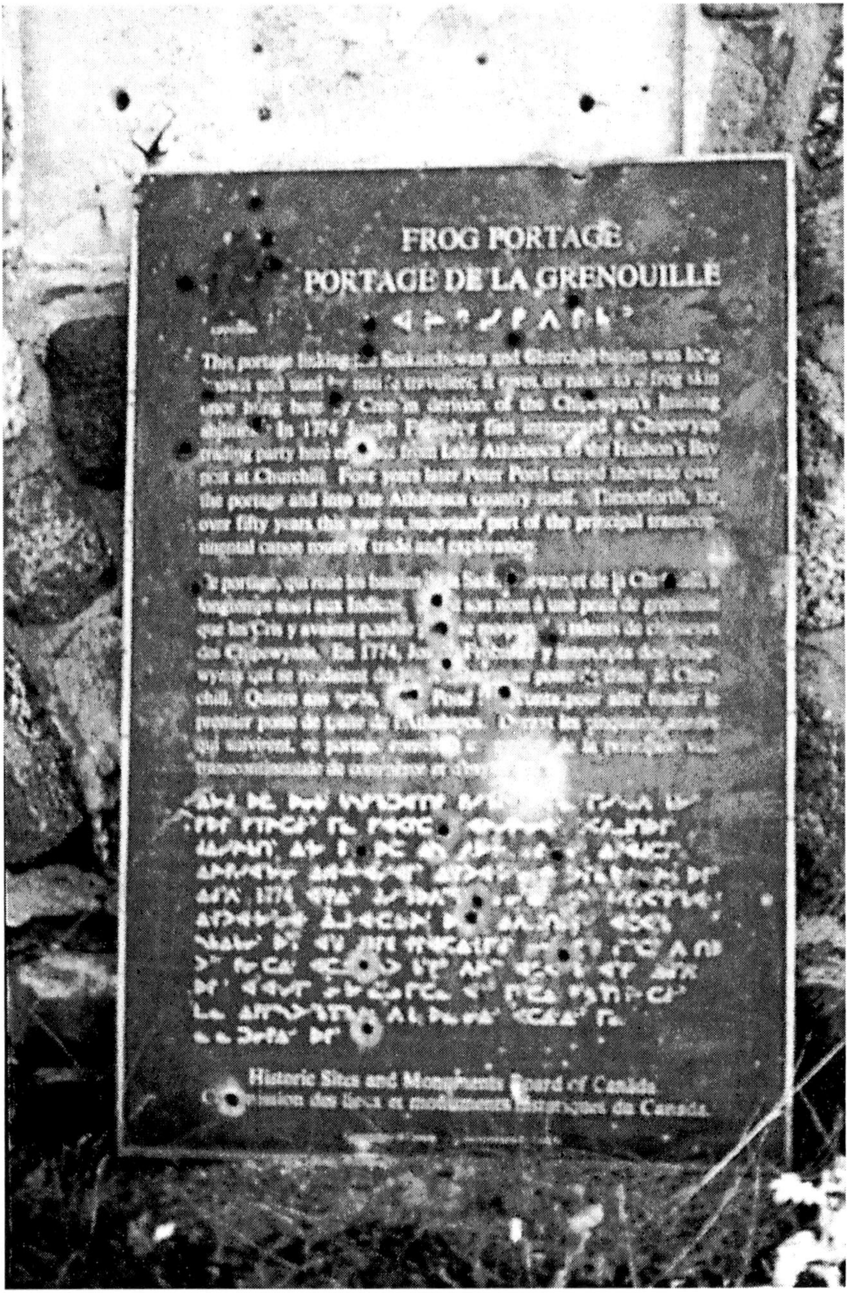
FROG PORTAGE
PORTAGE DE LA GRENOUILLE

Wolkengebirge von Westen. Als sich das Wolkenloch über uns schloß, rauschte der Regen kaum 10 Meter von unserer Insel entfernt herab. Zum greifen nah konnten wir die Tropfen auf dem Wasser aufklatschen sehen, doch bis auf wenige verirrte Spritzer blieben wir trocken. Als sich beide Wolkenberge entleert hatten zogen sie weiter, die Sonne brach durch und stand am blauen Himmel, als wäre nichts gewesen.

4 August

Wolkenloser Himmel, kein Lüftchen regt sich, keine Chance, der Sonne auf unserer Felsterrasse zu entgehen. In der Hoffnung auf eine leichte Brise auf dem Wasser legten wir nach einem schnellen Müslifrühstück ab.
Am Ende des Trade Lake befindet sich die berühmte historische „Frog Portage", welche die beiden Flußsysteme Churchill und Hayes River miteinander verbindet. Mit Hilfe einer Lore auf Schienen kann man das Churchill River System nach Süden in Richtung Pelican Narrows verlassen. Wir legten an, um die Gedenktafel zu studieren. Das massive Bronzeschild, das in mehreren Sprachen die Geschichte der Frog Portage erzählt, war aus seiner Halterung geschossen worden und wies eine beträchtliche Anzahl von Einschusslöchern auf. Micky entdeckte eine Menge großkalibriger Patronenhülsen in der Nähe. Ob die Portage heute noch benutzt wird war nicht zu erkennen. Die Lore befand sich vielleicht am anderen Ende der Portage, die Schienen verloren sich in der Ferne.
Zurück auf dem Churchill paddelten wir auf einem schmalen Flußabschnitt, dessen verbrannte, geradlinige Ufer der Gegend ein tristes Aussehen verliehen. Unbarmherzig brannte die Sonne vom Himmel, kein schattiges Plätzchen bot sich an für eine kleine Rast. Auf einem kahlen Hügel legten wir schließlich im Halbschatten einiger mickriger Birken eine Kaffeepause ein. Die rote Erde strahlte zusätzlich Hitze aus und nach dem Kaffee nutzten wir die Gelegenheit für ein erfrischendes Bad. Gegen abend waren wir erschöpft und einem Sonnenstich nahe. Ich fühlte mich elend und wollte nur noch in den Schatten.

Endlich fanden wir ein felsiges Ufer, das oben eine winzige Stelle für das Zelt bot. Es wimmelte von fliegenden Blattläusen und anderem Getier, doch wenigstens lag der Platz im Schatten. Micky mischte uns vier große Becher Wasser mit Getränkepulver, die wir gierig hinunterstürzten. Der Uferfelsen war glattgeschliffen und hatte die Form einer hochlehnigen Bank. Ich legte mich auf das schmale, kühle Sims und schlief ein. Als ich aufwachte hatte Micky das Zelt schon aufgebaut. Nachdem ich noch eine Runde geschwommen war, fühlte ich mich einigermaßen erfrischt.

5. August

Ich hatte gut geschlafen, wenn auch nicht sehr bequem. Der Platz auf dem das Zelt stand fiel zum Wasser hin stark ab, sodaß ich ständig zu Micky hinübergerollt war. Ich war deshalb früh wach, blieb aber noch liegen, weil Regentropfen auf das Zelt trommelten und in der Ferne leises Donnergrollen zu hören war. Eine halbe Stunde später hörte der Regen auf, ich kroch nach draußen, machte Feuer und setzte Kaffeewasser auf. Es war ganz angenehm, daß der Himmel bedeckt war, Wolken und Regen waren uns heute lieber als Sonne. Doch wir hatten uns zu früh gefreut, während wir einpackten verschwanden flugs alle Wolken und die Sonne brannte heiß wie eh und je. Wenigstens auf dem Wasser brachte ein sanftes Lüftchen etwas Kühlung. Die Landschaft war immer noch gleichbleibend langweilig, doch langsam ließen wir die verbrannte Gegend hinter uns, die Ufer wurden grün. Der Wind meinte es zur Abwechslung gut mit uns und blies nun kräftiger von hinten, sodaß er das Boot vor sich hertrieb. Wir hatten zwar Mühe, das Kanu in den Wellen auf Kurs zu halten, surften aber in kürzester Zeit bis zur Einfahrt in den Uskik Lake. Wir legten an einer Halbinsel an, die eine Sonnen- und eine Schattenseite bot. Obwohl wir bis jetzt erst 8 Km weit gekommen waren, blieben wir dort, badeten und faulenzten des Rest des Nachmittags.

6. August

Ich nutzte die Morgenkühle um Preiselbeeren zu sammeln, die jetzt überall reiften. Zum Frühstück gab es zum erstenmal Preiselbeerpfannkuchen, das Köstlichste, was wir je gegessen hatten.
Inzwischen war wieder Wind aufgekommen, doch wir zweifelten nicht daran, daß wir den Uskik Lake überqueren konnten. Zunächst kamen wir trotz Wellengang gut voran, doch als wir den Windschatten einer kleinen Insel verließen, legte der Wind plötzlich enorm zu und trieb das Kanu nun wie ein Spielzeug vor sich her. Die mehr als einen Meter hohen Wellen trugen weiße Schaumkronen. Wenn sie das Boot anhoben, reichte mein Paddel nicht mehr ins Wasser. Auch durch kreuzen gelang es uns nicht, die angestrebte Richtung zu halten, wir waren gezwungen dorthin zu fahren, wohin der Wind uns trieb. Wir kämpften, um das Kanu auf Kurs zu halten, denn auf keinen Fall durften wir quer in die Wellen geraten, das Boot wäre sofort vollgeschlagen und gekentert. In der Rekordzeit von 20 Minuten schob uns der Wind über den See, doch ich hatte solche Angst, daß sich die Minuten zu Stunden dehnten. Auf der anderen Seite lag ein großes Camp auf einer gerodeten Anhöhe, mehrere Blockhütten und Zelte. Niemand nahm Notiz von uns, als wir auf eine schmale, natürliche Hafeneinfahrt unterhalb der Anhöhe zusteuerten. Es gelang uns, die richtige Welle abzupassen, und das Boot dort hineinzumanövrieren. Als wir auf den Strand aufliefen merkte ich, daß mir übel war und meine Knie zitterten. Micky stieg die Anhöhe hinauf, um im Camp zu fragen, ob wir bleiben dürften, bis der Wind nachließ. Mehr als fünf Stunden saßen wir dann untätig am Ufer, schauten auf die Wellen und warteten. Der See hatte durch den aufgewirbelten Grund eine hellgraue, milchige Färbung angenommen, der ungewohnt warme Wind blies mit unverminderter Heftigkeit. Schließlich erklärten uns die Campbewohner, daß es dieses Phänomen hier häufiger gab. Sie nannten es „Heatwaves“ und fügten hinzu, daß der Wind

manchmal Tage oder gar Wochen anhielt. Das waren rosige Aussichten!

Das Camp wurde im Sommer von mehreren Indianerfamilien bewohnt. Zur Zeit waren nur zwei Erwachsene da, aber es wimmelte von Kindern. Die anderen, die nicht Babysitter spielten, waren auf der Jagd oder zum Fischen hinausgefahren. Wir durften unser Zelt auf dem Campgelände aufschlagen. Ich war nicht erfreut, denn ich mag es nicht, irgendwo als ungebetener Gast hereinzuschneien und notgedrungen zum Bleiben aufgefordert zu werden. Doch was blieb uns anderes übrig, solange der Wind nicht nachließ, gab es keine Möglichkeit, den Ort zu verlassen.

Während wir das Zelt aufbauten waren wir von sämtlichen Kindern des Lagers umringt, die uns mit großen Augen und offenem Mund anstarrten, als wären wir Außerirdische. Als Micky uns einen Eintopf auf dem Kocher zubereitete, machten sie den Topfgucker und fragten ihn Löcher in den Bauch, was dies und jenes wohl sei. Sie rückten uns so dicht auf die Pelle, daß es mir schließlich zu viel wurde und ich mich ins Zelt zurückzog, doch leider war es zu heiß, um mehr als die Fliegengittertüren zu schließen. Als mehrere Gesichter vor den Nylonnetzen auftauchten und mich anstarrten, fühlte ich mich wie ein exotisches Tier hinter Gittern und ging lieber wieder nach draußen. Erstaunt waren wir über die Unwissenheit der Kinder. Sie wußten, daß sie in Saskatchewan leben, aber was bitte ist Kanada? Da mußte Deutschland ja schließlich auf einem anderen Planeten liegen. Wenigstens zum Essen wurde die Schar von ihren Betreuern weggerufen, ich glaube mir wäre sonst der Bissen im Hals stecken geblieben.

Der Wind wehte unverändert als wir zu Bett gingen. Die einzigen, die ihn zu genießen schienen, waren die Möwen und einige Raben, die mit dem Wind segelten und sich treiben ließen.

7. August

Ganz gegen unsere sonstige Gewohnheit waren wir morgens schon um fünf Uhr hellwach. Umringt von der Kinderschar des

Kettle Falls

Camps, die sich auch diese Attraktion nicht entgehen ließen, bauten wir das Zelt ab und schleppten das Gepäck den Abhang hinunter zum Kanu. Obwohl sich der aufgewirbelte Grund nicht gelegt hatte und das Wasser immer noch grau und trübe aussah, war es windstill und der See glatt. Ohne Frühstück brachen wir auf, um wenigstens den Uskik Lake hinter uns zu bringen, bevor der Wind wieder einsetzte. Erst kurz vor den Kettle Falls am Seeausgang legten wir an einem Felsen an und frühstückten ein Müsli.

Die Kettle Falls sind die größten Fälle, die wir bisher gesehen haben. Für mich ähneln sie am ehesten einer riesigen, schön geschwungenen Suppenschüssel, über deren Rand das Wasser quillt. Das Beeindruckende ist nicht die Höhe, über welche die Wassermassen stürzen, sondern die absolut runde, nach außen gewölbte Form.

Eine 100 Meter Portage, ausgestattet mit einer Log Ramp, umgeht die Fälle. Die Logs lagen etwa einen Meter über dem

Boden und so weit auseinander, daß wir, von Sprosse zu Sprosse gehend, das Gepäck hinüberbalancieren mußten.
Unterhalb der Kettle Falls betraten wir ein Gebiet mit zahllosen Stromschnellen und Wasserfällen, die laut unseren Flußinfos nicht portagiert werden können. Man hat die Wahl sie zu befahren, oder zu waten und das Boot an der Leine hinabzulassen. Sofern es keine Möglichkeit gibt, anzulegen und die Rapids vor dem Befahren einzusehen ist das mit Sicherheit die bessere Lösung. Doch mit den Erfahrungen die wir inzwischen gesammelt hatten, vertrauten wir darauf Gefahren zu erkennen und Stromschnellen sicher meistern zu können.

In dem vor uns liegenden Flußabschnitt hatte sich der Strom verschiedene Wege gebahnt. Unter Umständen hatte es mit der Zeit auch Veränderungen gegeben, die nicht auf der Karte verzeichnet waren. Die kleinen Seen verzweigten sich in ein Gewirr aus Wasserarmen und zahllosen Inseln und meist konnten wir zwischen mehreren Routen wählen.
Wir durchquerten das Insellabyrinth des Ourom Lake und ließen uns von den Outlet Rapids an der Durchfahrt zum Iskwatam Lake davontragen. Diese waren nicht mehr als ein langer Abschnitt schnelles Wasser. Der Iskwatam Lake teilt sich in mehrere Arme und überall gibt es Stromschnellen. Wir legten eine Kaffeepause ein, studierten nochmals die Karte und die Informationen über die Rapids in unseren Heftchen. Schließlich entschieden wir uns für die Nordroute. Doch egal welche Route wir wählten, das Hauptproblem blieb immer das Gleiche: die Stromschnellen in dem vor uns liegenden Gebiet sind in der Regel bis zu 200 Meter breit und mehrere 100 Meter lang, oder bestehen aus mehreren aufeinanderfolgenden Abschnitten, sodaß es unmöglich ist, die gesamte Strecke zu überblicken und eine Durchfahrt ausreichend zu planen. Die Schwierigkeiten tauchen meißtens erst auf, wenn man bereits mittendrin steckt.

Die Strömung in den ersten rapids war reißend. Nach kurzer, rasanter Fahrt drehten wir das Kanu nach rechts in ein Kehrwasser. Dazu muß man vielleicht erklären, daß das hinausdrehen des Kanus aus der Strömung in ein Kehrwasser durch ein Manöver des Bugpaddlers eingeleitet wird,

Portage an den Kettle Falls

und zwar durch das Einstechen des Paddels in einem bestimmten Winkel, auf der Seite, in welche das Boot sich drehen soll. Danach ist, wie immer beim Befahren von Stromschnellen, Teamarbeit gefragt. Ein Steuerschlag vom Bug aus wirkt sehr viel direkter, die Wirkung folgt auf dem Fuß, jedoch muß das Heck des Kanus durch einen Steuerschlag „mitgenommen" werden. Ein Eddy Turn, eine Drehung ins Kehrwasser, ist eines der wichtigsten Manöver in Stromschnellen, weil er es ermöglicht, in ruhigem Wasser den nächsten Abschnitt zu überblicken und das Boot neu auszurichten.

Unser Kehrwasser war ein sehr stark, das Kanu wurde regelrecht herumgerissen, als der Bug dort eintauchte. Im ruhigen Uferwasser wateten wir ein Stück und leinten das Boot über eine Stufe. Dann stiegen wir ein und ließen das Kanu ins auslaufende schnelle Wasser gleiten.

An der zweiten Stromschnelle beschlossen wir, ebenfalls ein Stück zu waten und zu leinen, bis wir einen besseren Überblick hatten. In Neoprenschuhen, T-shirts, Unterhosen und Schwimmwesten tasteten wir uns über die glitschigen Steine am Ufer durch dichtes Gestrüpp. Auch diesmal ließen wir uns das letzte Stück von der Strömung tragen, bis zu Rapid Nummer drei. Hier wollten wir das Kanu wegen des unklaren weiteren Verlaufs links in das Kehrwasser an einer steilen Felswand lenken. Doch nach der Drehung geriet der Bug zu weit in die Strömung, das Boot wurde erfasst und nun trieben wir rückwärts direkt auf eine riesige Wasserwalze aus weißer Gischt zu. Ohne nachzudenken versuchte ich einen weiteren Turn, sodaß wir nun wenigstens wieder vorwärts fuhren. Die dritte Wende brachte uns endlich ins Kehrwasser und wir konnten aufatmen. Während ich im Wasser auf einem Felsen hockte und das Boot festhielt, kämpfte sich Micky weiter nach unten, um einen Blick auf den letzten Abschnitt der Stromschnellen zu werfen. Als er zurückkehrte erklärte er, es gäbe keine Möglichkeit, den letzten Teil zu fahren. Wir waren froh, daß es uns gelungen war, rechtzeitig anzulanden. Im hüfttiefen, schnellströmenden Wasser stehend leinten wir das Kanu über mehrere Felsstufen, was nicht ganz ohne Kratzer im Lack abging.

Die ganze Aktion hatte uns mehrere Stunden gekostet, es war abend geworden. Wir hatten einen Bärenhunger, waren müde und erschöpft, doch wie so oft fand sich nicht der kleinste Lagerplatz. Ausnahmsweise hatten wir Strömung auf dem Fluß, die uns rasch voran trieb.

Am linken Ufer erhob sich neben einer Art natürlicher Hafeneinfahrt ein langgestreckter, schmaler Felsgrat. Obwohl es fast unmöglich schien dort ein Zelt aufzubauen, mußten wir es versuchen, denn hinter einer Biegung hörten wir schon die nächsten Stromschnellen rauschen. Kurzentschlossen begannen wir, das Boot seitwärts zu versetzen um ans andere Ufer zu gelangen bevor uns die Strömung am Felsen vorbei trug. Noch ehe wir uns Gedanken über das Anlegemanöver machen konnten, riß ein starkes Kehrwasser das Kanu herum und der Bug glitt ins ruhige Wasser der Hafeneinfahrt.

Irgendwie gelang es Micky, das Zelt oben auf die schiefe Ebene des Plateaus über einer trichterförmigen Mulde zu errichten. Mit Hilfe der Schwimmwesten, leeren Packsäcken und dem Regenzeug bastelte er eine halbwegs ebene Fläche, auf der man ganz gut liegen konnte. Das Zelt war gerade so breit wie der Felsgrat , sodaß man es sehr vorsichtig betreten und verlassen mußte, um nicht herunterzufallen und alles mitzureißen.
Während Micky Felsblöcke heranschleppte um die Abspannschnüre des Zeltes daran zu befestigen beschloß ich, mich zu waschen. Beim einseifen machte ich Witze über das „Bad mit fließend kaltem Wasser", direkt vor der Tür. Zum Abspülen des Shampoos ließ ich mich ins Wasser gleiten, tauchte unter und schwamm ein paar Züge. Als ich auftauchte sah ich mit Entsetzen, daß ich zu weit nach draußen geraten war, die Strömung hatte mich bereits erfasst und war im Begriff, mich in Windeseile an unserem Felsen vorbei zu tragen. Ohne nachzudenken begann ich zu schwimmen, stellte einen neuen Geschwindigkeitsrekord auf und erreichte das Ufer gerade noch am letzten Zipfel des Felsgrats. Während ich aus dem Wasser kletterte kam es mir so vor, als hätte ich geträumt. Die ganze Geschichte hatte nicht mehr als ein paar Sekunden gedauert und erschien mir so unwirklich, das mußte jemand anderem passiert sein! Micky bastelte noch am Zelt und hatte gar nichts mitbekommen. Ich stieg wieder ins Wasser, um mich abzuspülen, achtete aber darauf, dicht am Ufer zu bleiben. Erst beim Abtrocknen wurde mir bewußt, daß ich beinah von der Strömung mitgerissen und die Stromschnellen hinabgespült worden wäre, die hinter der nächsten Kurve begannen. Im nachhinein fing ich beim Gedanken daran an zu zittern und beichtete Micky, was passiert war. Da ihm das ganze Abenteuer entgangen war, nahm er es zum Glück leicht.
Wir waren kaum fertig mit Abendessen und Abwasch, als uns Scharen von Moskitos überfielen, sodaß wir den Abendkaffee lieber im Zelt tranken. Ich verbrachte eine unruhige Nacht, schreckte immer wieder hoch, durch das Tosen der Stromschnellen geweckt. Im Traum befand ich mich wieder im

Boot in den Rapids, oder mitten in der Strömung im Fluß. Gegen Morgen fing es an zu regnen.

8. August

Der mit Moos und Flechten bewachsene Felsen auf dem das Zelt stand war durch den Regen glitschig wie Schmierseife geworden. Man mußte sich mit äußerster Vorsicht bewegen, um nicht abzurutschen und ins Wasser zu stürzen. Ich begann, Brotteig zu kneten für ein kräftiges Frühstück, denn ein weiterer anstrengender Tag mit Stromschnellen und Portagen stand uns bevor. Beim Brötchenbacken hielt Micky eine unserer Sitzmatten über die Pfanne, denn Regentropfen ließen das heiße Fett aufspritzen. Zu den noch warmen Brötchen aßen wir den Rest Eintopf vom Vortag. Als wir aufbrachen hellte sich der Himmel auf, der Regen tröpfelte nur noch leicht.

Mit einer langen Portage über Land hätte man von hier aus zum nördlichen Ausläufer des Wapumon Lake gelangen können. Man umgeht damit einen Wasserfall und dann den „Wapumon Gorge“, die beide zum südlichen Ende des Wapumon Lake führen. Der Gorge ist eine etwa 20 Meter breite, 300 Meter lange Schlucht, durch die das gesamte Wasser des Churchill mit ungeheurer Gewalt hindurchgepresst wird. Obwohl unsere Flußinfos empfehlen, das Gebiet um den Gorge mit dem gefährlichen Sog der starken Strömung zu meiden, wollten wir uns dieses Schauspiel natürlich nicht entgehen lassen.

Die Portage um den Wasserfall begann an einem morastigen, mit Binsen zugewachsenen Ufer. Ich zog die Schuhe aus, stieg ins schlammige Wasser und zog das Kanu auf festen Boden, so daß Micky trockenen Fußes aussteigen konnte. Der ziemlich überwachsene Trail endete laut Flußbeschreibung an einem „small grassy Channel“, was böse Erinnerungen wachrief an verschiedene „small Creeks“, die in Binsenwäldern und Sumpf versanken. Doch wider Erwarten führte der schmale Kanal ausreichend Wasser.

Wenige 100 Meter weiter machten wir das Kanu vor dem Abfluß in den Gorge an einem steinigen Uferstreifen fest und tasteten

Portage am Wapumon Gorge

uns zum Fuße einer etwa 50 Meter hohen Steilwand vor. Die Wassermassen des Churchill scheinen förmlich zu kochen, wenn sie sich mit ohrenbetäubendem Tosen in die enge Schlucht ergießen. Micky kletterte etwa die Hälfte der Steilwand empor um zu fotografieren. Da ich nicht schwindelfrei bin blieb ich lieber unten, doch selbst von meinem Standpunkt aus war der Wapumon Gorge eines der beeindruckendsten Naturschauspiele am Churchill. Das Wasser entwickelt so gewaltige Kräfte, daß wir uns lieber nicht vorstellten was mit einem Boot passiert, das in den brodelnden Strom gerät.

Die Portage um den Gorge ist knapp 300 Meter lang und in leidlichem Zustand. Am Ende führt der Trail steil bergab zum Ausgang der Schlucht, die von riesigen Felsbrocken eingefasst wird. Das Einsetzen gestaltete sich schwierig, denn die Wasser des Churchill schießen mit kolossaler Gewalt aus der Klamm und erzeugen hohe Seitenwellen, die das Kanu beim Beladen auf und ab tanzen ließen. Wir mußten alle Kräfte aufbieten, um das Boot in den Hauptstrom zu manövrieren und nicht von den Seitenwellen ans steinige Ufer gedrückt zu werden. Das auslaufende schnelle Wasser war dagegen ein Kinderspiel. An einem kleinen Strand legten wir eine Kaffeepause ein, aßen die restlichen Brötchen und studierten die Karte.

Während der letzten Tage hatte sich wieder einmal bestätigt, daß unsere Karten für diese Gegend bei weitem nicht genau genug waren. Ständig teilt sich der Fluß in mehrere Wasserarme, die zahllose Stromschnellen und Abschnitte mit schnellem Wasser aufweisen. Meist passten die Flußinfos mit der Beschreibung der Rapids nicht zu dem, was wir auf der Karte sahen oder tatsächlich vorfanden. Auf der gesamten Strecke, die wir bis jetzt zurückgelegt hatten, war es nie notwendig gewesen, das GPS zu benutzen, Karte und Kompass reichten in der Regel aus. Micky hatte lediglich die Länge der Etappen, die Pausen- und die Lagerplätze eingegeben und gespeichert, um bei Bedarf den Verlauf unserer Route genau nachvollziehen zu können. Doch bei dieser Gelegenheit zog Micky nun doch das GPS zu Rate. Da die Karte nicht genügend Einzelheiten zeigte, waren Entfernungen äußerst schlecht abzuschätzen. Oft hörten wir schon Wasser rauschen, obwohl wir noch gar keine Stromschnellen erwarteten, wir durchquerten schnelles Wasser ohne zu wissen, sind das schon die eigentlichen Rapids oder tauchen sie dahinter unerwartet auf? Seit Tagen paddelten wir in ständiger Anspannung und mit geschärften Sinnen.

Auf dem Weg in den Wintego Lake stießen wir auf recht harmlos aussehende Stromschnellen. Sie waren sehr breit und zogen sich über eine Länge von mehreren 100 Metern hin, sodaß wir sie nicht überblicken konnten, selbst wenn wir angelegt hätten. Wir folgten dem Strom in eine weite Rechtskurve, als vor uns mehrere Stufen auftauchten. Mit aller Kraft paddelten wir rückwärts, um Zeit zu gewinnen und vielleicht zur Seite ausweichen zu können, doch die Strömung war zu stark. Wir schafften es gerade noch, die Nase des Kanus geradeaus zu richten, bevor wir über die erste Stufe rutschten. Zum Glück war das Wasser tief genug, nur das Heck berührte leicht den Felsen.

Wir paddelten durch weitere Stromschnellen und schnelle Wasser, bevor wir gegen abend den Wintego Lake erreichten. In der Mitte des Sees schlugen wir auf einer der wenigen Inseln unser Lager auf.

9. August

Am Morgen war die Luft diesig und schwül. Schon an der kurzen Portage am Ausgang des Wintego Lake brach uns der Schweiß aus. Wir befanden uns auf einem gut 10 Km langen Flußabschnitt mit mehreren Stromschnellen. Als wir die ersten dreiteiligen Rapids erreicht hatten, konnten wir uns nicht auf eine Route einigen. Micky hielt „mittendurch" für die einfachste Lösung, während ich es vorgezogen hätte, den hohen Wellen in der Mitte nach rechts auszuweichen. Da man am flachen, felsigen Ufer recht gut gehen konnte beschlossen wir, das Kanu an die Leine zu nehmen. Die Vegetation wich hier etwas weiter zurück als gewöhnlich, sodaß man einen freien Blick über den Fluß hatte und sich nicht durch dichtes Gestrüpp zwängen mußte. Trotzdem mußten wir sehr vorsichtig sein, denn die überspülten Steine waren glitschig, und von Zeit zu Zeit standen wir bis zum Oberschenkel im Wasser, wenn wir das Boot um ein Hindernis bugsieren mußten. Einmal zog ich den Bug zu weit ans Ufer, das Heck geriet in die Strömung und Micky mußte sich mit aller Kraft dagegen stemmen, um nicht mitsamt dem Kanu mitgerissen zu werden.
Der zweite und dritte Abschnitt der Stromschnellen war ohnehin unfahrbar. Es gab mehrere Stufen und im unteren Teil eine sogenannte „Ledge", eine hohe, stehende Welle, die das Kanu glatt verschluckt, wenn man hineingerät. Wir portagierten direkt am Wasser entlang über die Felsen. Leider vergaß ich meine Neoprensocken, die ich beim Waten trug, um die Füße zu schützen. Ich hatte sie zum trocknen auf einen Stein gelegt.
Die nächsten Rapids wurden durch zwei Inseln in drei Kanäle geteilt. An der linken Insel legten wir an und studierten die weit auseinander gezogenen Stromschnellen, bevor wir die Route festlegten.

Nach einer Kaffeepause näherten wir uns den letzten großen Stromschnellen vor der Einfahrt in den Pita Lake. Die hügelige Gegend war kahl und abgebrannt, nur vereinzelt zeigten sich junge, grüne Triebe zwischen den verkohlten Baumstümpfen. Wir machten an einem hoch aufragenden Felsen fest, der den Fluß in zwei Kanäle teilt um uns die Schnellen anzusehen. Das Wasser war hier sehr tief, die Strömung schwer und reißend, dafür gab es kaum Hindernisse. Zwei Mal drehten wir das Kanu in ein Kehrwasser, um es neu auszurichten und die wenigen großen Felsblöcke zu umfahren.

Nach wie vor fanden wir das Befahren von Rapids sehr aufregend und stets betrachteten wir sie mit Respekt. Doch mit zunehmender Erfahrung waren wir sicherer geworden, unsere Technik hatte sich wesentlich verbessert. Es erfüllte uns schon ein wenig mit Stolz, wenn wir die Strömung richtig eingeschätzt und den festgelegten Kurs exakt eingehalten hatten.

Mit der Einfahrt in den Pita Lake ließen wir die kahle Landschaft hinter uns. Auf einer Insel entdeckten wir, von Laub verborgen, einen Tisch mit Bänken, wie man sie aus Biergärten kennt. Wir zerrten ihn hervor und stellten ihn so auf, daß wir einen schönen Blick über den See hatten.

10. August

Es war wieder einmal Zeit, einen Tag Pause einzulegen. Wäsche mußte gewaschen, mein Schlafsack geflickt werden, und was wir sonst noch gerne an „Ruhetagen“ erledigten. Wir brachten die Tagebücher auf den neuesten Stand und schrieben ein Paar Briefe. Es war ein heißer Tag, innerhalb kürzester Zeit trocknete die Wäsche im warmen Wind. Am Nachmittag nahmen wir ein Bad im See.

Gegen abend beobachteten wir ein Buschfeuer, dessen atompilzförmige Qualmwolke sich mit unglaublicher Geschwindigkeit ausbreitete.

Pita Lake

11. August

Die halbe Nacht wälzte ich mich unruhig hin und her, mehrmals stand ich auf und schaute in den sternenübersäten Himmel bis mir die Augen zufielen. Kaum lag ich im Schlafsack war ich hellwach. Gegen morgen fing es an zu gewittern, Blitze zuckten und in der Ferne grollte der Donner.

Um 10.00 Uhr weckte Micky mich mit einer Tasse Kaffee, verschlafen krabbelte ich aus dem Zelt.

Beim Frühstück beobachteten wir das Buschfeuer, das sich mittlerweile über den ganzen Horizont ausgebreitet hatte. Wir schätzten, daß es weit entfernt, jedoch bei weitem das Größte war, das wir bis jetzt gesehen hatten. Die Rauchwolke war so ausladend, daß man den Eindruck hatte, es gäbe mehrere Brandherde.

Wir brachen auf in Richtung Pikoo Lake und hofften, auf den verschlungenen Wegen des Flußlaufs das Feuer weit hinter uns zu lassen. Als wir uns den Cameron Falls näherten, mußten wir uns zwischen einer Nord- und einer Südroute entscheiden. Wir wählten den südlichen Kanal und legten kurz vor den Fällen an, um sie zu begutachten. Obwohl unsere Flußinfos diese Seite empfohlen hatten, hielten wir die Durchfahrt für riskant. Da wir keine Lust hatten zu portagieren, kämpften wir uns kurzentschlossen gegen die Strömung zurück und probierten es über die Nordroute. Etwas mulmig war mir schon, als wir uns den brodelnden Rapids näherten, doch dann erkannten wir, daß man einfach im ruhigen Wasser in Ufernähe daran vorbei fahren konnte.

Am frühen Nachmittag hatte sich der Himmel verdunkelt, die Sonne schien nur noch matt durch den Dunst. Kurz darauf drang uns Brandgeruch in die Nase, Rauchschwaden hingen so tief, daß Inseln und Ufer wie in Nebel gehüllt schienen. Mir war äußerst unbehaglich zumute. Ich hatte weniger Angst vor dem eigentlichen Feuer als davor, im sich ausbreitenden Qualm zu ersticken. Seit Tagen waren wir keinem Menschen begegnet und auch hier waren die wenigen Hütten, an denen wir vorbeikamen, verlassen.

Als wir auf den Reeds Lake hinauspaddelten war die Sicht so schlecht, daß man Ufer und Inseln nur schemenhaft wahrnehmen konnte. Die Sonne hing als roter Ball am Himmel, als wollte sie mitten am Tag untergehen. Es war zwecklos, weiter auf den See hinaus zu paddeln, da wir lediglich Umrisse erkennen konnten und keinerlei Orientierungspunkte hatten. Als wir einen kleinen Sandstrand entdeckten legten wir an und beschlossen zu bleiben. Eine häßliche große Feuerstelle zierte den feinen Sand, überall lagen Flaschen und Dosen umher. Einen niedrigen Tisch und einen verrosteten Stuhl stellten wir neben unserer kleinen, neu errichteten Feuerstelle auf. Micky hatte das Bauen einer Feuerstelle mit der Zeit fast zu einer Kunst gemacht. Der Umgebung entsprechend wurde eine Sandgrube ausgehoben oder Steine herangeschleppt, um sie sicher und solide zu machen. Manch einer würde das sicher für übertrieben halten oder uns gar für verrückt erklären, wenn er die akkurat auf gleiche Länge gesägten und aufgeschichteten Holzscheite sah.

Zuhause ist überall

Doch wie gesagt, ein wenig Luxus muß sein, und Micky hatte seinen Spaß daran.

Gegen abend schien sich der Qualm etwas zu lichten. Ein Motorboot von einem nahegelegenen Camp kam vorbei und hielt kurz bei uns an. So froh ich einerseits war, Menschen zu begegnen, so merkwürdig fand ich, was die Leute redeten. Sie erzählten, sie hätten in der Nähe ein Cabin und würden hier nur so herumfahren, „just killing Time". Auf die Frage nach unserem Ziel erklärten wir, Leaf Rapids in Manitoba sei voraussichtlich der Endpunkt unserer Reise. Eine Frau im Boot zündete sich eine Zigarette an, lachte und behauptete, „Leaf Rapids is burning" - Leaf Rapids brennt und angeblich stand auch das ganze Gebiet zwischen Pukatawagan (Manitoba) und Leaf Rapids in Flammen. Wir bedauerten es nicht, als das Motorboot wieder losbrauste, „just killing Time". Micky meinte, wir sollten dem Geschwätz nicht so viel Bedeutung beimessen und uns nicht unnötig beunruhigen lassen. Doch das Gerücht war ausgestreut und wir hatten vorerst keine Möglichkeit, uns vom Gegenteil zu überzeugen.

12. August

Frühmorgens lugte ich erwartungsvoll aus dem Zelt, die Suppe war noch dicker geworden. Grauweißer Qualm hing über dem glatten, stillen Wasser, die Konturen der Inseln waren watteweich gezeichnet. Es war kühl, kein Sonnenstrahl durchdrang den Dunst. Trotzdem brachen wir das Lager ab und machten uns auf den Weg.

Zwischen Reeds Lake und Sokatisewin Lake lagen viele Kilometer Fluß vor uns. Gegen mittag mühte sich die Sonne, die Rauchschwaden zu durchdringen, ihre Strahlen blendeten uns, wenn sie von der Nebelwand zurückgeworfen wurden. Ein Motorboot kam uns entgegen. Einen Wimpernschlag lang sah das Bild wie eingefroren aus, die Zeit schien stillzustehen. Dann war der Augenblick vorüber, die Konturen des Bootes klärten sich, schnell kam es näher.

Am Nachmittag begann es zu regnen. Nun versank endgültig alles im Grau, wir tasteten uns im Blindflug voran, noch immer hatten wir Brandgeruch in der Nase. Kurz bevor wir den Sokatisewin Lake erreichten kam plötzlich Sturm auf. In der Hoffnung auf einen Lagerplatz steuerten wir die nächstgelegene Insel an. Auf der windabgewandten Seite gelang endlich das Landemanöver. Kaum hatten wir das Gepäck ausgeladen, hörten Wind und Regen auf.

Später am Abend hielt ein Motorboot vor der Insel. Eine Indianerfamilie einschließlich der Großmutter war auf der Suche nach Beerensträuchern, die reiche Ernte versprachen. Es überraschte uns, als die Familie erzählte, sie hätten uns am Pita Lake von ihrem Camp aus schon gesehen. Ich erinnerte mich nicht einmal daran, an einem Camp vorbeigekommen zu sein. Wir erkundigten uns nach dem Buschbrand und erhielten die beunruhigende Nachricht, daß heute etwa 150 Menschen aus Sandy Bay evakuiert worden seien. Der Ort war nur noch wenige Paddelstunden von hier entfernt, sodaß wir morgen endlich

selbst Gelegenheit haben würden, Genaueres über die Ereignisse der letzten Tage zu erfahren. Vielleicht wußte man dort auch etwas über das angeblich brennende Leaf Rapids.
In der Dämmerung bemerkten wir hunderte von Raben oder Krähen, die alle aus der Richtung von Sandy Bay her kamen und über unsere Insel hinwegflogen. Das beständige Flügelschlagen der großen Vögel hatte uns aufmerksam gemacht. Diesen Vogelzug fand ich beunruhigender als die Evakuierung von Sandy Bay, die bislang nicht mehr als ein Gerücht war. Ich beneidete die Vögel, die einfach davonfliegen können, wenn es brenzlig wird.

13. August

In der Nacht zog ein Gewitter über uns hinweg, das die rauchige Luft klärte, der Morgen war kühl und feucht. Für kurze Zeit fegte der Wind die geschlossene Wolkendecke vom Himmel, der nun strahlend blau war. Doch schon während des Frühstücks zogen neue Wolken auf. Wir beeilten uns, die nasse Ausrüstung einzupacken und legten bei stürmischem Wind und Wellen ab, die uns zwangen andauernd zu kreuzen. Mal gegen, mal mit dem Wind kämpften wir uns von Insel zu Insel, um ihren Windschatten auszunutzen. Ein paar Wellen schafften es, ins Boot zu schlagen und mich völlig zu durchnässen, sodaß wir zwischendurch anlegen mußten, damit ich mich umziehen konnte. Doch trotz des Wetters kamen wir schneller voran, als wir befürchtet hatten.
Schließlich kam der „Power Dam“ von Sandy Bay in Sicht, ein riesiges Sperrwerk zur Stromgewinnung. Wir machten uns auf die Suche nach der Portage um den Damm. Der Zugang lag in einer kleinen Bucht links vom „Powerhouse“ und war durch Schwemmholz und zwei rostige Schiffswracks versperrt. Als es uns endlich gelungen war zwischen dem Schwemmholz anzulegen, stießen wir auf eine der schlechtesten Portagen, die wir je zu absolvieren hatten. Nach wenigen Metern verlor sich der Trail zwischen Buschwerk und niedrigen Bäumen die so dicht standen, daß sie uns ihre Zweige ins Gesicht peitschten. Ich rief nach Micky, der ein Stück voraus war, denn ich glaubte ernstlich,

ich hätte mich verirrt. Auf einer Lichtung traf ich ihn, als er bereits auf dem Rückweg war. Zum Schluß zerrten wir das Kanu durch den dichten Busch.
Als wir wieder einsetzten, fing es zu den stürmischen Böen auch noch an zu regnen. Wir näherten uns nun den Island Falls. Die Gegend sah hier aus wie eine Mondlandschaft. Durch den Dammbau herrschte Kahlschlag über weite Strecken bis nach Sandy Bay. Nach einer kurzen Beratung vor den Falls ließen wir uns vom Hauptstrom hineintragen und drehten dann nach links ab, um den kurzen, kabbeligen Wellen in der Mitte zu entgehen. Schnelles Wasser und Rückenwind jagten das Kanu in atemberaubender Geschwindigkeit auf Sandy Bay zu, das vor uns auf einem kahlen Hügel lag. Die Wellen trugen das Boot auf einen Kiesstrand am Fuße des Hügels.
Da der Laden gerade zur Mittagspause schloß, machten wir uns auf die Suche nach dem Postamt. Ein Polizeiwagen fuhr an uns vorbei und hielt auf ein Zeichen. Da wir uns ohnehin für die nächste Etappe registrieren lassen wollten, ließ der Officer uns einsteigen und nahm uns gleich mit zum örtlichen RCMP Detachement. Bei einem Becher Kaffee berichteten wir kurz über den Verlauf unserer Tour und fragten dann nach dem Feuer. Zu unserer Erleichterung erfuhren wir, daß aufgrund des Buschbrands lediglich einige Einwohner mit Atemproblemen, z.B. Asthmatiker, aus Sandy Bay evakuiert worden waren. Beunruhigt wegen des Feuers war hier offenbar niemand. Über die Situation „over in Manitoba“, jenseits der Provinzgrenze, war leider nichts bekannt, doch gerade deshalb konnte man davon ausgehen, daß dort nichts Außergewöhnliches vorgefallen war.
Raymond Zillich - so hieß der Officer - zeigte uns auf riesigen, an die Wand gepinnten Karten den Zuständigkeitsbereich seiner Dienststelle, ein etwa 70 Quadratkilometer großes Gebiet. Am Wochenende war meist nur ein Beamter im Dienst, der unter Umständen alle Hände voll zu tun hatte, um das enorme Einsatzgebiet zu überwachen.
Wir überließen Ray Kopien unserer Personalausweise und gaben Pukatawagan als nächsten Zielort an. Dann fuhr er uns mit dem Polizeiwagen zum Postamt, das leider den ganzen Tag

geschlossen hatte (es war nicht weit zur Post, doch in Kanada geht man nur zu Fuß, wenn der Wagen eine Panne hat.). Da wir nicht nur Briefe aufgeben wollten, sondern auch welche erwarteten beschlossen wir, einen Tag in Sandy Bay zu bleiben. Auf unsere Frage meinte Ray, im Prinzip könnte man überall um Sandy Bay herum campen, doch konkret wollte ihm kein Platz einfallen, und im Ort selbst sollten wir unsere Sachen auf keinen Fall unbeaufsichtigt lassen. Spontan lud er uns ein, in seinem Haus zu übernachten. Während wir das Kanu von unserer Anlegestelle zum Bootsanleger des örtlichen Motels holten, wollte er dort ein Arrangement treffen, damit wir Boot und Ausrüstung während unseres Aufenthalts einlagern konnten, doch der Empfang des Motels war nicht besetzt. Ray verscheuchte die Kids, die wie gewöhnlich am Anleger herumlungerten, sich bereits um unser Kanu geschart hatten, überall herumfingerten und Fragen stellten. Dann setzte er uns beim Store ab, damit wir unsere Einkäufe erledigen konnten. Inzwischen fuhr er nach Hause und tauschte den Dienstwagen gegen seinen Pick up, um uns samt Boot und Gepäck zu seinem Haus zu bringen. Wir äußerten unsere Besorgnis, daß wir ihm zu viel Zeit stahlen, doch Ray begrüßte die willkommene Abwechslung und schob das lästige Bearbeiten von Akten gerne ein wenig hinaus.
Wir sahen uns das Haus an, das einfach aber hübsch eingerichtet war und nach hinten einen Streifen gemählen Rasen als Garten hatte. Als wir über den Mietpreis von 450 $ im Monat lachten erklärte Ray, dies sei eine Vergünstigung der Regierung, um Polizeibeamte hierher in den Norden zu locken, oder ihnen zumindest die Entscheidung zu erleichtern, einen so abgelegenen Einsatzort zu wählen.
Bevor er uns allein ließ gab Ray uns Handtücher zum Duschen und die Fernbedienung für den Fernseher.
Nachdem Ray sich im Büro abgemeldet hatte, kochte er - nun im Freizeitdress - Spaghetti Bolognese für uns. Ich kam mit dem Einhandhebelmischer in der Dusche nicht zurecht. Das Wasser wurde immer heißer und wollte zum Schluß gar nicht mehr ausgehen. Schnell trocknete ich mich ab und rief um Hilfe.

Erstaunlich wie schnell man den Umgang mit den Errungenschaften der Zivilisation verlernt.
Es war interessant zu erfahren, daß alle RCMP Officer, die in den einsamen Gegenden und kleinen Orten im Norden Dienst tun, stets nach zwei Jahren abgelöst und versetzt werden. Ray stand ebenfalls kurz vor seiner Versetzung nach Warman, in der Nähe von Saskatoon. Seine Frau und seine kleine Tochter waren vorausgefahren, um im neuen Haus alles vorzubereiten. Die Regierung weist der Familie eine neue Bleibe zu und bezahlt selbstverständlich die Kosten des Umzugs. Mit dieser Maßnahme versucht man, Korruption und Schlendrian vorzubeugen. Alkohol und Drogen sind hier schwer zu beschaffen, und manch einer käme vielleicht in Versuchung, sich am regen illegalen Handel zu beteiligen, wenn er zu lange an einem Ort bleibt. Durch die Weitläufigkeit der dünn besiedelten Gebiete ist der Kampf gegen Gewalt und Drogenkriminalität fast aussichtslos, zermürbend, und kann einen verleiten, zum eigenen Vorteil lieber zwei Augen zuzudrücken.
Während des Essens sprach Ray über die speziellen Probleme Kanadas sich als Nation zu fühlen, da fast alle Kanadier im Grunde Einwanderer sind. Ray`s Eltern stammen aus Wurzen in Hessen und waren in den 50er Jahren ausgewandert. Er selbst und seine Schwester sind in Kanada geboren.
Ray ist der Meinung, die Regierung verzettelt sich zu sehr bei dem Versuch, allen Gruppen gerecht zu werden. Z.B. den Franco-Kanadiern, die ein freies Quebec fordern und mehr Sitze im Parlament haben als die übrigen Provinzen. Sie drohen jedesmal mit Austritt, sollten ihre Forderungen nicht erfüllt werden. Doch weit mehr ärgert sich die Generation der in Kanada Geborenen über den Umgang der Regierung mit den Indianern, genötigt durch ein schlechtes Gewissen, das die jungen Kanadier nicht empfinden. Die Ureinwohner fordern Land aufgrund von 400 Jahre alten Verträgen (dabei besteht Kanada als Nation erst seit 100 Jahren) und horrende Entschädigungszahlungen für vor Jahrhunderten begangenes Unrecht. Durch das Auftauchen des „weißen Mannes“ wurden sie aus dem Leben als Jäger und Sammler direkt ins

20. Jahrhundert katapultiert, ihnen fehlen die Entwicklungsstufen zum Zeitalter der Technik. Und nun sitzen sie passiv herum, mit einer enormen Erwartungshaltung, und einer Sichtweise der Realität, wie das Fernsehen sie ihnen verkauft. Nur wenigen gelingt es, sich zu integrieren. Die meisten haben resigniert und warten einfach auf ihren monatlichen Scheck von der Regierung, der die unwürdige Situation noch fördert anstatt sie zu verbessern. Die Kinder der Einwanderer dagegen, die sich als die eigentlichen Kanadier sehen, fühlen sich im modernen Kanada fast schon benachteiligt.

Später sahen wir uns ein Video an. Mir war schwindlig vor Müdigkeit nach dem harten Paddeltag und all den neuen Eindrücken. Ray bot uns Decken und Kissen an, doch wir zogen es vor, in unseren Schlafsäcken im Wohnzimmer auf dem Fußboden zu schlafen. Es war ein merkwürdiges Gefühl, nach so langer Zeit innerhalb von vier festen Wänden und einem Dach zu schlafen. Es war viel zu warm und stickig, und alle Viertelstunde schlug die Wanduhr.

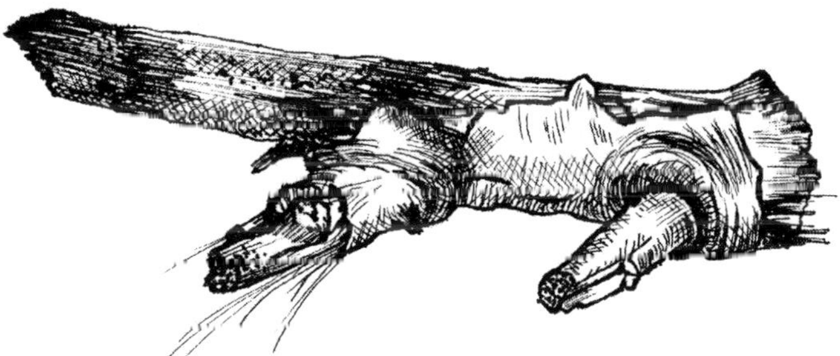

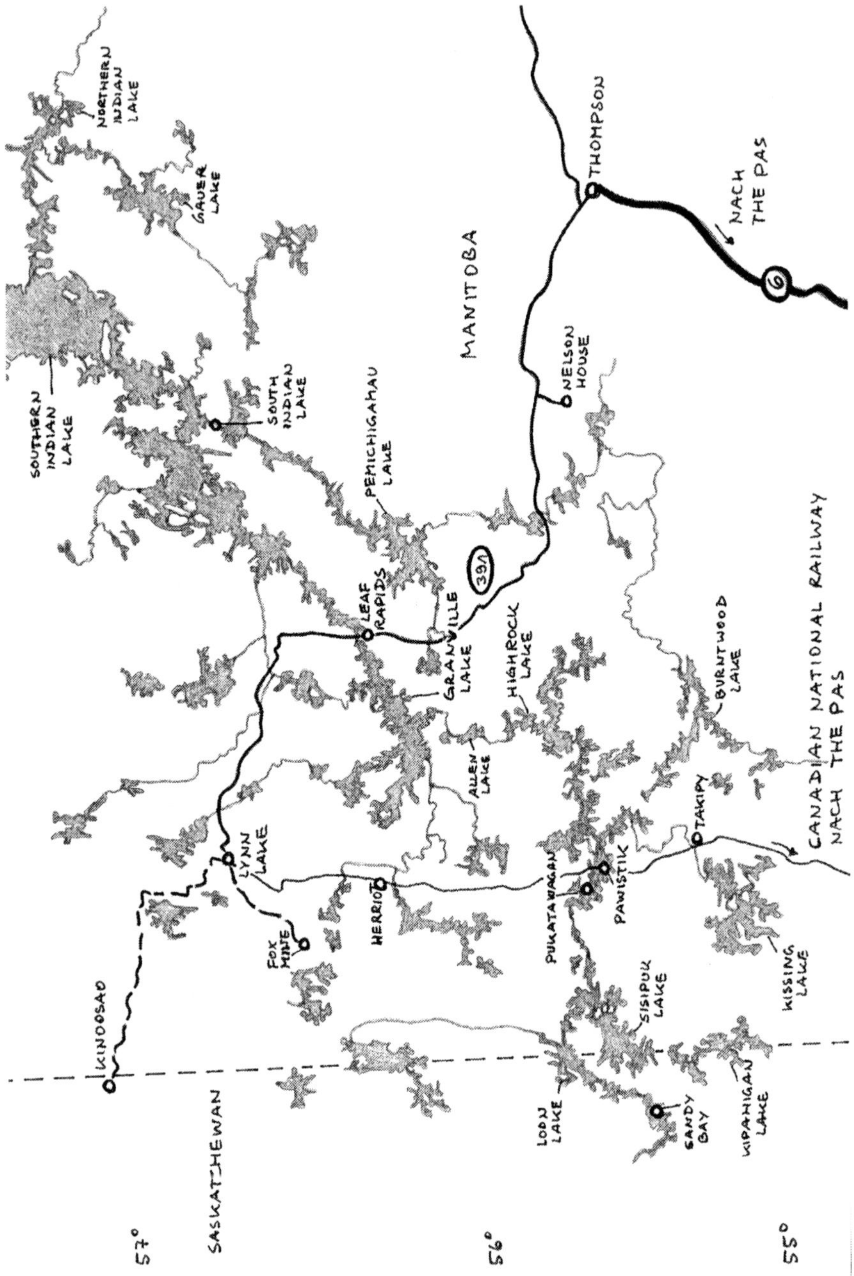
NORTHERN INDIAN LAKE
GAUER LAKE
SOUTHERN INDIAN LAKE
SOUTH INDIAN LAKE
PEMICHIGAMAU LAKE
MANITOBA
THOMPSON
NACH THE PAS
6
NELSON HOUSE
391
LEAF RAPIDS
GRANVILLE LAKE
HIGHROCK LAKE
BURNTWOOD LAKE
ALLEN LAKE
CANADIAN NATIONAL RAILWAY NACH THE PAS
TAKIPY
LYNN LAKE
HERRIOT
FOX MINE
PUKATAWAGAN
PAWISTIK
KISSING LAKE
SISIPUK LAKE
KINOOSAO
LOON LAKE
SANDY BAY
KIPAHIGAN LAKE
SASKATCHEWAN
57°
56°
55°

VON SANDY BAY NACH PUKATAWAGAN

14. August

Ray hatte den Wecker auf 8.00 Uhr gestellt. Wir waren schon vor 7.00 Uhr wach und hielten es im Schlafsack nicht mehr aus. Micky stellte die Kaffeemaschine in der Küche an, und dann packten wir leise unsere Sachen.

Mit dem Wecker erklang laute Musik von „Genesis“. Als Ray mit einem Handtuch um die Hüften aus der Dusche kam, saßen wir mit einem Becher Kaffee auf der Treppe hinter dem Haus, lauschten der Musik und ließen uns mitreißen von der Intensität der Stimmung, die sie erzeugte. Die bekannten Klänge schufen ein Gefühl der Geborgenheit, des Einsseins mit dem Dasein, das wir mitnahmen in den neuen Tag.

Wieder in Uniform nahm Ray uns mit hinüber ins Office um ein richtiges Verbrecherfoto mit Nummerntafel von uns zu machen. Als er sich hinter die Kamera stellte mußten wir grinsen anstatt das übliche finstere Gesicht aufzusetzen. Anschließend lud er uns und eine Kollegin in einen nahegelegenen Coffeeshop zum Frühstück ein. Wir bestellten alle je einen „Breakfast-Burger“, der ausgesprochen winzig war, und tranken den dünnen kanadischen Kaffee.

Eine Gruppe Indianer betrat das Cafe, zwei sehr junge Männer und zwei junge Frauen, die ganz offensichtlich „stoned“ waren. Ray murmelte leise: „Ey, that must have been a rough night!“ Als er an den Nebentisch trat, und die Gruppe zur Rede stellte, wunderten wir uns. Wir konnten uns nicht vorstellen, daß die Leute in Deutschland überhaupt hereingekommen wären, solange ein Polizist anwesend ist. Entweder hätten sie auf dem Absatz kehrt gemacht, oder sie wären verhaftet worden. Doch Ray erklärte, das sei hier der Alltag, mit solchen Problemen hätten sie täglich zu kämpfen und letztendlich sei die Polizei machtlos dagegen.

Mit dem Pick up brachte Ray uns wieder zum Bootsanleger des Motels, wo wir uns verabschiedeten. Von schlechtem Wetter war keine Spur mehr, die Luft war klar, der Qualm der letzten Tage

weggewaschen von Regen und Wind.
Wir befanden uns auf dem Wasawakasik Lake, der lang und schmal ist und wenig Ähnlichkeit mit einem See hat. Er erstreckt sich von Sandy Bay sowohl in südlicher Richtung, als auch weit nach Nordwesten. Auf dieser Route folgten wir dem Verlauf des Churchill und näherten uns gleichzeitig der Provinzgrenze zwischen Saskatchewan und Manitoba, die noch etwa zwei bis drei Tagestouren entfernt war.
Kurz hinter Sandy Bay stießen wir auf Stromschnellen, die als potentiell gefährlich gelten. Ray hatte uns gewarnt und glaubte nicht, daß wir sie mit dem Kanu befahren konnten. Wir beschlossen es dennoch zu wagen, denn die Alternative war eine Portage „through the Bush on a poor Trail and over bare Rock".
Die Rapids waren zum Glück nicht mehr als schnelles Wasser mit zahlreichen Eddys, die allerdings in Jahren mit höherem Wasserstand durchaus gefährlich werden können.
Gegenüber der „Friedhofsinsel" von Sandy Bay (dort befindet sich tatsächlich der örtliche Friedhof) legten wir auf einer schmalen Felsbank eine Kaffeepause ein. Nach dem Breakfast-Burger waren wir schon wieder hungrig und wollten auch nicht mehr allzuweit paddeln. Am Ende des Wasawakasik Lake begann außerdem der Stewart Channel, angeblich „man made", also künstlich angelegt, mit weiteren Rapids und Strömung, so daß wir lieber vorher lagern wollten.
Kurz bevor wir den Kanal erreichten, entdeckten wir einen versteckt liegenden Sandstrand, gegenüber einer mehrere 100 Meter hoch aufragenden Steilwand mit grandiosen Felsformationen. Leider war er völlig verdreckt und übersät mit leeren Bierflaschen. Oberhalb des Strandes stießen wir im Wald auf eine halbfertige Blockhütte, ein sogenanntes Log Cabin, und massenhaft geschälte und auf Länge geschnittene Baumstämme. Ein paar davon benutzten wir als Bank und zum Abstellen unseres Geschirrs. Wir liebten es, das Lager ordentlich und gemütlich zu machen, uns irgendwie „einzurichten", auch wenn es nur für eine Nacht war. Während der Monate, die wir nun schon unterwegs waren, hatten wir stets darauf geachtet, nicht alles herumliegen zu lassen wo es hinfiel, wenn wir

auspackten, egal wie müde wir waren. Ein wenig Luxus muß sein!
Als wir das Camp aufgebaut hatten gab es aus heiterem Himmel einen ordentlichen Regenguß, der meine gerade aufgehängte, frisch gewaschene Wäsche nicht gerade trockener machte. Gegen abend wurde es kühl und feucht. Wir grillten Fleisch und Kartoffeln, und da kaum Moskitos unterwegs waren, konnten wir zum ersten Mal länger am Feuer sitzen bleiben und in den sternklaren Himmel schauen.

15. August

Wir hatten geschlafen wie die Murmeltiere. Erst spät stand ich auf, um Feuer zu machen und Brotteig vorzubereiten. Als Micky aufstand, war der Kaffee fertig. Wir ließen uns Zeit und legten erst gegen Mittag ab.
In der Landschaft, die uns umgab, entdeckten wir erste Vorboten des Herbstes. Braune und gelbe Farbtöne mischten sich in das vorherrschende Grün, Büsche und kleine Birken schmückten sich bunt.
Bald gelangten wir an die Einfahrt in den Stewart Channel. Er war vielleicht fünf Meter breit, steile Erdabbrüche zogen sich zum gut einen Meter über uns liegenden, dichtbewachsenen Ufer hinauf. Eine Menge Birken waren gestürzt oder hingen schräg über dem Wasser, klammerten sich mit letzter Wurzelkraft an die sandige Uferböschung. Der Kanal war sehr malerisch anzuschauen, doch wir waren nicht sicher, wie weit er auch befahrbar war. Nach wenigen Kilometern stießen wir auf kleine Stromschnellen. Der Wasserarm verengte sich und munter plätscherte das flache Wasser im hier steinigen Bachbett. Während ich am Ufer entlangging, nahm Micky das Boot an die Leine und watete im höchstens knietiefen klaren Wasser, bis wir nach etwa 50 Metern wieder einsteigen konnten.
Der Stewart Channel wurde nun breiter, zu beiden Seiten standen dichte Teppiche von Wasserpflanzen, die in sumpfige Uferstreifen übergingen. Stellenweise waberten Wasserpflanzen um das Boot und die Wassertiefe war so gering, daß wir staken

Kleine Schnellen im Steward Channel

mußten. Inständig hofften wir, daß das Kanu nicht stecken blieb, denn das braune, trübe Wasser lud ganz und gar nicht zum waten ein. Endlich näherten wir uns der Mündung in den Okipwatsikeu Lake und erleichtert paddelten wir kurz darauf auf den See hinaus. Wir steuerten die nächste Felseninsel an, um eine Kaffeepause einzulegen, Doch als es anfing zu regnen entschieden wir, gleich das Lager aufzuschlagen und zu bleiben. Während Micky eine Feuerstelle baute und eine Regenplane spannte, erntete ich Preiselbeeren , um sie am Morgen in Pfannkuchen zu backen.

16. August

Gegen morgen wurden wir unsanft aus dem Schlaf gerissen, Sturmböen rüttelten am Zelt. Eine Ecke unserer Regenplane hatte sich losgerissen und flatterte im Wind. Wir standen auf, um die Plane einzuholen und nachzusehen, ob noch alles an seinem

Platz war. Es war schweinekalt und schnell krochen wir zurück in die warmen Schlafsäcke, um bis 10 Uhr weiterzuschlafen. Dann schürten wir ein kräftiges Feuer, das der Wind nicht so schnell auseinanderblasen konnte und aßen zum Frühstück köstliche Preiselbeerpfannkuchen mit Ahornsirup.

Als wir spät am Mittag ablegten hatte sich der Wind etwas gelegt, sodaß wir problemlos den See überqueren konnten.

Ein schmaler Durchstich verbindet ihn mit dem Loon Lake, auf welchem nur wenige Inseln zu finden sind. Wir paddelten von Insel zu Insel, fanden sie jedoch allesamt unzugänglich und schroff. Auf einer der größeren Inseln konnten wir schließlich von weitem eine Hütte ausmachen. Wir umrundeten sie und legten auf der Rückseite an einem Steg aus frischen Holzplanken an. Eine steile Holztreppe führte zu einer Anhöhe hinauf. Dort stand das Blockhaus auf einer gerodeten, grasbewachsenen Fläche, umringt von riesigen, uralten Bäumen. Einige der gefällten Stämme waren so dick, daß ich sie mit ausgebreiteten Armen nicht hätte umfassen können. Ich glaube, wir hatten in ganz Saskatchewan nirgends solche ehrwürdigen Baumriesen gesehen. Neben der Veranda der Hütte stand ein Tisch mit Bänken zu beiden Seiten, nicht weit davon lag die ordentliche Feuerstelle, die wir ebenfalls benutzen wollten.

Nachdem wir das Zelt aufgebaut hatten gingen wir hinunter zum Steg, um uns zu waschen. Das Wasser war eiskalt und ich hätte heute eine heiße Dusche vorgezogen. Micky brutzelte Bratkartoffeln und Würstchen zum Abendbrot. Pünktlich zum Essen tauchte ein kleines, marderähnliches Tier aus dem Hohlraum unter der Veranda auf und schaute uns aus schwarzen Knopfaugen neugierig an. Unter dem dichten Blätterdach der hohen Bäume wurde es schon am späten Nachmittag dämmrig und kühl.

17. August

An diesem Morgen legten wir früh ab. Es war bitter kalt. Wolken die aussahen wie Eisschollen hingen am Himmel. Gegen mittag erreichten wir die Provinzgrenze zwischen Saskatchewan und

Manitoba. Vor der Grenzlinie stand eine Gedenktafel, eine Art naives Gemälde, und ein Madonnenschrein. Die Tafel trug eine Aufschrift die besagte, daß Ovide Bear und Marcel Daniels, 24 und 34 Jahre alt, 1964 in den Sisipuk Rapids umgekommen sind. Bevor wir die Grenze überquerten, tranken wir einen Abschiedskaffee.

Manitoba brachte nichts Neues. Die Landschaft veränderte sich kaum, war stellenweise verbrannt, und Lagerplätze gab es auch keine. Die zahlreichen Felseninseln waren eingefasst von schmalen Felsterrassen oder streckten kleine Halbinseln und vorwitzige Felsnasen ins Wasser, doch dahinter war stets undurchdringliches Dickicht.

Wir paddelten fast 20 Km bevor wir eine passende Stelle zum lagern entdeckten. Kurz vor den Sisipuk Rapids passierten wir eine Insel mit einer stufenförmigen, großen Felsterrasse. Auch hier war das Unterholz, das sich dahinter erstreckte so dicht und verfilzt, daß wir den einzigen, halbwegs ebenen Platz für das Zelt quasi erst roden mußten. Micky sägte mehrere kleine, vertrocknete Nadelbäume ab und ich kappte mit dem Messer stachelige Rosenranken. Obwohl Micky einen Windschutz aus Steinen baute, blies der Wind aus einem so ungünstigen Winkel, daß er wie verrückt in die Feuerstelle hineinfuhr und das Garwerden des Eintopfs sehr in die Länge zog.

Gegen abend legte sich der Wind, Sterne erschienen am wolkenlosen Himmel und wir saßen noch lange am Feuer.

18. August

Bei den Sisipuk Rapids handelt es sich eigentlich um richtige Wasserfälle. Ein paar besonders Wagemutige riskieren es immer mal wieder, sie in Motorbooten bezwingen zu wollen, doch Ovide Bear und Marcel Daniels sind nicht die Einzigen, die daran gescheitert sind.

Es dauerte eine Ewigkeit, bis wir die Portage um die Rapids gefunden hatten. Trotz, oder gerade wegen der sehr ausführlichen Beschreibung des Zugangs, suchten wir offenbar immer an der falschen Stelle. Vielleicht hatten wir einen

Trampelpfad erwartet und keinen breiten, gut begehbaren Trail. Nur einige umgestürzte Bäume versperrten den Pfad. Am Wegrand trugen die ersten Himbeersträucher reife Früchte. Wir pflückten sie beim Gehen und steckten sie uns gleich in den Mund.

Die Portage führte uns zu einem Seitenarm, der unterhalb der Rapids wieder in den Hauptkanal mündet. Wegen einiger kurz aufeinanderfolgender Schauer zogen wir Regenjacken an.

Später stoppten wir das Boot, weil Micky ein „Clipper" Kevlar Kanu im Uferdickicht erspäht hatte. Während er noch sinnierte, wo der Besitzer wohl abgeblieben war (denn in Manitoba waren wir bis jetzt keinem Menschen begegnet), zog ich meine Uhr hervor, die ich gewöhnlich in der Hosentasche trage. In diesem Moment flog eine der großen, schwarzen Holzwespen zielstrebig auf mich zu. Sie hatte einen solchen Narren an mir gefressen und war derart aufdringlich, daß ich schließlich nach ihr schlug. Dabei rutschte mir die Uhr aus der Hand und landete in hohem Bogen im Wasser. Ich informierte Micky, daß ich soeben meine Uhr versenkt hatte. Er hatte die Bewegung aus den Augenwinkeln wahrgenommen und wünschte nun eine Erklärung, warum um Himmelswillen ich die Uhr weggeworfen hatte. Ich gab sie ihm. Während ich bemüht war, mit Hilfe des Paddels das Kanu an Ort und Stelle zu halten, fischte Micky mit der Angel im Trüben, doch mit dem leichten Wellengang wabernde Wasserpflanzen versperrten permanent die Sicht. Schließlich zog Micky Hose, Strümpfe und Schuhe aus, stieg ins Wasser und versuchte, die Uhr mit den Zehen zu greifen. Genau in dem Augenblick, als er triumphierend die Uhr herauszog, ging plötzlich ein Regenguß auf uns nieder, der sich gewaschen hatte. Wie ein begossener Pudel stand Micky immer noch in Regenjacke und Unterhose bis zum Hintern im Wasser.

Bei der Einfahrt in den Sisipuk Lake stießen wir auf Gegenwind. Wir kämpften uns in den Windschatten einer Insel und legten dort eine Kaffee- und Verschnaufpause ein. Nochmals suchten wir Schutz hinter einem großen Felsblock im Wasser, doch beim Überqueren eines breiteren Seeabschnitts verausgabten wir uns völlig. Vor einer großen Insel ließen Kreuzwellen von beachtlicher

Höhe das Kanu tanzen. In diesem Augenblick erhob sich ein Adler in die Lüfte und segelte mit dem Wind. Es war ein grandioser Anblick, wie er sich scheinbar schwerelos von jeder Bö noch höher tragen ließ.
An einer breiten Felsterrasse legten wir an und erkundeten die Umgebung. Hinter einem Felsvorsprung begann Wald, mehrere kleine Lichtungen luden zum campen ein. Kaum hatten wir das Boot an Land gezogen und das Gepäck ausgeladen, legte sich der Wind, die Sonne kam hervor und wärmte die Felsen. Es war sogar warm genug, um ein Bad zu nehmen. Mehrere Eichhörnchen sprangen pausenlos um uns herum, schimpften und machten Lärm ohne Ende. Am Abend zauberten Wolken und Sonnenuntergang ein fantastisches Schauspiel an den Himmel. Statt der üblichen Feuerfarben versank die Sonne diesmal in zarten Pastelltönen, in der Ferne ging Regen nieder und zog einen Vorhang vor das Rot. Wir blieben am Lagerfeuer sitzen, bis es auch bei uns anfing zu regnen.

19. August

Während ich Feuer machte, bekam ich Besuch von einem Biber. Als er mich sah, ließ er erschrocken seinen Schwanz auf das Wasser klatschen. Direkt vor mir tauchte er wieder auf, schnaubte und warf den Kopf ruckartig in meine Richtung. Anscheinend gefiel ihm seine neue Nachbarschaft nicht.
Es sah heute nach richtig gutem Paddelwetter aus. Als wir ablegten gerieten wir sofort ins Schwitzen, kein Lüftchen regte sich, der See war spiegelglatt. Die ungewohnte Hitze lähmte die Lebensgeister, es kam uns so vor, als hätten wir Blei in den Armen. Micky prophezeite zum Nachmittag allerdings wieder stürmisches Wetter, und er sollte Recht behalten.
Der riesige Sisipuk Lake breitet sich vom Churchill viele Quadratkilometer weit nach Süden und Westen aus. Seine Ufer sind zerklüftet und strecken, wie eine überdimensionale Amöbe, Tentakeln nach allen Seiten aus. Im Augenblick befanden wir uns am Nordöstlichen Ende des Sees, wo uns eine der Tentakeln

dem Churchill nach Osten folgend in Richtung der Bloodstone Falls hinausführte.
Wegen des beharrlichen Gegenwinds steuerten wir das Kanu von Insel zu Insel, doch an den zerklüfteten Felsen konnte man meist nicht einmal anlegen. Wundersame Wolkengebilde jagten über den Himmel, zuerst weiße Wattewolken, dann Haufenwolken mit einer platten, grauen Unterseite, so als lägen sie auf einer Glasplatte, schließlich zogen von weit hinten Quellwolken auf, wahre Wolkengebirge.
Eine winzige Insel befanden wir endlich als camptauglich. Auf der windabgewandten Seite errichteten wir die Feuerstelle. Eine Reihe mickriger Bäumchen auf der Windseite bildeten eine Lichtung, auf der wir das Zelt aufschlugen. Es flatterte beängstigend, der Wind riß an seiner Verankerung, doch es gab keine andere geeignete Stelle.
Es stürmte unablässig den ganzen Nachmittag. Im Windschatten war es angenehm warm, drüben im Wind kalt.
Seit einiger Zeit beobachteten wir Vogelschwärme, große Kanadagänse, die mit ohrenbetäubendem Gekreische im Formationsflug über uns hinwegrauschten. Sie befinden sich auf dem Rückweg aus den Nordwest-Territorien, wo sie den Sommer verbringen. Auch sie sind Vorboten des Herbstes.

20. August

Nachdem wir ein riesengroßes Müsli zum Frühstück verspeist hatten, legten wir am späten Vormittag ab. Ein kräftiger Rückenwind schob uns endgültig vom Sisipuk Lake, an dessen Ausfluß die Bloodstone Falls in den schmalen Bonald Lake münden.
Die Bloodstone Falls gelten als gefährlich, und tatsächlich gerät man schon weit vor den Fällen in einen beträchtlichen Sog. Wir hielten uns eng am rechten Ufer und tasteten uns vorsichtig an die Portage heran, um nicht von der schweren, reissenden Strömung erfasst zu werden. Eine Log Ramp zum portagieren von Motorbooten begann weiter vorn, doch wir zogen den breiten

Trail vor, der etwas oberhalb am Fluß entlangführt und einen herrlichen Ausblick auf die Bloodstone Falls bietet.
Das Einsetzen unterhalb der Fälle war wieder einmal ein akrobatisches Kunststück. Der Weg endete an einem steilen Geröllhang, über den sich die Log Ramp bis hinunter zum Wasser zog. Leider endeten die Logs einen halben Meter über dem Wasserspiegel. Die Falls produzieren gewaltige Seitenwellen, die das Kanu auf und nieder schaukeln ließen. Auf den logs balancierend versuchte Micky, die Gepäckstücke, die ich hinunterreichte, im Boot zu plazieren. Dann stieg er selbst ein, wendete und hielt wieder unterhalb der Logs. Ich wartete ein Wellental ab, warf meine Schuhe ins Boot und sprang hinterher.
Der kleine, ovale Bonald Lake wies keine Besonderheiten auf. Am Ausgang des etwa 5 Km langen Sees bogen wir links ab und gelangten in einen gewundenen Flußabschnitt, der mit weiteren Rapids in den Pukatawagan Lake mündet.
Ausnahmsweise beschlossen wir, anzulegen und eine Mahlzeit zu kochen, bevor wir die Stromschnellen durchquerten. Für gewöhnlich fanden wir es zu aufwendig, zwischendurch am Tag warmes Essen zuzubereiten. Feuerholz sammeln, Feuer machen, Geschirr und Lebensmittel auspacken, das alles kostete zuviel Zeit. Ray hatte uns in Sandy Bay ein Nudel-Fertiggericht mitgegeben, das sich mitsamt der Käsesoße in einem Topf zubereiten ließ. Micky entfachte ein kleines Kochfeuer und ließ Wasser für die Makkaroni heiß werden. Beim lesen der Gebrauchsanleitung konnten wir uns beim besten Willen nicht vorstellen, daß eine Packung mit 225 g Nudeln für vier Personen reichen sollte. Micky kochte zwei Packungen, also acht Portionen, die wir bequem zu zweit verspeisten. (Sicher waren die Portionen auf den kleinen Bürohunger abgestimmt!)
Frisch gestärkt erreichten wir bald darauf die Stromschnellen. Den Flußinfos folgend blieben wir dicht am rechten Ufer und hielten Ausschau nach der angegebenen Portage. Weit und breit war nichts zu entdecken, sodaß wir schließlich einfach irgendwo anlegten, um wenigstens einen Blick auf die Rapids zu werfen, in die wir hineingerieten. Die Anlegestelle hinter einem Steinwall war allerdings so ungunstig, daß wir eine kurze Strecke über

spitze Felsen portagieren mußten, bevor wir gefahrlos wieder einsetzen konnten. In diesem Augenblick tauchte ein Motorboot auf, verschwand hinter einer Insel auf der linken Flußseite, um gleich darauf wieder aufzutauchen. Verblüfft stellten wir fest, daß man die Stromschnellen problemlos um die Insel herum umfahren konnte, statt mühsam zu portagieren.

Der folgende Flußabschnitt in den Pukatawagan Lake wies erhebliche Strömung und zahlreiche Eddys auf. Es machte Spaß, sich ohne große Kraftanstrengung treiben zu lassen und lediglich ein paar Steuerschläge vorzunehmen, um auf Kurs zu bleiben. An einer vorspringenden Felsnase in einer Flußbiegung machten wir fest und schlugen oben auf dem abgeflachten Plateau unser Lager auf. In der Strömung tummelten sich eine Menge unvorsichtiger Walleyes, von denen morgen einige in unserer Pfanne landen sollten. Am Lagerfeuer ließen wir den langen Tag ausklingen, Sterne glitzerten am klaren Himmel.

21. August

Als ich frühmorgens aus dem Zelt kroch lag dichter Nebel über dem Fluß. Ich zitterte in der Morgenkälte, doch erste Sonnenstrahlen waren dabei, den Dunst zu durchdringen. Es war eine der kältesten Nächte gewesen, seit wir unterwegs waren. Obwohl ich lange Unterwäsche und Socken trug und mich bis über die Nasenspitze im Schlafsack verkrochen hatte, war es ungemütlich gewesen. Bis die Sonne den Nebel aufgelöst hatte schlüpfte ich noch einmal hinein, um mich aufzuwärmen.

Während ich Brötchen in der Pfanne aufgehen ließ, warf Micky die Angel nach den Walleyes aus. Übermütig sprangen sie hoch über die Wasseroberfläche, doch keiner wollte anbeißen.

Erst gegen Mittag brachen wir auf. Die Mammuttour von gestern steckte uns noch in den Knochen, doch wir wollten ohnehin nicht weit. Anläßlich unseres zehnten „Jahrestags“ hielten wir Ausschau nach einer Insel im Pukatawagan Lake, die für einen längeren Aufenthalt geeignet war. Selbstverständlich sollte es eine ganz besondere Insel sein, mückenfrei, mit gutem Zugang

zum Wasser, und voll von erntereifen Beeren für einen fruchtigen Kuchen zur Feier des Tages. Nichts leichter als das.
Nach einem guten Kilometer Flußfahrt erreichten wir den Pukatawagan Lake. Wir steuerten mehrere Inseln an, um sie auf ihre Lagertauglichkeit zu überprüfen, doch die meisten waren zu steil, um ein Zelt zu errichten. Die nächste Insel war ein Zwilling, also eigentlich zwei Inseln, die durch eine schmale Landbrücke miteinander verbunden waren. Auf der südöstlichen Seite, wo wir das Boot festgemacht hatten, entdeckten wir ein verlassenes Camp. Es schien lange niemand dort gewesen zu sein. Ein alter Sessel moderte vor sich hin, überall hingen zerfetzte Plastikplanen in den Bäumen, Kinderspielzeug und Kochgeschirr lagen verstreut. Der Übergang zur Nachbarinsel war derart mit Gestrüpp überwuchert, daß man zu Fuß nicht hinübergelangen konnte. Wir umrundeten die Inseln im Kanu und legten an einer flachen Felsterrasse an. Ein kleines Paradies tat sich vor uns auf: ein windgeschützter, sonniger Badeplatz, ein Sitzplatz auf der Sonnenuntergangsseite und Schatten am Morgen sowie ein riesiges Preiselbeerfeld. Das war fast mehr als wir erhofft hatten. Wir stellten das Zelt auf felsigen Untergrund und Micky schleppte einige Felsbrocken heran, um die Spannschnüre daran zu befestigen. Ich nutzte das schöne Wetter, um Wäsche zu waschen, während Micky erneut sein Angelglück probierte. Anschließend bereitete ich Brotteig vor. Immer wieder ertönte lautes Jaulen und Winseln von der Nachbarinsel, fast hörte es sich an wie ein Rudel junger Hunde. So weit wie möglich näherte ich mich dem Übergang um hinüberzuspähen und entdeckte einen großen Hund, der jedesmal aufheulte, wenn ein Motorboot vorbeikam. (Es fuhren häufiger Boote, denn der Ort Pukatawagan war nicht weit.) Das Echo hallte so vielstimmig wieder, daß es wie ein ganzes Rudel klang, doch tatsächlich war es nur ein Hund. Ich ging zurück zu meinem Teig. Während ich noch über den Hund nachdachte bemerkte ich plötzlich eine weiße Katze, die aufmerksam zu mir herübersah, nur wenige Meter von mir entfernt. Sie kam langsam näher als ich sie lockte, miaute und fauchte abwechselnd, doch die Neugier war schließlich größer als die Angst. Sie war das hübscheste Tier,

das ich je gesehen hatte, von zierlichem Wuchs, mit blaßgrünen Raubtieraugen und schneeweißem, gepflegtem Fell. Als sie herangekommen war ließ sie sich streicheln und schnurrte mir um die Beine. Ich rief nach Micky, der um die Ecke Hechte für das Abendessen filetierte. Er war einigermaßen verblüfft, als ich fragte ob er etwas Fisch für unseren Gast übrig hätte. Irgendwie rechnet man hier draußen nicht unbedingt mit Besuch. Die Katze begleitete mich und fraß Micky Fischabfälle aus der Hand. Von da ab folgte sie uns auf Schritt und Tritt.
Nachdem ich Micky auch von dem Hund berichtet hatte, ging er ebenfalls zum Übergang hinüber und sprach leise mit dem Tier. Keine halbe Stunde später stand er wie aus dem Boden gewachsen an der gleichen Stelle, wo ich zuvor die Katze entdeckt hatte. Der Hund war jedoch so scheu und ängstlich, daß er bei der kleinsten Bewegung davonrannte. Micky vermutete, daß man ihn vielleicht auf der Insel hält und nur ab und zu füttert, um ihn später als Wachhund zu benutzen. Er tat uns so leid, wenn sein erbärmliches Geheul erklang, wann immer Motorengeräusch zu hören war, es war fast zum mitweinen.
Micky fing noch einen kleinen Hecht für die Katze, von dem sie die Hälfte zum Abendbrot bekam. Sie sah nicht abgemagert aus, fraß aber alles, was wir ihr anboten, selbst Reis, Mais und Brot.
Später saßen wir am Lagerfeuer, die Katze schnurrte auf meinem Schoß. Ab und zu kam auch der Hund herüber, tauchte jedesmal schattengleich auf und beobachtete uns aus der Ferne. Es war fast ein bisschen unheimlich. Meist wurde die Katze unruhig und zeigte damit seine Anwesenheit an. Die beiden kannten sich offensichtlich, schienen sich aber nicht sonderlich zu mögen. Ein hingeworfenes Brötchen verschlang der Hund gierig, doch er näherte sich nicht.
Als wir in den Schlafsack krochen mußte die Katze draußen bleiben. Sie strich ums Zelt und murrte leise. Mehrmals versuchte sie hereinzukommen und wir befürchteten, daß sie ihre Krallen an der dünnen Zeltwand erprobte. Am Morgen hatte sie sich so weit in die Tür des Innenzelts gerollt, daß sie fast auf Micky`s Füßen lag.

22. August

Feuermachen, Kaffeekochen, Zähneputzen, auf Schritt und Tritt begleitete mich die weiße Katze. Wir frühstückten frische Brötchen und die Katze bekam die zweite Hälfte des Hechts vom Vortag. Micky fing auch einen Fisch für den Hund, doch der schaute nur sehnsüchtig aus der Ferne und traute sich nicht heran.
Ich rührte einen Kuchenteig an und belegte ihn mit Äpfeln, getrockneten Aprikosen und frisch gepflückten Preiselbeeren. Das Ganze übergoss ich mit Beerenliqueur, den Ray uns in Sandy Bay geschenkt hatte. Im bewährten Pfannen-Topf-Ofen gelang er diesmal ausgezeichnet. Langsam hatte ich Übung, hielt das Feuer klein und die Hitze gleichmäßig.
Wir gönnten uns einen faulen Nachmittag, dösten in der Sonne und schrieben ein paar Briefe. Die Katze fing sich einen Vogel und legte sich in unserer Nähe auf weiches Moos, um ihn genüßlich zu verspeisen. Ganz schön verfressen das kleine Biest. Zum Kaffee aßen wir den Kuchen, von dem kein Krümel übrig blieb.
Zum Abendessen kochte Micky uns leckere Spaghetti mit Schinken-Käse-Soße. Ein Stapel Holz für das Lagerfeuer lag auch schon bereit. Wir tranken den Beerenliqueur aus und anschließend den Bacardi. In der 1,5 Liter Flasche waren uns gerade noch zwei Finger breit Rum geblieben, genug damit wir beide einen leichten Glimmer bekamen.
Gegen neun Uhr erschienen weiße, helle Schleier am sternklaren Himmel - die ersten Polarlichter! Zunächst blieben sie relativ statisch, dann veränderten sie sich immer schneller, unbeschreiblich, wenn man es nie gesehen hat. Wir standen auf der Felsterrasse und drehten uns im Kreis, den Kopf in den Nacken gelegt, um ja nichts zu verpassen. Der dunkle Himmel wirkte auf einmal räumlich - wie eine Kuppel, von der fast durchscheinende Gardinen aus milchigem, weißem Licht herabgelassen wurden. Immer neue Formen tauchten auf, verblassten langsam und verschwanden schließlich ganz, machten neuen Lichtbögen Platz. Auf dem Höhepunkt waberte

und flackerte ein Stakkato aus Licht über den Himmel, man wußte gar nicht, wo man zuerst hinschauen sollte. Wir legten uns nah am Feuer auf den Rücken auf die glatten Felsen, die Katze auf meinem Bauch. Nach einer kurzen Pause tauchten die Lichter erneut auf, bis Wind aufkam und Wolken das Schauspiel verdeckten. Sofort wurde es feucht und ungemütlich, und da man sowieso nichts mehr sehen konnte, krochen wir in den Schlafsack. Es war fast Mitternacht.

23. August

Wir schliefen lange und tranken in Ruhe Kaffee. Es war windig heute und im Schatten ziemlich kühl. Die Katze, die die Nacht wieder vor dem Zelteingang verbracht hatte, war unruhig und maunzte auffordernd, damit es endlich Frühstück gab. Gegen Mittag rührte ich Pfannkuchenteig an, Micky pflückte Preiselbeeren und die Katze bekam Fisch.
Wir hatten nichts besonderes vor, wollten nur den gestrigen Tag ausklingen lassen, bevor wir nach Pukatawagan aufbrachen.
Irgendwann fiel mir auf, daß von der Zwillingsinsel gar kein Hundegeheul mehr zu hören war, auch dann nicht, wenn ein Boot vorbeifuhr. Die Stille beunruhigte mich mehr als das Gejaule. Micky richtete sich gerade darauf ein, eine Fotoserie der einzelnen Phasen des Sonnenuntergangs zu schießen, erklärte sich aber schließlich bereit, hinüberzupaddeln und nachzusehen, was los war. Später erzählte er, daß er in der Mitte der Nachbarinsel ein riesiges Camp vorgefunden hatte. Außer einem großen, möblierten Hauszelt gab es mehrere andere Zelte, darunter ein Tipi, ausgestattet mit Kissen und Decken. An den Bäumen hingen Haushaltsgegenstände. Über einer Küchenuhr mit Zeitwecker war ein geschnitztes Schild angebracht, auf dem der Name „Joe Linklater“ zu lesen war. Mitten auf einem Küchentisch lag der Hund. Da er nicht wußte wie das Tier reagieren würde, näherte Micky sich vorsichtig. Alles schien in bester Ordnung zu sein, der Hund blieb ruhig liegen, und so machte Micky sich erleichtert auf den Rückweg.

Abends warteten wir am Lagerfeuer auf Polarlicht. Wie am abend zuvor tauchten gegen 21.00 Uhr verheißungsvolle Schleier am Himmel auf, doch es blieb bei einer vagen Andeutung. Es war bedeutend kälter als gestern. Ein leichter Wind wehte und blies Funken aus den Flammen, sodaß wir nicht so nah ans Feuer rücken konnten. Um 22.30 Uhr waren wir dabei, das letzte Holz zu verbrennen und ins Bett zu gehen, als das Polarlicht auf einmal deutlicher wurde. Noch schöner als gestern flimmerten sie in dieser Nacht farbig, grün, violett und weiß. Es war das Schönste, was wir bisher gesehen hatten, wir waren verzaubert. Leider dauerte das herrliche Schauspiel diesmal nur eine halbe Stunde. Dann verblasste das Licht und huschte nur noch als Ahnung über den Himmel.

24. August

Ich war traurig, weil ich wußte, daß wir die weiße Katze auf der Insel zurücklassen mußten. Auch sie spürte, daß etwas bevorstand und strich unruhig um uns und das Gepäck herum, während wir das Lager abbrachen. Als wir schließlich im Kanu saßen, bereit zum ablegen, stand sie mit den Pfoten an der Wasserlinie und schnupperte zum Boot herüber. Sie stieß ein paar Jammerlaute aus und ich fing an zu heulen. Dann versuchte sie es an einer anderen Stelle, und wenn sie den Mut gehabt hätte zu springen, wer von uns hätte es fertiggebracht, sie wieder an Land zu setzen? Aber sie sprang nicht, und da mir natürlich klar war, wie unvernünftig es wäre sie mitzunehmen, holte ich sie auch nicht herein. Schnell stieß ich das Kanu mit dem Paddel vom Ufer ab, um den Abschied nicht noch länger hinauszuzögern. Während wir eilig paddelten, saß ich vorne im Kanu und trauerte. Irgendwie war es so etwas wie Liebe auf den ersten Blick gewesen. Ich dachte an den bevorstehenden Herbst mit Eis und Schnee. Unmöglich konnten die beiden Tiere auf der Insel den langen, harten Winter ohne Hilfe überleben.

Knapp zwei Stunden Später erreichten wir den Ort Pukatawagan. An einem großen schwimmenden Anleger machten wir das Boot fest. Dahinter mähte ein dicker Indianer

den Rasen in einem weitläufigen, eingezäunten Areal. Ein zweiter Indianer kam herunter und erklärte, dies sei der Anleger für die Wasserflugzeuge der „Manitoba Firefighters“, wir könnten jedoch an der Seite festmachen.
Wir gingen hinüber zum örtlichen Northern store, den wir an der üblichen grün-weißen Fahne sofort erkannt hatten. Der Laden war schmutzig und schlecht sortiert. Die Tiefkühltruhe war so vereist, daß ich wohl nichts gekauft hätte, wenn ich die Wahl gehabt hätte. An der Kasse versuchten wir, wie immer, mit Visa Card zu bezahlen. Die junge Indianerin an der Kasse, die Kaugummi kaute und ihre angeklatschte Frisur wohl aus dem neuesten Modeheft hatte erklärte, daß das Gerät zum Einlesen der Karte sei kaputt sei. Wir behaupteten, daß wir hätten nicht genug Bargeld dabei hätten, was nicht ganz falsch war, denn der Betrag hätte unsere letzten Bargeldreserven aufgezehrt. Sie rief den Manager. Die Schlange hinter uns wuchs, doch alle blieben gelassen, unterhielten sich oder schauten interessiert zu, wie der Manager versuchte, den Apparat in Gang zu kriegen. Nach endlosem herumprobieren funktionierte er schließlich doch, und wir konnten mit Karte bezahlen.
Inzwischen hatten sich die Kids am Anleger eingefunden, um uns, die Attraktion des Monats, zu bestaunen. Während Micky sich mit einem älteren, sturzbetrunkenen Indianer unterhielt wurden sie immer unverschämter, fummelten an der Ausrüstung herum und fragten mir Löcher in den Bauch. Obwohl ich sie allesamt auf kaum 10 Jahre alt schätzte, fingen sie an obszöne Bemerkungen zu machen und wollten wissen, was Micky und ich abends im Zelt denn so trieben. Langsam wurde es mir zu bunt. Als Micky seine Unterhaltung endlich beendet hatte überließ ich es ihm, die Bande von unserer Ausrüstung fernzuhalten, und ging nochmal zum Laden zurück, um zu telefonieren und Briefe aufzugeben. Das Telefon war kaputt und die Poststelle hatte geschlossen. Wenigstens konnte ich der netten Dame vom „Customer Service“ im Northern die Briefe und Geld für Briefmarken geben, und sie versprach, sie abzuschicken.
Der Indianer, der bei den Firefighters Rasen mähte erklärte, das Office der RCMP sei zwei Meilen entfernt und mit dem Boot auf

direktem Weg nicht erreichbar. Zu Fuß war uns die Entfernung zu weit, zumal wir das Kanu auf keinen Fall lange allein lassen wollten. Gern hätten wir Ray in Sandy Bay angerufen, um mitzuteilen, daß wir gut angekommen waren, und damit er per Fax unsere Personalien an die RCMP in Pukatawagan schickte, aber das Telefon war ja kaputt. So blieb uns nichts anderes übrig als abzulegen und dieses staubige Nest hinter uns zu lassen. Wenigstens eine gute Nachricht hatte Micky für mich: der ältere Indianer, mit dem er vorhin gesprochen hatte, kannte das Camp auf der Insel, den einsamen Hund und die weiße Katze. Auf Micky`s Frage, ob ihm der Name Linklater bekannt sei erklärte er, daß mindestens die Hälfte aller Einwohner von Pukatawagan Linklater heißen, Joe Linklater war sein Neffe. Er war sicher, daß Joe die Tiere rechtzeitig vor dem Winter abholen würde.

Eine der nächstgelegenen Inseln direkt gegenüber von Pukatawagan bot sich als Lagerplatz an. Während wir den neu gekauften Proviant in die Fässer sortierten und das Zelt aufbauten erhoben sich stürmische Böen, eine Gewitterfront baute sich auf. Gerade hatten wir alles regensicher verstaut und Regenzeug angezogen, als auch schon ein heftiger Guss über uns niederging. 20 Minuten später war es vorbei, die Sonne kam hervor und ein Regenbogen erschien am Horizont.

Den ganzen Nachmittag drangen Rufe und Motorenlärm von „Puk", wie man den Namen des Ortes hier abkürzte, zu uns herüber. Irgendein Verrückter hatte offenbar einen neuen Außenborder für sein Boot zu Weihnachten bekommen und röhrte damit unablässig vor der Stadt herum.

Nach dem Abendessen aus Grillfleisch und Kartoffeln aus dem Feuer zogen weitere Gewitter auf. Es blitzte an verschiedenen Stellen, das nachfolgende Donnergrollen blieb jedoch aus. Direkt oberhalb von Puk brach ein Feuer aus und wir sahen die örtliche Feuerwehr mit einem Wagen ausrücken wie man Ihn aus amerikanischen Filmen kennt, riesengroß mit zahllosen blinkenden Lampen. Erst am späten Abend legte sich das Unwetter. Wir setzten uns noch eine Weile ans Lagerfeuer, endlich war es still geworden. Doch für Polarlichter war die Nacht leider zu bewölkt.

VON PUKATAWAGAN NACH LEAF RAPIDS

25. August

Als wir ablegten hing der Himmel voller grauer Wolken. Rückenwind trieb das Kanu auf die Pukatawagan Falls zu. Von jetzt an hatten wir keinerlei Flußinformationen mehr. Die kleinen Heftchen, die uns in Saskatchewan gute Dienste geleistet hatten, gab es für Manitoba nicht. Sämtliche Stromschnellen sind zwar in der Karte eingezeichnet, doch sagt sie natürlich nichts über die Befahrbarkeit und gibt keine Ratschläge zum Umtragen.
In diesem Fall hatte Micky sich im Supermarkt umgehört und von einem Indianer erfahren, daß es eine Log Ramp gab und wie sie zu finden war. Die Pukatawagan Falls teilen sich und rauschen in drei verschiedenen Richtungen über hohe Stufen hinab, um sich später wieder zum gewaltigen Hauptstrom zu vereinigen. Die log ramp führt über den mittleren der drei Kanäle. Um sie zu erreichen muß man sich in die „Höhle des Löwen" wagen, sprich mitten ins Herz des Stroms, kurz bevor er sich teilt. Hier an der falschen Stelle anzulegen kann fatale Folgen haben. Die Log Ramp steht auf Stelzen über einem steilen Hang, der sich in einer Kurve zum Fuß der Stromschnellen hinunterzieht. Im mittleren Teil balancierten wir unser Gepäck in mehreren Metern Höhe über die weit auseinanderliegenden Logs. Genau das Richtige für mich, denn ich bin nicht schwindelfrei.
Pukatawagan liegt an der Eisenbahnstrecke der „Canadian National Railway" von Lynn Lake nach The Pas, die wir hier kreuzten. In der Ferne spannte sich eine riesige Eisenbahnbrücke über den Fluß. Nicht weit unterhalb der Fälle passierten wir eine große schwimmende Plattform, von der aus über einen Steg Schienen einen Hügel hinaufführten. Neugierig machten wir das Boot fest und stiegen hinauf. Ein Schild verkündete, daß dies die Verladestation „Pawistik" war. Mehrere Gebäude aus Holz erinnerten an den Bahnhof aus einem Wildwestfilm. Türen standen offen, doch kein Mensch war zu sehen.Das Wetter war inzwischen richtig schön geworden. Der Wind hatte die graue Wolkendecke beiseite gefegt, nur noch

vereinzelt trieben weiße Wölkchen am Himmel. Am Nachmittag suchten wir uns eine winzige Felseninsel als Rastplatz aus. Während wir Kaffee kochten, hörten wir das Rattern und Kreischen eines näherkommenden Zuges. Das war ein Glücksfall, denn der Zug von Lynn Lake nach The Pas verkehrt nur zwei mal pro Woche. Die Geräusche vom Festland wurden lauter und lauter, doch es dauerte eine Ewigkeit, bis der Zug im Schneckentempo aus dem Wald auftauchte und wir ihn direkt am Wasser entlangschleichen sahen. Hinter etwa zehn Güterwaggons waren zwei Personenwagen angehängt. In ein paar Wochen würden wir selbst darin sitzen.

Wir machten uns wieder auf den Weg und gelangten in eine öde Gegend mit kahlen, stellenweise verbrannten Hängen. Die Ufer waren meist unzugänglich und steil, es war unmöglich irgendwo anzulegen oder zu lagern. Es blieb uns nichts anderes übrig, als weiterzupaddeln. Der Himmel hatte sich wieder bezogen, das Wasser sah grau und trübe aus. Es wurde ungemütlich kühl und wir zogen Pullover über die T-shirts. Ein Schwarm Krähen kreiste über unseren Köpfen. Ihr heiseres Geschrei löste Unbehagen in mir aus.

An einem flachen Uferstreifen legten wir an und aßen ein paar Müsliriegel zur Stärkung. Mit dem Fernglas entdeckte Micky einen Sandstrand, weit drüben in einer Flußbiegung. Auf halbem Weg passierten wir eine abgebrannte Insel. Ein hellblaues Kreuz, umgeben von einem weißen Zaun stand darauf. Das Besondere war, daß diesmal das Festland unversehrt und nur die Insel verbrannt war. Wir mutmaßten, ob sich hier wohl eine Tragödie abgespielt hatte.

Der Sandstrand erwies sich als schöner Lagerplatz. Auf einer Anhöhe dahinter stand ein verlassenes Blockhaus ohne Fenster und Türen. Leider lagen auch die üblichen Müllberge herum.

Zum Sonnenuntergang schob sich die Wolkendecke noch einmal beiseite, doch es wurde empfindlich kalt. Wir schafften es gerade noch das Zelt aufzubauen und zu essen, bevor es Dunkel wurde. Ein Motorboot kam vorbei und legte kurz an. Micky unterhielt sich mit Mike, dem Fahrer des Bootes. Mike bestätigte was wir schon früher gehört hatten: im September kann das

Pukatawagan Falls

Log Ramp an den Puk Falls

Wetter durchaus noch schön sein, doch es kann sehr plötzlich umschlagen, und ab Mitte September muß man mit Schnee rechnen. Um diese Erfahrungen zu unterstreichen, erzählte er die Geschichte eines jungen Mannes, der von einem Sturm auf einer Insel festgehalten worden war und dem die Lebensmittel ausgegangen waren. Dort fand Mike ihn, halb verhungert und erfroren, und nahm ihn mit. Solche Berichte finde ich immer sehr ermutigend.
Nachdem Mike wieder losgebraust war, kochten wir im Dunkeln Kaffee und schürten ein Lagerfeuer. Einige marderähnliche Tiere huschten hinter uns vorbei und blieben kurz stehen, als Micky sie mit der Taschenlampe anleuchtete.
Am klaren Himmel erschienen Polarlichter. Bis weit in die Nacht bewunderten wir das Naturereignis, das sich wieder in leuchtendem Grün, Weiß und Violett zeigte.

26. August

Bald stieg die Sonne über den Hügel in unserem Rücken und erwärmte die kühle Morgenluft. Ich war dabei Preiselbeerpfannkuchen zu machen, die heute nicht so recht gelingen wollten und ständig in der Pfanne hängenblieben. Beim Frühstück hatten wir Zuschauer, große grau-weiße Vögel, excellente Flieger, die mich an Elstern erinnerten. Sie beobachteten uns von einem Baum aus, der direkt hinter unserem Lager stand. Micky warf ein Stück Pfannkuchen hin, und sofort ließ sich einer vom hohen Ast gleiten und schnappte sich das Stück. Unglaublich, daß wildlebende Vögel Pfannkuchen fressen, dachten wir, und versuchten es nochmal. Bis auf einen halben Meter wagten sich die Tiere an uns heran. Jeder Krümel wurde eingesammelt und davongetragen, alle Teigreste, die ich aus der Pfanne kratzte mitgenommen. (Wir erfuhren später, daß sie Whisky Jack genannt werden, in Kanada häufig vorkommen und sich auch in größeren Städten heimisch fühlen.)
Es war nun richtig warm geworden, und da ein Sandstrand immer den besten Wasserzugang hat, beschlossen wir uns ausgiebig zu waschen. Das Wasser war kalt, aber herrlich

erfrischend. Wir ließen uns Zeit und machten uns erst spät am Mittag auf den Weg. Wir planten heute ohnehin nur eine kurze Tour. Nach ungefähr 10 Kilometern legten wir an einem schmalen Felsplateau an, da andere Lagerplätze nicht in Sicht waren. Micky vertäute die Zeltschnüre wieder einmal kunstvoll um extra herbeigeschleppte Felsbrocken. Das Zelt war annähernd so breit wie die Felszunge, auf der es stand. Ein paar Schritte weiter bildeten stufenförmigen Felsterrassen natürliche Sitzgelegenheiten. Es blieb lange warm heute, und auch später, am Lagerfeuer, war es mollig. Der Himmel hüllte sich in Wolken, doch schemenhaft war Polarlicht zu erkennen.

HERBST

27. August

In der Nacht regnete es. Als ich aufstand tropfte es von den Bäumen, kein Stück Feuerholz war mehr zu gebrauchen.
Von einem Nadelbaum mit weit ausladenden Zweigen brach ich die untersten trockenen, kahlen Äste ab. Die zarten Spitzen der kleinsten Zweige fingen sofort Feuer und entzündeten das Nadelholz. Während das Kaffeewasser heiß wurde, trockneten wir den Holzvorrat vom Vortag auf dem Grillrost neben dem Kessel.
Es war ideales Paddelwetter, abwechselnd sonnig und bewölkt und nicht so heiß. mit leichtem Rückenwind und ein wenig Strömung kamen wir ganz gut voran. Nachmittags steuerten wir eine Insel an, die sich als idealer Lagerplatz herausstellte, sodaß wir die gute Gelegenheit nicht versäumen wollten. Hinter einer breiten, flachen Felsterrasse erstreckte sich dichter Wald mit einer Lichtung vorne, die ausreichend groß war, um das Zelt aufzustellen. Beim Erkunden der Insel entdeckten wir viele kleine Schädelknochen von Nagetieren und Vögeln, und einige Fragmente von Elchwirbelknochen.
Nach einem großen Topf Spaghetti mit Käsesoße zum Abendessen, saßen wir noch eine Weile am Lagerfeuer. Die Gedanken schweiften zurück zum Beginn unserer Tour, die sich nun ihrem Ende zuneigt. Ich glaube, seit wir Pukatawagan verlassen haben, ist dies die einsamste Gegend, durch die wir je gepaddelt sind. Nur ganz selten hört man in der Ferne das Geräusch eines Bootsmotors. Selbst Tiere sieht man kaum und meist ist es absolut still. Wenn der Wind ruht und keine Wellen ans Ufer plätschern, kann man die Stille fast hören. Während es im Frühsommer niemals ganz dunkel wurde, geht die Sonne jetzt um acht Uhr unter und eine Stunde später ist es bereits stockdunkel, besonders wenn Wolken den Himmel bedecken. Ein Lagerfeuer wirkt da sehr tröstlich und vermittelt ein Gefühl der Geborgenheit.

28. August

Da wir einen weiteren Tag auf der Insel bleiben wollten, konnten wir ausschlafen. Zum Frühstück mußten wir uns wegen des kalten Nordwindes warm anziehen. Zum Aufwärmen unternahmen wir einen zweiten Erkundungsgang. Während ich mich querfeldein durch den Wald schlug versuchte Micky die Insel am Ufer entlang zu umrunden. Die Rückseite war windgeschützt, sonnig und warm und lud zu einem Bade- und Waschtag ein.
Auf dem Rückweg durch den Wald fand ich noch mehr Vogelknochen und kleine Schädel. Vielleicht hatte ein Raubvogel das Kleinwild auf der Insel derart dezimiert und war dann weitergezogen.
Micky holte das Angelzeug hervor und ging zurück zur Sonnenseite. Ich bereitete einen Hefeteig, den ich zum Aufgehen in die Sonne stellte, bevor ich Micky auf die andere Inselseite folgte, mit Handtüchern und Waschutensilien bewaffnet.
Gerade hatte ich mich gewaschen und schlüpfte in frische Klamotten, als wir plötzlich eine kräftige Dusche von oben bekamen. Eine dicke, schwarze Wolke hatte sich vor die Sonne geschoben und regnete direkt über uns ab. Unter einem ausladenden Nadelbaum suchte ich Schutz so gut es ging, während Micky so schnell es die glitschigen, nassen Felsen erlaubten zurück zum Lager rannte, um die Schlafsäcke von der Leine zu nehmen und das Zelt zu schließen. Als der Regen nachließ tastete ich mich vorsichtig über die Felsen und mußte aufpassen, nicht im Wasser zu landen, denn die Sohlen meiner Turnschuhe sind extrem glatt.
Nach dem kurzen, aber heftigen Schauer erhob sich ein stürmischer Wind, der die Schlafsäcke schnell wieder trocknete. Um Brot backen zu können spannte Micky eine mehrfach zusammengelegte Plane als Windschutz auf, doch stürmische Böen ließen die Flammen so hoch auflodern, daß wir die Plane wieder abnehmen mußten, damit sie nicht schmolz. Nun heizten wir ohne Windschutz ordentlich ein, und diesmal brannten die

Brötchen in der Pfanne an, sodaß ich sie schnell wieder herausnahm. Bestimmt waren sie innen nicht gar.
Den ganzen Nachmittag blieb es stürmisch und wir waren froh, daß wir heute nicht paddeln mußten. Erst gegen abend legte sich der Wind und fegte die letzten Wolken beiseite. Nach einem herrlichen Sonnenuntergang war der Himmel noch in rötliches Licht getaucht, als der zunehmende Mond aufging. Schnell zog er seine halbkreisförmige Bahn. Ein heller Streifen blieb am Horizont hängen, der Mond warf silbriges Licht auf den See. Es war noch immer nicht ganz dunkel, als die ersten Polarlichter über den Himmel schwirrten. Gegen zehn Uhr ging der Mond unter. Wo er versank färbte sich das Wasser orangerot, wie bei einem kleinen Sonnenuntergang. Dann zogen Wolken auf, verdeckten das bunte Gemisch aus Lichtern und Farben und hüllten alles in Dunkelheit.

29. August

Nach einem kalten, wolkenlosen Morgen wärmte die Sonne tüchtig, als wir am späten Vormittag aufbrachen. Wind und gemäßigte Wellen schoben das Kanu vor sich her. Auf einem kurzen Flußabschnitt mit leichter Strömung und vielen Eddys legten wir die Paddel beiseite und gönnten uns das seltene Vergnügen, das Boot ein Stück treiben zu lassen. Ein Adler schraubte sich in den blauen Himmel hinauf, immer höher, bis ich ihn nur noch als Punkt wahrnahm. Als ich kurz wegblickte, fand ich auch den Punkt nicht mehr. Wirklich unvorstellbar, wie hoch sie fliegen.
Später änderten wir die Richtung und bekamen heftigen Gegenwind. Mit Mühe kämpften wir uns durch die Kreuzwellen vor einer kleinen Insel, in deren Windschatten wir Kaffee kochten. Nach erneuter Richtungsänderung flaute der Wind etwas ab. Gegen drei Uhr gelangten wir an eine tiefe Bucht mit einem Sandstrand. Obwohl es noch früh war beschlossen wir, in Anbetracht der seltenen Lagermöglichkeiten, dort zu bleiben. In der Bucht war es windgeschützt und warm. Es war herrlich, den Nachmittag in der Sonne zu vertrödeln. Barfuß schlenderte ich

am langen Strand entlang und suchte Rosenquarze für meine Sammlung. (Ich sammelte wirklich nur die ganz kleinen, denn Micky war der Meinung, meine Steinsammlung müsse inzwischen auf mehrere Pfund angewachsen sein.)
Nach einem herrlichen Sonnenuntergang wurde es empfindlich kalt. Ein Motorboot mit zwei Mann Besatzung bog in die Bucht ein und stoppte vor dem Sandstrand. Ende August beginnt die Elchjagd und auch diese Beiden fuhren zur Jagd hinaus. Die Männer erklärten, sie waren „just curious“, wer hier lagerte, als sie das rote Kanu gesehen hatten.
Später sahen wir am gegenüberliegenden Ufer ein Lagerfeuer aufflammen und hörten lautes Lachen. Wir fragten uns, wie man bei diesem Lärm Elche jagen kann.
Polarlichter bedeckten den sternklaren Himmel. Diesmal wirkten sie eher flächig, nur selten begannen die eiszapfenähnlichen Gebilde zu wandern. Als wir in die Schlafsäcke krochen war mir eiskalt.

30. August

Schnell vertrieb die Sonne die Nachtkälte. Während wir das Zelt abbauten entdeckte Micky ein Waldhuhn. Er folgte ihm vorsichtig ins lichte Gebüsch und erlegte es mit Pfeil und Bogen.
Gegen Mittag legten wir ab. Es war heiß, fast drückend, ein leichtes Lüftchen wehte. (Auf keinen Fall wollten wir uns beschweren, denn Ende August ist man froh über jeden schönen Tag)
Am Highrock Lake gab es mehrere schöne Sandstrände. Einer der größeren war sogar in der Karte verzeichnet: Chepi Beach.
Als Gewitterwolken aufzogen, machten wir uns auf die Suche nach einem Lagerplatz. Ein breiter Sandstrand entpuppte sich als wahre Müllhalde. Unter anderem verschandelten mehrere verrostete Ölfässer die Landschaft. Von diesem Strand aus hatten wir Einblick in eine kleine Bucht am gegenüberliegenden Ufer, die wir vorher glatt übersehen hatten. Während wir eilig hinüberpaddelten rückte die Gewitterfront schnell näher. Wir beeilten uns mit dem Aufbauen des Zeltes. Bei Blitz und Donner

spannte Micky eine Plane als Vordach über den Eingang, als es über dem See anfing zu gießen. Der Regen fiel so dicht wie ein grauer Vorhang. Hinter den Wolken schien bereits wieder die Sonne und beleuchtete den Regenvorhang mit fahlem, gelbem Licht. Wir saßen unter der Plane und beobachteten fasziniert das Naturschauspiel. Getrieben von plötzlichen, sturmartigen Böen, zog das Gewitter in nordöstlicher Richtung an uns vorbei. Lediglich Sprühregen und ein paar dicke Tropfen klatschten auf unser Schutzdach. Nach einer Stunde war das Unwetter spurlos verschwunden, die Wolken gaben den Blick frei auf einen leuchtenden Sonnenuntergang.

Micky rupfte das Waldhuhn zum Abendessen. Das Tier bestand mindestens zur Hälfte aus herrlichen, bunten Federn, die sich leicht herausziehen ließen. Einige davon bewahrten wir auf.

Viel Fleisch hatte der Vogel nicht auf den Rippen, doch mit Reis und Champignonsoße ergab es ein köstliches Essen.

Trotz der sternklaren Nacht, ließen sich heute keine Polarlichter sehen. Stattdessen fiel eine Sternschnuppe nach der anderen vom Himmel.

Gerade hatten wir uns in die Schlafsäcke eingemummt, als plötzlich heftiger Wind aufkam und wenige Minuten später Brandung auf den Strand rollte. Auf dem schmalen Sandstreifen stand das Zelt keine zwei Meter vom Wasser entfernt, der Wind zerrte an den Zeltschnüren und ließ die Plane flattern. Unruhig wälzten wir uns hin und her, das Rauschen der Wellen beständig in den Ohren.

31. August

Am Morgen war die Lage unverändert, unmöglich gegen Wind und Wellen auf den See hinauszukommen. Sturm und Brandungswellen hielten uns in der kleinen Bucht gefangen. Es war bewölkt und kalt, zeitweise regnete es. Ich hielt mich überwiegend im Zelt auf, las ein wenig, schrieb Briefe und versuchte zu schlafen, doch das Heulen des Windes ließ mich nicht zur Ruhe kommen. Stattdessen machte ich mir Gedanken

über dieses Stärkste der Elemente, mit denen wir es auf unserem Trip in der Wildnis zu tun hatten.
Wenn der Wind heftig bläst durchdringt er alle Schichten unserer Kleidung, dringt in jede Öffnung, selbst in winddichtem Gore Tex fühlen wir uns unbehaglich. Er kühlt den Körper ungleich viel schneller aus, als niedrige Temperaturen allein es bewirken könnten. Oft habe ich das Gefühl, daß er mir den letzten Rest Wärme aus dem Körper zieht, mich regelrecht auslaugt.
Vor Regen konnten wir uns mit einer Regenplane schützen oder uns ins Zelt verkriechen. Doch wenn Sturm am Zelt zerrt, daß es im Wind flattert, ist es kaum mehr als eine Notunterkunft. Ständig befürchtet man, daß die Zeltplane oder die Spannschnüre ihm nicht standhalten.
Manchmal konnten wir nicht einmal ein wärmendes Feuer anzünden, und wenn wir es doch geschafft hatten, blies der Wind die Flammen auseinander, sodaß das Feuer Unmengen an Holz verschlang ohne zu wärmen, das Essen wollte nicht gar werden, Sand und Asche wehten hinein.
Häufig hatten wir erlebt, wie schnell der Wind Wald- und Buschbrände entfacht, Rauch, Feuer und Asche über weite Strecken verbreitet, sodaß sich die Sonne am Himmel verdunkelt, Inseln und Ufer wie in Nebel gehüllt sind.
Bei starkem Gegenwind kamen wir mit dem Kanu nicht einen Zentimeter voran, selbst wenn wir all unsere Kräfte aufboten. Rückenwind trieb das Boot wie ein Spielzeug vor sich her, wie eine Nußschale tanzte es auf den Wellen. Der Wind bestimmte unsere Richtung, ob wir wollten oder nicht. Oder er hielt uns auf einer Insel oder in einer Bucht fest, so wie heute.
Binnen Sekunden konnte er einen ruhigen, glatten See in ein aufgewühltes Meer verwandeln, meterhohe Wellen mit weißen Schaumkronen aufwerfen, die uns zu verschlingen drohten.
Nicht daß wir nicht dankbar waren für eine kühle Brise an einem heißen Sommertag, aber meistens schimpften wir über den Wind, personifizierten ihn dabei regelrecht, sprachen mit ihm wie mit einem Widersacher. Ab und zu hatten wir das Gefühl, gewonnen zu haben, ließ er uns einen kleinen Triumph. Doch insgeheim wußten wir, daß er stets der stärkere Gegner war.

Micky brachte Kaffe ins Zelt, den er auf dem Benzinkocher gekocht hatte. Das Wasser war bis auf etwa 1 Meter vor dem Zelt auf das Ufer gestiegen. Unsere Feuerstelle wurde von den Wellen angenagt und wäre komplett überspült worden, wenn Micky nicht ein Damm aus Steinen und Sand drumherum gebaut hätte.

Am späten Nachmittag konnte ich das ununterbrochene Rauschen der Brandung nicht mehr ertragen. Unaufhörlich riß der Wind am Zelt. Micky überredete mich zu einem kleinen Spaziergang in den Wald, um mich auf andere Gedanken zu bringen und mich aus dem grünlichen Dämmerlicht des Zeltes herauszulocken. Warm angezogen stiegen wir die Böschung hinter dem Sandstreifen empor. Im Wald lagen umgestürzte Bäume kreuz und quer und zeugten von früheren Stürmen. Die anderen, die sich noch aufrecht hielten, bogen sich im Wind, ächzten und knarrten, wenn sie sich aneinander rieben, einige hatten bereits ihre Wipfel verloren. Das Geräusch berstenden, splitternden Holzes war nicht gerade beruhigend. Trotzdem hatte es gutgetan, durchzuatmen und den Blick in die Ferne zu richten statt nur die Zeltwand anzustarren. Ich fühlte mich belebt und auch ein wenig befreit.

Beim Lager angekommen kochten wir Bohneneintopf. Es wurde bereits dunkel als wir fertig waren mit Essen. Da man nicht am Feuer sitzen konnte (selbst zum Kaffeekochen verschlang der Wind Unmengen an Holz), wurde uns draußen bald zu kalt, sodaß wir den Kaffee im Zelt tranken und dann zu schlafen versuchten. Auch in dieser Nacht wälzte ich mich unruhig von einer Seite zur anderen und schreckte immer wieder hoch. Sturm und Brandung tobten mit ungebrochener Gewalt.

1. September

Sämtliche Glieder waren steif, mir tat der Rücken weh vom langen Liegen und vielen Herumwälzen. Wir waren fest entschlossen, diesen ungastlichen Ort, diese widerwärtige kleine Bucht mit dem schmalen Sandstreifen, heute zu verlassen, koste es was es wolle.

Tatsächlich hatten sich Wind und Wellen etwas gelegt, ein heller Streifen am Horizont kündigte besseres Wetter an.
Ich wusch mich und das Geschirr von gestern abend. Der See war aschgrau von aufgewühltem Grund, die Wellen, die auf den Strand rollten fast schwarz von Pflanzenresten und anderem Zeug, das sie mit sich führten.
Micky machte Feuer und kochte Kaffee, während ich Brotteig anrührte für ein kräftiges Frühstück: frische Brötchen, dazu Spiegeleier, Wurst, Käse und Erdnußbutter. Ein kleiner, nasser Otter wanderte unschlüssig zwischen See und Ufergebüsch hin und her und tat so, als sähe er uns nicht.
Nachdem wir eingepackt und das Kanu beladen hatten, schoben wir es ins aufgewühlte Wasser. Die inzwischen gemäßigten Wellen in der relativ geschützten Bucht waren kein Hindernis mehr. Doch draußen auf dem See wehte ein stärkerer Wind, das Boot tanzte auf den weißen Schaumkronen der Wellen. Wir mußten kreuzen, um zunächst auf die Rückseite der Insel zu gelangen. Nur kurz bot sie etwas Windschatten. Danach paddelten wir etwa drei Stunden ununterbrochen gegen den Wind und schafften gerade mal 10 Km.
Erschöpft legten wir an einer langgezogenen, schmalen Felsnase an. Sie war einer kleinen Insel vorgelagert, die aus aufgeschwemmter, torfartiger Erde bestand. Der Boden war weich und federnd, aber trocken. Wir räumten etwas Strauchwerk und abgebrochene Äste beiseite und bauten inmitten der dadurch entstandenen Lichtung das Zelt auf. Ich war dabei eine Wäscheleine zu spannen um die Schlafsäcke etwas zu lüften, als ich plötzlich zu meinen Füßen ein Summen hörte. Ich blickte nach unten und erkannte blitzartig, daß ich mitten in einem im Boden verborgenen Wespennest stand. Immer mehr Wespen stiegen aus dem Loch auf, zum Glück hatte die Kälte sie träge gemacht, sodaß sie weit weniger angriffslustig waren als gewöhnlich. Da ich große Angst vor Wespen habe, nahm ich die Beine in die Hand und rannte schreiend davon. Micky glaubte, daß sie sich schnell wieder beruhigen und in ihr Nest zurückkehren würden. Doch eine Wespe war mir ins Haar geflogen. Ich fühlte etwas, das aber auch ein kleiner Ast hätte

sein können. Ehe Micky nachsehen konnte, hatte sich die Wespe in meinen Haaren verfangen und stach zu. Nicht daß ich es ihr verübelt hätte, aber ich bekam höllische Kopfschmerzen. Wir wuschen uns im eiskalten Seewasser und ich kühlte meinen Wespenstich.
Dann hängte ich vorsichtig, gaaanz vorsichtig, Wäsche auf die Leine, die Micky nun abseits vom Wespennest gespannt hatte. Zwischendurch warf ich ängstliche Seitenblicke auf das Nest, jedes vermeintliche Summen hielt ich für den Angriff der Killerwespen. Doch sie hatten sich tatsächlich beruhigt und schwirrten nur noch dicht am Boden über dem Loch.

Nachdem er über 40 Stunden ununterbrochen getobt hatte, war der Wind nun vollkommen abgeflaut. Nicht die kleinste Welle plätscherte an unseren Felsen. Micky kochte Spaghetti zum Abendessen. Wir genossen die Stille und freuten uns auf einen Abend am Lagerfeuer.

2. September

Ein ruhiger, kühler Herbstmorgen lud zum Paddeln ein. Nach einem opulenten Pfannkuchenfrühstück legten wir zeitig ab. Die letzten Wolken waren verschwunden, die Sonne wärmte angenehm. Im spiegelglatten Wasser glitt das Kanu nach der Plackerei von gestern fast wie von selbst dahin. Wir hatten den Eindruck, die Ufer würden regelrecht vorbeifliegen und das Boot müßte eine Bugwelle produzieren, so zügig durchschnitt es den See. Nach etwa 10 Km legten wir eine Kaffeepause ein und genossen es, eine Weile in der Sonne zu sitzen. Ungefähr eine Paddelstunde voraus lagen die Twin Falls, die den Highrock Lake mit dem Allen Lake verbinden. Wir überlegten, ob wir die beiden Portagen um die Twins hinter uns bringen und unterhalb der Fälle lagern sollten. Bis wir einen geeigneten Platz fanden, konnte es allerdings spät werden. Oder sollten wir vor den Falls lagern und uns einen schönen Nachmittag machen, auch das hatte seinen Reiz.
Die Entscheidung fiel uns leicht, als wir fast in Sichtweite der Fälle eine wunderschöne Insel entdeckten. Ringsherum war sie

von einer flachen Felsterrasse umgeben. Zur Mitte hin stieg die Insel leicht an, stufenartig aufgeschichtete Steinquader wirkten wie natürliche Sitzgelegenheiten. In der Mitte bildete spärlicher Baumbewuchs mehrere kleine Lichtungen, von denen wir eine für das Zelt auswählten. Nach den anstrengenden letzten Tagen hatten wir uns einen sonnigen Nachmittag verdient, die Portagen konnten warten.

Später legte an der Insel gegenüber ein Motorboot an, verschwand kurz und schlug dann einen Bogen zu unserer Insel. Die Besatzung bestand aus zwei ziemlich betrunkenen Elchjägern, die sich ein paar Streichhölzer borgen wollten. Micky gab ihnen eine Schachtel. Auf die Frage „where are all the Moose?“ wußten wir leider auch keine Antwort, wir hatten den ganzen Sommer über nur einen einzigen Elch gesehen! Angeblich kommen sie ja Anfang September aus den dichten Wäldern an die Ufer (und präsentieren sich den Flinten der Jäger). Ich meinerseits glaube, daß die Elche dieses Jahr irgendwo steckengeblieben sind. Oder kann mir jemand erklären, wie man sich mit solchen Schaufeln auf dem Kopf durch den kanadischen Busch zwängen kann? Wenn ich Elch wäre, würde ich mir eine flache, grüne Sumpflandschaft mit ein paar Birken aussuchen statt dieser undurchdringlichen Wälder, die bis an die Wasserlinie mit Unterholz verfilzt sind, was uns selbst oft genug Probleme bereitet hat. Auch ohne Schaufeln und 600 Kg Lebendgewicht ist es schlicht unmöglich! Ich hege vielmehr den Verdacht, die Elchjagd ist nur ein Vorwand. In Wirklichkeit geht es um das Vergnügen hinauszufahren, abends am Feuer zu sitzen, Jägerlatein auszutauschen und zum Aufwärmen in den kalten Nächten einen guten Schluck zu trinken. Good luck!

3. September

Am linken Ufer führte eine etwa 150 Meter lange Log Ramp am ersten, kleineren Teil der Twin Falls vorbei. Die Logs befanden sich mindestens einen Meter über dem Boden, waren ungleichmäßig dick oder dünn und lagen unregelmäßig, teilweise weiter als Schrittlänge auseinander. Statt locker von Stamm zu

Twin Falls

Stamm zu springen, mußte ich oft absteigen und mühsam mit dem Gepäck über die Logs klettern.
Nach weiteren 1,5 Km erreichten wir den „Twin“, den Zwilling, der mich an die Kettle Falls erinnerte. Das Wasser hatte im Lauf der Zeit nicht die typische Hufeisenform ausgewaschen, sondern fiel drei bis vier Meter tief über eine nach vorn gerundete Kante. An der Anlegestelle fanden wir nur Reste einer Log Ramp vor, ein ungeordneter Haufen von zerbrochenen Stämmen am Fuß eines Felsens. Dafür trafen wir die beiden Elchjäger von gestern wieder, augenscheinlich etwas nüchterner. Stolz erklärten die Männer, sie hätten ursprünglich an beiden Wasserfällen die Log Ramps gebaut. (Aha, dachten wir bei uns, das erklärt die ungewöhnliche Bauweise!) Bei einem Sturm sei die zweite Rampe komplett weggerissen worden, und nun seien sie dabei aufzuräumen und eine Neue zu bauen. Die Beiden hatten einige Horrorstories auf Lager, z.B. hätte einer von ihnen ein kieloben treibendes Kanu gefunden, und als er das Boot umdrehte hätte

ein Skelett darunter gelegen. Für durchaus glaubhaft hielt ich den Bericht über unerfahrene Leute, die vom Sog erfasst und die Fälle hinuntergespült worden waren. Auch die Jäger hatten nach eigenen Angaben schon zwei Boote hier verloren. Da wir selbst mit dem Kanu unterwegs sind, verursachen solche Geschichten bei mir stets eine leichte Gänsehaut.

Da keine Log Ramp zur Verfügung stand, schleppten wir Gepäck und Boot über den gewaltigen Felsen, der zu den Fällen hin steil abfiel. Sie produzierten hohe Seitenwellen, die das Einsetzen nicht ungefährlich machten. Vom fast senkrecht abfallenden Felsen ließ Micky das Kanu knappe zwei Meter tiefer ins Wasser und sprang sofort hinterher. Durch den Wellengang wurde es ständig hochgehoben und vom Ufer weggedrängt. Während Micky sich mit einer Hand am Felsen festklammerte, um das Boot am Ufer zu halten, verstaute er mit der anderen die Gepäckstücke, die ich ihm reichte. Mit der nächsten Welle, die das Kanu hob, sprang ich ebenfalls hinein und schnell stießen wir ab.

Die Elchjäger legten gerade ihr Werkzeug beiseite, nachdem sie mindestens eine Stunde ununterbrochen gearbeitet hatten, und wir suchten uns nicht weit entfernt ein sonniges Plätzchen für eine Kaffeepause. Wir blickten zurück zu den Twin Falls. Ein Regenbogen hatte sich über der hoch aufspritzenden Gischt gebildet und leuchtete im Sonnenschein.

Bei der Einfahrt in den Allen Lake empfing uns Gegenwind. Das Wasser war kabbelig und ständig platschten vorwitzige kleine Wellen über den Bug herein und durchnässten mich nach und nach.

Der See war ringsum von Mischwald gesäumt und schien nicht viele Lagermöglichkeiten zu bieten. Im Zickzack paddelten wir zwischen den weit verstreuten Inseln umher. Am späten Nachmittag begutachtete Micky die felsige Windseite einer langgestreckten Insel, während ich den Wald an einer lichten Stelle durchquerte. Die Rückseite der Insel lag im Windschatten und vor mir erstreckte sich ein langer Sandstrand. Ich war überrascht, denn noch nie hatten wir auf einer Insel Sand gefunden. Ich machte mich auf die Suche nach Micky und wir

umrundeten die Insel mit dem Kanu. An der Südspitze war das Wasser seicht, sodaß man leicht anlegen konnte. Dort errichteten wir das Lager. Zum Wasserholen mußte man allerdings ein Stück weiter gehen, bis man an einer felsigen Stelle tieferes Wasser vorfand. Ich ging los, um den Wassersack und den Kessel zu füllen. Durch dichtes Gestrüpp kämpfte ich mich zur Wasserstelle durch und nahm mir vor, später ein paar Steine beiseite zu räumen und den Weg zu ebnen. Auf dem Rückweg trat ich auf einen losen Felsbrocken, der nach vorn kippte und mich aus dem Gleichgewicht brachte. Da ich keine Hand frei hatte, um mich abzustützen, fiel ich vornüber und schlug mit dem linken Knie auf die Felskante. Der Schmerz war so groß, daß mir schwarz vor Augen wurde und Übelkeit in mir aufstieg. Micky, der vom Lager aus das Scheppern des Kessels und einen dumpfen Laut gehört hatte, kam angestürzt. Er trug mich zum Sandstrand, zog sein T-shirt aus, goß Wasser darauf und kühlte mir Nacken und Stirn, bis der Schmerz nachließ und ich erklären konnte, was passiert war. Als Micky mich fand muß ich in so grotesker Stellung auf dem Felsen gelegen haben, daß ich ihm einen gehörigen Schrecken eingejagt hatte! Gottseidank schien es aber nicht so schlimm zu sein. Ich legte eine Kühlkompresse auf das Knie, die wir in unserem Erste-Hilfe Päckchen mitführten. Es schmerzte kaum noch, und dank der Kompresse schwoll es auch nicht an.
Micky bereitete das Abendessen. Während der Mahlzeit ging die Sonne unter, Kaffe tranken wir im Dunkeln am Lagerfeuer. Gerade hatten wir beschlossen, das Feuer herunterbrennen zu lassen und schlafen zu gehen, als Polarlichter am vollmondbeschienenen Himmel auftauchten.

4. September

Als wir auf den See hinauspaddelten, fing es an zu regnen. Dunst hing über dem Wasser und hüllte Inseln und Festland ein, nur Umrisse waren zu erkennen.

Mein Knie, das wir den ganzen abend gekühlt hatten, bereitete mir keine Probleme mehr. Lediglich ein blauer Fleck war übrig geblieben.
Als wir das Ende des Allen Lake fast erreicht hatten machte Micky mich darauf aufmerksam, daß meine Haare alle hoch standen. Da sie relativ lang sind, muß es wirklich sehr lustig ausgesehen haben. Die Atmosphäre schien ziemlich aufgeladen zu sein, und als es jetzt über uns anfing zu donnern stellten wir fest, daß sich ein Gewitter zusammenbraute. Wir steuerten die letzte Insel an, um dort das Wetter abzuwarten. Steile Felsufer ringsum machten sie fast unzugänglich. Von einer winzigen Bucht führten die Felsen stufenartig nach oben auf eine ebenso winzige Lichtung. Wir räumten Gestrüpp und Äste beiseite und Micky spannte eine Regenplane zwischen die Bäume. Wir kochten Kaffee. Nach einem kurzen, heftigen Regenguß verzog sich das Gewitter in die Richtung, aus der wir gekommen waren, die Wolken teilten sich und die Sonne kam hervor.
Vom Allen Lake führt ein gewundener Flußarm in den Granville Lake, unseren letzten großen See. Der Granville erstreckt sich über mindestens 30 Quadratkilometer nach Norden und Nordwesten. Allerdings ist dieses riesige Gebiet nicht gänzlich von Wasser bedeckt. Lediglich der mittlere Teil bildet einen einheitlichen See, von dem aus sich zahllose Arme ausstrecken, einige davon kilometerlang, auf der Karte meist als „Bay“ bezeichnet. Der Churchill River zweigt von den östlichen Ausläufern des Granville Lake nach Nordosten ab.
Die immer bunter werdenden Herbstfarben zauberten eine idyllische, abwechslungsreiche Flußlandschaft. Es gab kaum noch Felsen, stattdessen binsengesäumte, grün-gelbe Ufer so weit das Auge reichte. Leider entdeckten wir nicht den Hauch einer Lagermöglichkeit. Zum größten Teil gelangte man wegen der Binsen nicht einmal in die Nähe des Ufers.
Nach endlosen Kilometern näherten wir uns den Devil Rapids, die als potentiell gefährlich gelten. Gerne hätten wir vorher gelagert, denn 4 Km weiter bildeten die Granville Falls den Einlaß in den Granville Lake.

Inzwischen gab es alle paar Minuten einen kurzen Schauer. Es war später Nachmittag, vor uns lagen zwei Portagen und bei diesem Wetter würde es bald dunkel werden. Ich sah uns schon irgendwann bei Laternenschein das Zelt aufbauen, denn vorerst bestand keine Aussicht auf einen Lagerplatz.
Micky konnte mit dem Fernglas keine Log Ramp an den Devil Rapids ausmachen. Auch das noch, eine wilde Portage durch den Wald hatte uns jetzt gerade noch gefehlt. Nachdem wir jedoch am linken Ufer angelegt und einen Blick auf die Rapids geworfen hatten, trauten wir uns zu, sie zu fahren. Nur auf der linken Flußseite waren Felsbrocken im Wasser zu sehen, rechts schien der Weg frei. Wir schlugen einen weiten Bogen zurück und dann in Richtung des rechten Ufers. Als wir das Kanu ausgerichtet hatten erfasste uns die schnelle Strömung, bis weiter unten Kehrwasser die rasante Fahrt bremsten.
Wieder auf Lagerplatzsuche passierten wir wenige Kilometer weiter einen braunen Flecken Erde, dem flache Felsplatten im Wasser vorgelagert waren. Da hinter der nächsten Flußbiegung schon die Granville Falls rauschten, legten wir an. Es war die letzte Möglichkeit, zu lagern. Über die Felsplatten gelangten wir auf ein ebenes, spärlich bewachsenes Lehmareal vor einer steil ansteigenden, mit Birken bewachsenen Böschung. Wir entdeckten tief eingetretene Elchspuren im Lehm und sehr große, runde Tatzenabdrücke, vielleicht die eines Luchses.
Da es immer noch ständig regnete, baute Micky mit Hilfe dünner Stämmchen als Stütze ein Regendach über und vor das Zelt. Die Plane bedeckte teilweise auch die Feuerstelle. Ich kochte inzwischen einen Eintopf und versuchte dabei, die Lebensmittel halbwegs trocken zu halten. Das war gar nicht so einfach, denn wegen des Lehms konnte man nirgends etwas ablegen, alles mußte sofort wieder in Taschen und Fässern verstaut werden. Der klebrige Lehm bildete mittlerweile Plateau-Sohlen unter unseren Schuhen, die mit jedem Schritt wuchsen, sodaß wir uns wie auf Eiern bewegten. Gore Tex Kleidung und sämtliche Gepäckstücke waren lehmverschmiert.
Während wir uns den Eintopf schmecken ließen hörte es auf zu regnen - wie so oft, wenn Micky eine Plane spannt. Im Dunkeln

kochten wir Kaffee und saßen auf den Fässern am Feuer, das wir jedoch wegen der Plane sehr klein halten mußten.
Wir waren ziemlich geschafft und wollten uns bald zur Ruhe begeben. Plötzlich überraschte uns am Ufer rechts von uns lautes Platschen im Wasser. Wir glaubten, es sei ein Elch, es hörte sich jedenfalls nach etwas Großem an. Jemand oder etwas schüttelte sich, wir sahen förmlich das Wasser von großen Schaufeln tropfen. Micky leuchtete mit der Taschenlampe, doch der Lichtstrahl verlor sich im Dunkel. Eben schob sich der Mond durch die Wolken, um die Szenerie etwas zu erhellen, doch niemand ließ sich sehen, es platschte nur weiter im seichten Wasser. Schließlich gaben wir auf und gingen schlafen.
Gegen morgen wurden wir von lautem Röhren hinter uns im Gebüsch geweckt. Anscheinend hatten wir die bevorzugte Wasserstelle des Elchs belegt, die Spuren, die wir gefunden hatten deuteten jedenfalls darauf hin. Doch als wir vorsichtig aus dem Zelt lugten war alles wieder still.

5. September

Der Morgen bescherte uns freundliches, aber kühles Herbstwetter, die Sonne trocknete bereits unsere Lehmbank. Der Einfachheit halber frühstückten wir ein Müsli. Wir klopften den Lehm aus den Rillen unserer Schuhe und säuberten notdürftig das Gepäck, bevor wir es ins Boot legten.
Inzwischen war Wind aufgekommen. Bei Rückenwind und beträchtlichem Wellengang legten wir ab. Nach etwa 100 Metern machten wir kehrt, wir hatten die Mülltüte vergessen, die Micky wegen der Tatzenspuren weiter weg vom Lager aufgehängt hatte.
Hinter der nächsten Biegung erreichten wir kurz darauf die Granville Falls. Eine Log Ramp begann so dicht vor den Fällen, daß wir uns stattdessen für eine 250 Meter Portage durch den Wald entschieden, es war die letzte auf unserer Fahrt.
Unterhalb der Granville Falls blies der Wind durch einen schmalen Ausläufer des Sees wie durch einen Windkanal. Während Micky eine geeignete Stelle zum Einsetzen suchte, fuhr

der Wind in das leere Kanu und hatte es ein, zwei Meter zur Seite weggeweht, ehe ich dazuspringen und es festhalten konnte.
Gegen den Wind überquerten wir diesen ersten Ausläufer des Granville Lake, der bis jetzt einem See kaum ähnlich sah, sondern wie ein weiterer Flußabschnitt in Windungen in den Hauptteil des Sees führte. Die Gegend war weiterhin sumpfig, breite Binsengürtel säumten die Ufer. Wellen wirbelten den lehmigen Grund auf und gaben dem Wasser ein cremeartiges, beigefarbenes Aussehen.
In einer Linkskurve trieb der Wind das Kanu in die Binsen. Im flachen Wasser verfingen sich die Paddel in Wasserpflanzen, sodaß das Boot nicht genügend Vortrieb bekam. Es schlug quer und der Wind hatte leichtes Spiel. Nachdem wir vergeblich versucht hatten uns zu befreien, gaben wir auf und ließen das Kanu vom Wind zurücktreiben in das ruhigere Wasser vor der Biegung. An einem schmalen, lehmig aussehenden Uferstreifen wollten wir anlegen und etwas verschnaufen. Wir stakten mit den Paddeln durch das seichte Wasser, bis man vom Bug aus vermeintlich festen Boden betreten konnte. Sofort sank ich ein. Ein, zwei schnelle Schritte brachten mich mit lehmbepackten Schuhen auf sicheren Grund. Ich sammelte Äste, kleine Stämme, Zweige mit trockenem Laub und legte sie bis zum Boot aus, sodaß Micky halbwegs trockenen Fußes an Land kommen konnte.
Nun hatten wir uns eine Kaffeepause verdient, doch woher Wasser nehmen? Micky wollte mit dem Kanu nochmal raus fahren und im tiefen, klareren Wasser den Kessel füllen. Wieder krabbelte er über das Gepäck ins Heck des Bootes und stakte mit vom Lehm schwerem Paddel, ich schob vom Ufer aus nach. Inzwischen war es mir auch gleichgültig, daß ich von oben bis unten mit Lehm beschmiert war.
Nach dem Kaffee starteten wir einen neuen Anlauf. Durch das Aus- und Einsteigen waren mittlerweile sämtliche Gepäckstücke und das Kanu lehmverschmiert, besonders vorne, wo ich mit dicken Lehmklumpen an den Schuhen eingestiegen war.

Diesmal hielten wir uns weiter vom Ufer entfernt, vermieden die Binsen und schafften die Linkskurve. Doch hinter der Biegung traf uns Gegenwind mit einer solchen Wucht, daß wir nur noch zentimeterweise vorankamen, obwohl wir mit aller Kraft paddelten. Einen einzigen Paddelschlag aussetzen und das Boot fuhr rückwärts. An einem grasbewachsenen Landvorsprung hielten wir kurz an, um Atem zu schöpfen. Nirgends war eine Anlegemöglichkeit in Sicht und doch mußten wir unbedingt einen Lagerplatz finden, denn in einiger Entfernung erkannten wir weiße Schaumkronen auf dem riesigen Granville Lake.
Wir hielten auf eine Felsgruppe am linken Ufer zu. Kaum trauten wir unseren Augen, als wir dahinter eine lichte Stelle im Birkenwald entdeckten. Sie bot ausreichend Platz für Zelt und Feuerstelle und war sogar einigermaßen windgeschützt. Ich heulte vor Erleichterung, denn lange hätte ich nicht mehr durchgehalten. Von der Flußbiegung bis zu diesem Platz hatten wir in anderthalb Stunden nur ein paar 100 Meter zurückgelegt, eine der Härtesten Strecken, die wir je dem Wind abgetrotzt hatten.
Während wir das Kanu entluden rollten immer höhere Wellen ans Ufer, wir waren heilfroh, nicht mehr auf dem Wasser zu sein. An Ort und Stelle säuberten wir Gepäck und Boot. Die lehmverschmierten Klamotten und wir selbst kamen später dran. Im Windschatten konnten wir abends noch eine Weile am Feuer sitzen. Vollmond schaute ab und zu durch die schnell dahintreibenden Wolken und warf kühles Neonlicht auf den See.

6. September

Zum zweiten Mal hielten uns Wind und Wellen an einem Ort gefangen. Beim Überqueren des Granville Lake mußten wir eine weit längere Strecke gegen den Wind zurücklegen als gestern. Trotz unserer guten körperlichen Verfassung glaubten wir nicht, daß wir es bei dieser Wetterlage schaffen würden. Es blieb uns nichts übrig als abzuwarten, bis der Wind sich legte. Wenigstens war diesmal der Lagerplatz schöner, bot mehr Bewegungsfreiheit und war einigermaßen windgeschützt. Wir waren entschlossen,

uns die Laune nicht verderben zu lassen und den Tag auf angenehme Weise zu nutzen.
Nach einem ausgiebigen Frühstück mit frischen Brötchen wollten wir uns waschen. Seit Tagen war es viel zu kalt gewesen, und auch hier bestand die Gefahr, daß der Wind den Körper zu schnell auskühlte und einem nach dem Bad nicht mehr warm wurde. Micky baute einen zusätzlichen Windschutz aus einer senkrecht gespannten Plane. Ab und zu kam die Sonne hervor und wärmte unser „Badezimmer". Auf dem Feuer machten wir mehrere Töpfe Wasser heiß und mischten sie in der Faltschüssel mit Kaltem. Es war ein herrliches Gefühl, wieder frisch zu sein und in saubere Wäsche zu schlüpfen. Anschließend kochten wir einen weiteren Topf Wasser, wuschen unsere Wäsche und hofften, daß der Wind sie bald trocknen würde. Nachdem wir zuletzt auch unsere Gore Tex Kleidung von Lehm befreit hatten, war alles wie neu.
Warm eingemummt, mit Mütze und Schal, machte ich einen Spaziergang am Ufer entlang. Gischtfontänen spritzten auf, wenn die Wellen sich an den Felsen brachen. Ich pflückte einen Herbststrauß: trockene Gräser, Zweige mit buntem Laub und verblühtes Fireweed, dessen Blätter sich leuchtend rot gefärbt hatten.
Micky versuchte zu fischen, doch in der Brandung trieb der Köder ab, und an der einzigen geschützteren Stelle wuchsen zu viele Wasserpflanzen, in denen der Haken hängenblieb. Statt Fisch gab es Reiseintopf zum Abendessen.
Wolken und Sonne lösten sich ab, doch der Wind blieb. Innerlich wappneten wir uns, denn am kommenden Tag wollten wir aufbrechen, notfalls auch gegen den Wind.

7. September

Gegen Morgen flaute der Wind endlich ab. Als wir aus dem Zelt krochen war es kalt und sonnig, Nebelschwaden hingen über dem stillen See. Den breitesten Teil des Granville Lake ließen wir nun linkerhand zurück und bogen in östlicher Richtung ab. Durch eine Seeenge mit Namen „Upischipuskipatakoos Narrows"

Lager mit Badezimmer

folgten wir dem Verlauf des Churchill. Mit ohrenbetäubendem Geschnatter flogen Gänse im Formationsflug über uns hinweg. Obwohl die Sonnenstrahlen etwas wärmten blieb die Luft kühl, bei der kleinsten Brise fröstelte ich.
Etwa 15 Km paddelten wir über den ruhigen See, bevor wir in einer kleinen Bucht auf einem Sandstrand lagerten. Die Stimmung war etwas gedrückt heute. Während Micky es uneingeschränkt bedauerte, daß unsere Tour in wenigen Tagen zu ende sein würde, wußte ich nicht recht, ob das Bedauern oder die Erleichterung überwog. Es war ein merkwürdiges Gefühl, die letzte Portage, den letzten große See, den letzten Ort hinter sich zu lassen. Noch konnte ich mir nicht vorstellen, daß wir einfach so in die Zivilisation und den Alltag zurückkehren würden. Auf der anderen Seite machten uns - wie im Frühjahr - Herbststürme das Leben schwer und die kalte Jahreszeit stand unmittelbar bevor. Wer würde da nicht eine geheizte Wohnung einem Zelt

vorziehen? Jeder hing seinen Gedanken nach, wir sprachen nur das nötigste.
Ein herrlicher Sonnenuntergang verwandelte den Himmel und einzelne Wolken in ein Flammenmeer, bevor eine sehr kalte Nacht anbrach. Trotzdem blieb ich noch lange am Feuer sitzen, legte immer wieder Holz nach, um mich aufzuwärmen, während Micky sich schon ins Zelt zurückgezogen hatte. Ich weckte ihn, als die schönsten Polarlichter auftauchten, die wir je gesehen hatten. Wie bunte Regenschleier fielen Farbblitze in violett, grün und weiß vom kuppelförmigen Himmel.

8. September

Der Morgen war freundlich, aber kühl, ein frischer Wind wehte. Als wir aus der geschützten Bucht auf den Granville Lake hinauspaddelten, traf uns Seitenwind mit nun schon gewohnter Heftigkeit. Bei stellenweise gut meterhohen Wellen waren wir gezwungen, über die ganze Breite des Sees zu kreuzen. Wir kämpften uns von Insel zu Insel und nutzten ihren Windschatten, so gut es ging. Hinter einer weiteren Seeenge mit dem klangvollen Namen „Omaseenawapiskinapik Narrows“ lagen die Inseln dicht an dicht. Es waren meist nackte Felsen, aus denen das Wasser im Lauf der Zeit bizarre Formen ausgewaschen hatte. Ohne Baum und Strauch ragten turmartige Felsformationen über uns auf, fast hatten wir das Gefühl, durch eine Schlucht zu paddeln. Ein sonniges Plätzchen im Windschatten nutzten wir zu einer Kaffee- und Verschnaufpause. Wieder auf dem See wurden wir erneut von Wind und Wellen erfasst. Bei Bisset Island wurde der Granville breiter, die Inseln lagen weiter verstreut. Wir waren ziemlich erschöpft und mein rechter Arm schmerzte vom ständigen Gegensteuern in den Wellen, ich konnte ihn kaum noch bewegen. Wie immer bei Wellengang war ich nass geworden und fror im kalten Wind, es sah nach Regen aus. Es war fraglich, ob wir es schaffen würden, einen weiteren breiten Seeabschnitt gegen den Wind zu überqueren. Aufs Geratewohl bogen wir nach links ab, wo mehrere Inseln Wind und Wellen etwas abschirmten. An einer

langgezogenen Felsnase legten wir an. Sie führte in eine kleine, von Felsen fast umschlossene Bucht. Dort fand sich ein winziges Stück Sandstrand, gerade groß genug für das Zelt. Wir hofften, daß der Wind nicht drehte, denn bei Wellengang wäre der schmale Sandstreifen glatt überflutet worden.
Als das Zelt stand fing es an zu regnen. Micky baute schnell eine Regenplane auf, die die Feuerstelle mit abschirmte, sodaß ich im Trockenen eine Suppe kochen konnte. Es war mittlerweile wegen der Regenwolken stockdunkel. Zum ersten Mal packte Micky unsere Benzinlaterne aus, damit wir sehen konnten, was wir auf dem Teller hatten.
Nach dem Kaffee ließ der Regen nach und einzelne Sterne glitzerten am Himmel, doch wir waren zu müde um noch am Feuer zu sitzen und froh, bald in den Schlafsäcken zu liegen.

9. September

Um sieben Uhr früh waren wir munter und ausgeschlafen. Nach dem gestrigen Tag hätte keiner von uns einen so herrlichen, sonnigen Morgen erwartet. Ich knetete Brötchenteig für das Frühstück und schlug die letzten Eier in die Pfanne. Dann starteten wir zu unserer letzten Tagesetappe. Das Ziel war ein Campingplatz kurz vor der Ortschaft Leaf Rapids. Der Himmel war wolkenlos, Ufer und Inseln leuchteten in bunten Herbstfarben, es war so warm, daß wir unsere Pullover auszogen und im T-shirt paddelten. Aus kurzer Entfernung drang das Gebrüll eines Elchs an unsere Ohren, doch auch diesmal blieb er in sicherem Versteck und ließ sich nicht blicken. Bei Kapecheekunikwa Point legten wir eine Kaffeepause ein und schwitzten in der Nachmittagssonne. Im oberen Teil des Granville Lake stießen wir nach langer Zeit wieder einmal auf verbranntes Gebiet. Wir machten uns Sorgen, ob es den Campingplatz überhaupt noch gab. Während des großen Buschbrands bei Sandy Bay hatte man uns ja schon gewarnt: Leaf Rapids is burning! Micky setzte einen Dollar darauf, daß wir am Campingplatz keine Menschenseele treffen würden, ich hielt dagegen.

Obwohl uns der anstrengende Tag von gestern noch in den Gliedern steckte, paddelten wir bei spiegelglattem Wasser etwa 20 Km. Micky war sich seines Dollars sicher, denn ringsum war immer noch alles verbrannt. Nachdem wir ein weiteres Nadelöhr passiert hatten, leuchtete das Areal dahinter wunderbarerweise wieder in sattem Grün. Der Campingplatz lag auf einer Halbinsel, durch einen Streifen Moorland vom Festland getrennt, und war somit vom Feuer verschont worden.
Wir umrundeten die kleine Oase aus Birkenwald, bogen in eine Bucht ein und stießen am Ende auf eine Bootsanlegestelle. Dahinter führten gepflegte Schotterwege über den menschenleeren Campingplatz. Die aufgestellten Schilder besagten: „no littering“ und „open fires prohibited“ und sahen allesamt nagelneu aus. Lediglich das Schild, welches das tragen von Feuerwaffen verbot, wies zahlreiche Einschusslöcher auf. Wir folgten dem Schotterweg, der einen Kreis beschrieb und nun in Richtung Granville Lake abbog. Hier stießen wir auf ein Klohäuschen und die üblichen abgeteilten Stellplätze, die mit Schotter aufgeschüttet waren. Einige der Stellplätze verfügten über einen Holztisch mit Bänken und einen eisernen Grill. Wir wählten einen Platz mit gutem Zugang zum Wasser, gingen dann zum Kanu zurück, um an der Wasserseite anzulegen. Nachdem wir uns häuslich eingerichtet hatten nutzten wir das schöne Wetter, um uns ein letztes Mal im See zu waschen. Nach gut 1200 Km auf dem Churchill River war unsere Kanutour beendet.

10. September

In der Nacht hatte es geregnet. Unter den hohen Bäumen des Campingplatzes war es kühl und feucht.
Während des Frühstücks entschieden wir uns nach Leaf Rapids zu trampen um dort - wenn möglich - eine Mitfahrgelegenheit nach Lynn Lake zu ergattern. Lynn Lake liegt rund 100 Km nordwestlich von Leaf Rapids. Von dort führt eine Linie der Canadian National Railway nach The Pas und weiter nach Süden in die dichter besiedelten Gebiete der Provinz.

Vom Campingplatz aus marschierten wir etwa 3,5 Km auf einer Schotterstraße, der Zufahrt zum Highway 391. Inzwischen lugte die Sonne ab und zu durch die Wolken, es war angenehm warm geworden. Auf dem breiten Weg ließ es sich gut gehen, doch bald bekamen wir zu spüren, daß wir auf den letzten 1200 Km zwar unsere Arme, kaum jedoch unsere Beine trainiert hatten! Die Landschaft um uns herum war überwiegend verbranntes Gebiet, hatte aber durch die bunten Herbstfarben ihren eigenen Reiz. Niedriges Buschwerk und junge Birken zeigten alle Farbschattierungen von grün über gelb, braun bis rostrot, zwischen schwarz verkohlten Resten von Baumstämmen.

Am Highway angekommen stellten wir uns an die Straße nach Leaf Rapids. Sie war schnurgerade und weit zu überblicken, kein einziges Auto war zu sehen. Während wir weiter die Straße entlang marschierten, hörten wir vor uns das Geräusch von Motorsägen im Wald. Es war Mittagszeit. Plötzlich verstummten die Motorsägen, wenige 100 Meter vor uns bogen mehrere Pick ups aus einem Waldweg auf den Highway in Richtung Leaf Rapids ab. Wahrscheinlich fuhren die Arbeiter zum Mittagessen. Wir gingen schneller, Micky winkte, doch einer nach dem anderen fuhr davon, ohne von uns Notiz zu nehmen. Ein letzter weißer Wagen stand noch an der Straße. Zwei Männer gingen darauf zu, öffneten die Türen und begannen langsam, sich umzuziehen. Wir gingen noch schneller, waren nun sicher, daß sie uns gesehen hatten. Als wir den Wagen fast erreicht hatten stiegen die Männer ein und starteten den Motor. Wir hoben den Daumen, das internationale Tramperzeichen, daß wir mitgenommen werden wollten. Die Männer im Wagen lächelten, winkten -und fuhren an uns vorbei, in die Richtung aus der wir gekommen waren. Sch..., fluchten wir laut! Doch nach wenigen Metern wendete der weiße Pick up und hielt neben uns an. Lachend öffneten die Beiden die Tür und ließen uns einsteigen. Sie hatten sich einen Spaß daraus gemacht, uns eine Weile zappeln zu lassen. Die Männer stellten sich vor als Ron McDonald und Al Magson.

Auf die unvermeidliche Frage nach dem woher und wohin berichteten wir von unserem Kanu Trip. Beiläufig erwähnten wir,

daß wir eigentlich nach Lynn Lake wollten, wegen der Eisenbahnanbindung. Es stellte sich heraus, daß Ron und Al in Lynn Lake lebten und in ein paar Stunden dorthin zurückfahren wollten. Sofort boten sie an, uns mitzunehmen. Wir waren völlig von den Socken, es kam alles ein bißchen zu schnell für uns. Insgeheim hatten wir uns schon damit abgefunden, womöglich an mehreren Tagen hintereinander den Weg nach Leaf Rapids und zurück zum Campingplatz zu machen, da wir nicht damit rechneten, sofort eine Mitfahrgelegenheit zu finden. Unterwegs hatten wir uns schon den Kopf zerbrochen, wie und wo man am besten jemanden ansprechen könnte.
Von Micky`s Warnung, daß wir außer einer Menge Gepäck auch noch ein 17 Fuß langes Kanu zu transportieren hätten, ließen Ron und Al sich nicht abschrecken. Auch nicht von der Aussicht, daß wir erst noch das Zelt abbauen und einpacken mußten. So setzten uns die Beiden zunächst in Leaf Rapids am „Town Center“ ab und versprachen, uns zwei Stunden später wieder abzuholen.
Völlig perplex standen wir vor dem Einkaufszentrum und wußten nun gar nicht mehr, was wir eigentlich hier wollten. Alles hatte sich sozusagen von selbst erledigt. Wir gaben Briefe auf, hoben auf der Bank Bargeld ab, tranken einen Kaffee, aßen einen Burger, und so verging die Zeit. Von einem älteren indianischen Ehepaar, das eine Weile mit uns im Einkaufszentrum auf einer Bank saß erfuhren wir, daß in Leaf Rapids Zinn und Kupfer abgebaut wird. Seit dem Boom in den 70er Jahren, als der Bergbau in Leaf Rapids seinen Höhepunkt hatte, ist die Stadt inzwischen merklich kleiner geworden. Der Abbau ist nicht mehr so ergiebig, und wer entlassen wird, sucht sich einen neuen Job in einer anderen Stadt.
Rechtzeitig setzten wir uns vor dem Town Center auf einen Stein, damit wir Ron und Al nicht verpassten. In guter Hoffnung hatten wir eine Flasche Jack Daniels für die Beiden erstanden. Ich hätte es ihnen nicht übel genommen, wenn sie es sich anders überlegt hätten, doch pünktlich zur verabredeten Zeit tauchte der weiße Pick up auf. Wir fuhren das kurze Stück zurück zum Campingplatz. Während Ron und Al ein, zwei Bier aus der Dose

tranken und uns zusahen, packten wir in windeseile unsere Habseligkeiten ein. Das Kanu wurde auf der Ladefläche verzurrt, die Gepäckstücke darumherum verstaut. Unsere Galionsfigur, das White Tail Deer Geweih, und den getrockneten Herbststrauß, den ich am Granville Lake gepflückt hatte, hängten wir an einen Baum. Irgendwo holten wir Marcel, einen weiteren Mitfahrer ab, und dann ging es bei ein, zwei Bierchen durch herrliche Herbstlandschaft Richtung Lynn Lake. Wir genossen die Musik vom CD-Player im Wagen, die Gesellschaft der Männer und ihre gegenseitigen Frotzeleien. Hauptsächlich machte man sich lustig über den Zustand der Straße (obwohl es daran nichts auszusetzen gab), denn wie sich herausstellte, arbeitet Ron im Straßenbau. Al, der den Wagen steuerte, legte eine kurze Pause ein, Zeit sich die Beine zu vertreten und ein, zwei Bier von der Ladefläche des Pick up zu holen. Wir Unterhielten uns über das ungewöhnlich regenarme Jahr, die Schwierigkeiten, die durch den niedrigen Wasserstand entstanden waren. Als wir berichteten, daß man uns bei der Planung der Reise vor Schnee und Eis bis Ende Mai gewarnt hatte erklärte Al, normalerweise gäbe es in Kanada nur zwei Jahreszeiten: „this winter and next winter“. Anscheinend hatten wir einen Jahrhundertsommer erwischt.

Unterwegs bot Al uns eine Schlafgelegenheit an. Er besitzt ein inzwischen weitgehend stillgelegtes Fishing Camp etwas außerhalb von Lynn Lake, genannt „Waterbase“. Wir nahmen an.

Die Waterbase wirkte etwas heruntergekommen, es roch muffig, doch sonst war alles vorhanden, Dusche, Waschmaschine, komplette Küche mit Propangasherd, Aufenthaltsraum und mehrere Schlafzimmer. Al besorgte eine Propangasflasche, während wir einige Lebensmittel einkauften. Zum Abendessen kochten wir Nudeln, dann duschten wir und legten unsere Schlafmatten und säcke in einem der Zimmer auf den Fußboden. (Die weichen, durchgelegenen Betten sahen nicht sehr einladend aus.)

Um 22.00 Uhr holten Ron und Al uns ab, um in einer Bar noch etwas zu trinken. Die Bar war ein einfacher, nüchterner Raum mit einigen kleinen Tischen und einem Pool Billardtisch. An der linken Seite des Raums standen mehrere Glücksspielautomaten. Hinter der Theke waren hohe Kühlschränke in die Wand eingelassen. Es gab nicht wie in Europa eine Batterie von Flaschen mit bunten Etiketten, die einem zeigen, was es zu trinken gibt, keine Karte und auch keine Zapfanlage. Offenbar wußte jeder, was sich hinter den Türen der Kühlschränke verbarg. Die Männer bestellten Bier in Flaschen. Da ich kein Bier trinke, riet Al mir zu einem „Wildberry", einem Mixgetränk mit Wodka. Der Wildberry kam ebenfalls aus der Flasche, schmeckte klebrig wie süße Brause, sodaß man ihm seinen Alkoholgehalt zunächst nicht anmerkte. Wir spielten eine Partie Pool und es wurde ein sehr gemütlicher, lustiger Abend. Um 1.00 Uhr brachte Al uns zurück zur Waterbase. Wegen der Geräusche im Haus schliefen wir schlecht. Weil der Kühlschrank dauernd ansprang zog ich den Stecker heraus. Später schreckte Micky durch stetes Tropfen aus dem Schlaf. Der Kühlschrank war inzwischen abgetaut und an der kaputten Dichtung der Tür lief das Wasser heraus. Der Boiler gab jedesmal ein Klicken von sich, wenn er aufheizte und draußen schlug ein Drahtseil gegen einen Strommast.

11. September

Der Morgen war herrlich, sonnig, fast sommerlich warm. Beim Frühstück überlegten wir, ob wir es uns leisten könnten, ein Auto zu kaufen oder zu mieten, anstatt mit dem Zug zu fahren. Mit dem Auto wären wir unabhängig und könnten eine Weile bleiben wo es uns gefiel. Allerdings war unser Budget ziemlich ausgeschöpft und das Auto durfte den Fahrpreis der Eisenbahn nicht übersteigen. Wir beschlossen, Al deswegen zu befragen.

Inzwischen ließ Micky sich telefonisch die Zugverbindungen von Lynn Lake nach Toronto durchgeben. Von Lynn Lake nach The Pas fährt der Zug nur zwei Mal wöchentlich, Dienstags und Samstags. Dort trifft er auf die Linie, die von Churchill Town herunterkommt. (Nach Churchill führt keine Straße, lediglich die Linie der Hudson Bay Railway verbindet es mit dem Rest der

Provinz.) Von The Pas gibt es häufigere Zugverbindungen nach Winnipeg, der Provinzhauptstadt, und Toronto, allerdings fahren die Züge in der Regel nachts. Bis wir Toronto erreichten würden wir mehr als 3000 Km zurücklegen und fast vier Tage unterwegs sein. Die Fahrt kostete uns an die 1000 $.

Ich wusch Wäsche in der Maschine und spannte eine Wäscheleine zwischen Veranda und Strommast, da ich mit dem Wäschetrockner nicht zurecht kam. Anschließend besichtigten wir das einst sicher sehr betriebsame Gelände der Waterbase, auf dem nun Autowracks und andere Gerätschaften vor sich hin rosteten.

Nach Dienstschluß kamen Ron und Al auf ein paar Bier vorbei. Wir diskutierten die Vor- und Nachteile eines Autokaufs. Al rief den einzigen Autohändler in Lynn Lake an, der leider zur Zeit kein geeignetes Auto vorrätig hatte. Wegen der geringen Nachfrage kauft er immer nur ein, zwei Wagen an, überholt sie und bietet sie dann zum Verkauf. Das letzte Auto war gerade erst weggegangen. Später erfuhren wir, daß Lynn Lake die nördlichste Stadt in Manitoba ist, die man über eine Straße erreichen kann. Sie liegt am Ende des Highway 391, der bei der Kleinstadt Thompson nach Norden abzweigt und auf den letzten 200 Km nur aus Schotterpiste besteht. In Lynn Lake wird Gold und Kupfer abgebaut. Die meisten, der gut 2000 Einwohner arbeiten in den Minen, so auch Al und Marcel. Wie Al berichtete sind die Minen jedoch in etwa einem Jahr ausgebeutet und werden geschlossen. Vermutlich wird wegen der dann herrschenden Arbeitslosigkeit auch Lynn Lake unter Abwanderung zu leiden haben.

Ron und Al verabschiedeten sich. Al arbeitet im Schichtdienst, je vier Tage Arbeit, danach vier Tage frei, und mußte morgen, am Samstag früh aufstehen. Ron versprach, uns telefonisch zu wecken und rechtzeitig zum Bahnhof zu bringen.

RÜCKKEHR

12. September

Als um 6.30 Uhr das Telefon klingelte, hatten wir längst geduscht, gefrühstückt und eingepackt. Um 7.00 Uhr holte Ron uns mit seinem alten, grünen Pick up ab und brachte uns zum Bahnhof. Micky fuhr auf der Ladefläche mit, um das Kanu zu sichern, dessen Länge die des Pick up weit überragte. Ein blauer Container mit Graffiti bemalten Wänden und zwei Stühlen diente als Wartehalle, seit ein zurücksetzender Truck die alte Halle platt gemacht hatte. Es war menschenleer, nur der Zug stand abfahrbereit auf den Gleisen. Wir luden das Kanu ab und fuhren in die Stadt um zu erfahren wann der Zug ging. Von einem Taxifahrer hörten wir, die Abfahrtszeit verzögere sich von 7.30 auf 9.00 Uhr.

Um die Zeit zu überbrücken fuhr Ron eine Weile mit uns durch die Gegend - cruisen nannte er das , zeigte uns den Flughafen von Lynn Lake, die Gebäude der Minengesellschaft und den öffentlichen Park. Wir hielten beim Haus eines Freundes, der im Alter von 5 Jahren mit seinen Eltern aus Deutschland eingewandert war. Er hatte 35 Jahre in der Mine von Lynn Lake gearbeitet und freute sich nun über sein gerade begonnenes Rentnerdasein.

Als wir zum Bahnhof zurückkehrten, waren inzwischen mehrere Passagiere eingetroffen. Scheinbar fuhr der Zug nie pünktlich, und niemand kam jemals pünktlich zum Bahnhof. Auf wunderbare Weise sprach sich die tatsächliche Abfahrtszeit herum, und erst dann füllte sich langsam der staubige, nicht asphaltierte Bahnsteig. Hinter der uralten Dampflok und dem Gepäckwagen waren zwei Personenwagen angehängt. Micky half beim Einladen des Kanus und eines Motorbootes aus Aluminium in den Gepäckwagen. Dann verabschiedeten wir uns von Ron und stiegen ein.

Die meisten Passagiere besetzten den ersten Waggon, wir machten uns im zweiten Wagen auf einem Vierersitz breit. Außer uns waren hier nur noch eine ältere Frau in Begleitung ihres

Sohnes und ein junger Mann eingestiegen. Der Zug rangierte mehrere Male, um zahllose Güterwaggons anzuhängen. Gut zwei Stunden nach der planmäßigen Abfahrtszeit ging es endlich los.

Langsam erreichte der Zug seine Höchstgeschwindigkeit von mindestens 35 (!) Stundenkilometern. Er schaukelte und holperte über unebene Schienenverbindungen und quietschte ohrenbetäubend in sämtlichen nicht geölten Teilen. Seltsamerweise fiel es uns nicht schwer, das Quietschen zu ignorieren und uns innerlich der Geschwindigkeit des Zuges anzupassen. Wir waren sogar froh darüber, mit dieser alten Dampflok fahren zu können. Mit einem modernen Hochgeschwindigkeitszug aus der Wildnis zurück in die Zivilisation hätte einen zu krassen Bruch bedeutet!

Als wir in die Gegend von Pukatawagan kamen, sahen wir die Wasserfälle wieder, die wir vor einigen Wochen portagiert hatten. Auch die Insel erkannten wir, von der aus wir den Zug zum erstenmal gesehen hatten. Bald erreichten wir die Verladestation Pawistik. Der ausgestorbene „Westernbahnhof" war plötzlich zum Leben erwacht. Der Zug hielt, um Kisten mit Waren aufzunehmen, hauptsächlich frischen Fisch.

Insgesamt benötigte unsere alte Dampflok für die 300 Km von Lynn Lake nach The Pas 11 Stunden. Sie hielt an jeder Hütte, an jedem Fishing Camp, und sei es nur, um Post abzugeben oder ein Päckchen mitzunehmen. Im Stillen nahmen wir Abschied.

Gegen abend holte ich im Kessel Wasser am Waschbecken in der Toilette des Zuges, um Kaffee zu kochen. Selbstverständlich hätten wir nie gewagt, dieses Wasser so zu trinken. Wir packten den Kocher aus und ließen es ordentlich durchkochen, ehe wir das Kaffeepulver überbrühten. Die ältere Frau, die weiter vorne im Wagen saß kam vorbei und fragte, ob wir etwa Kaffee kochten!? Micky bot ihr einen an und sie kam mit einer Tasse und setzte sich eine Weile zu uns.

Sie heiß Eva Carpick und lebt in The Pas. Eine Woche lang hatte sie ihren Sohn Bill besucht, der in Lynn Lake in der Mine arbeitet und sie nun nachhause begleitete. Eva`s Vater war Anfang des Jahrhunderts aus der Ukraine nach Kanada ausgewandert, hatte

Canadian National Railways

eine Cree Indianerin geheiratet und mit ihr 13 Kinder großgezogen. Eva hatte viele Jahre ihres Lebens in den Wäldern verbracht, war ebenfalls begeisterte Kanutin und hörte interessiert unseren Berichten zu.
Gegen Ende der Zugfahrt fragten wir sie, ob sie uns in The Pas ein billiges Motel empfehlen könnte, da die Bahn nach Winnipeg erst am nächsten Abend fuhr. Nach kurzem Überlegen lud sie uns ein, in ihrem Haus zu übernachten.
Wir kauften Tickets für uns und das Kanu und deponierten es in einem Lagerraum. Als „vorzeitiges Weihnachtsgeschenk" berechnete der Mann am Schalter nichts für die Aufbewahrung.
Von einem Taxi ließen wir uns zu Eva`s Haus bringen. Obwohl sie uns gerne noch weiter über unsere Reise ausgefragt hätte, duschten wir und gingen bald schlafen. Zum erstenmal seit Monaten krochen wir nicht in unsere Schlafsäcke, sondern in ein frisch bezogenes, weiches Bett. Hundemüde schliefen wir sofort ein.

13. September

Mit mehr als 6000 Einwohnern ist The Pas eine richtige Stadt am südlichen Ufer des Saskatchewan River. Die Eisenbahnbrücke der Hudson Bay Railway überspannt hier den Fluß und führt hinauf nach Churchill an der Hudson Bay. The Pas liegt am Highway 10, der etwa 200 Km weiter im Norden bei der Bergwerksstadt Flin Flon endet. In südlicher Richtung kreuzt er den Highway 1, eine der wichtigsten Ost-West Verbindungen Kanadas, bevor man weiter im Süden Winnipeg erreicht.
The Pas war ursprünglich ein Indianerlager und wurde zu Beginn des 18. Jahrhunderts für den Pelzhandel bedeutend. 1906 wurde das Gebiet südlich des Saskatchewan River den Cree Indianern abgekauft. Im Februar findet zum Gedenken an die alten Zeiten jedes Jahr das „Northern Manitoba Trapper Festival" statt, wo Weltmeisterschaften im Hundeschlittenrennen ausgetragen werden. Im August feiert man die „Opasquia Indian Days", unter anderem mit einem Wettbewerb im Beladen von Kanus.
Da wir fast einen ganzen Tag Zeit hatten, schauten wir uns die Stadt an, schlenderten durch die Straßen und besichtigten das „Little Northern Museum". Liebevoll sind hier Gebrauchs- und Kunstgegenstände, Daten und Stationen der Vergangenheit dieser Region zusammengetragen. Unter anderem erfährt der Besucher, daß erst im Jahr 1912 der bewaldete, kaum besiedelte nördliche Teil der Provinz Manitoba hinzugefügt wurde.
Am Nachmittag bewaffneten wir uns mit Leitern und Eimern und pflückten sämtliche Äpfel von Eva`s Apfelbaum. Nur Einer blieben hängen, den wir nicht erreichen konnten. Zum Dank kochte Eva ein köstliches „Supper". Als Dessert gab es frischgebackenen Apple Pie mit Vanilleeis.
Eine Stunde vor Abfahrt des Zuges nach Winnipeg fanden wir uns am Bahnhof ein. Auch diesmal waren wir die einzigen Fahrgäste am Bahnsteig. Der freundliche Schalterbeamte erklärte uns, der Zug von Churchill hätte zwei Stunden Verspätung, und der Zug nach Winnipeg würde als Anschlußzug auf ihn warten. Wir setzten uns auf den Bahnsteig, packten den Kocher aus und kochten Kaffee. Der leicht angetrunkene Jimmy

leistete uns Gesellschaft. Er bat um eine Zigarette und einen Dollar, weil er Hunger hätte. Micky gab ihm die Zigarette und einen 10-Dollar Schein. Jimmy versprach hoch und heilig, uns das Geld zurückzuschicken und kritzelte seine Adresse auf einen Zettel. Micky schlug vor, er solle uns lieber eine Postkarte schicken, statt Geld.
Um 22.00 Uhr lief der Zug aus Churchill ein. Er war deutlich neuerer Bauart und wesentlich komfortabler (hoffentlich auch schneller) als die Bummelbahn aus Lynn Lake. Die Abteile waren ziemlich leer, und so richteten wir uns auf einem Vierersitz für die Nacht ein. Um 23.00 Uhr, drei Stunden nach der planmäßigen Abfahrtszeit, startete der Zug.
12 Stunden später erreichten wir Winnipeg, die Hauptstadt der Provinz Manitoba. Mit über 600.000 Einwohnern ist sie eine der größten Städte Kanadas. An der Nahtstelle zwischen den unermeßlichen Waldgebieten des Nordens und den offenen Prärielandschaften gelegen, ist Winnipeg ein wichtiger Verkehrsknotenpunkt.
Da wir Tickets für einen Anschlußzug hatten konnten wir das Kanu am Bahnhof deponieren. Das Gepäck, das wir nicht unbedingt brauchten, verstauten wir in Schließfächern. Über die Touristeninformation mieteten wir uns für 35 $ pro Nacht in einem netten Motel ein. Um einen letzten Versuch zu starten ließ Micky sich die „Yellow Pages“ geben und klapperte telefonisch die Autohändler ab. Leider überstiegen die gegenwärtigen Preise bei weitem unser stark geschrumpftes Budget. Mit Mitwagen hatten wir ebenfalls kein Glück. Sie werden „one way“ nur mit Kilometerbegrenzung vermietet. Da wir in der verbleibenden Zeit vor unserem Rückflug nach Deutschland noch bis an die Ostküste Kanadas fahren wollten, bekamen wir auch keinen Mietwagen. (Fast konnten wir es verstehen, daß niemand einen in Winnipeg, Manitoba gemieteten Wagen in St.John, New Brunswick abholen will.)
In einem Cafe' gegenüber dem Motel bestellten wir Kaffee und zwei riesige Tortenstücke. Ein Indianer schlenderte an unserem Tisch vorbei, grüßte und bat um eine Zigarette. Als Micky ihm eine anbot setzte er sich zu uns an den Tisch. 17 Jahre war er im

Gefängnis gewesen, nun war er gerade wieder draußen und suchte einen Job. Mich forderte er zum „Armdrücken“ heraus, da ich seiner Meinung nach einen so kräftigen Händedruck hatte. Das kommt vom Paddeln, erklärte ich. Natürlich ließ ich ihn gewinnen.

15. September

Auch von Winnipeg fuhr der Zug mit mehr als dreistündiger Verspätung ab. Die Fahrt nach Toronto dauerte weitere 32 endlose Stunden. Um Mitternacht verließen wir den Bahnhof der Millionenstadt, der dann seine Tore schließt, bis am Morgen die ersten Züge abfahren. Um uns türmten sich die Wolkenkratzer von Toronto.

NACHWORT

Vor dem Rückflug nach Deutschland am 3. November blieben uns noch einige Wochen, um Verwandte zu besuchen und mehr vom Land zu sehen. Einige Zeit verbrachten wir im milden Süden von Ontario. Der „Indian Summer“ hatte auf seinem Höhepunkt das Laub der Ahornbäume brennend rot gefärbt. Trotz des gewaltigen Touristenrummels, der dort herrscht, besichtigten wir die Niagarafälle und verbrachten einige faule Tage in einer Cottage am Erie See. Er ist umgeben von einer typischen Dünenlandschaft und seine Wasser reichen bis zum Horizont. Stürmische Winde peitschten hohe Wellen auf, sodaß wir uns wie am Meer fühlten.

Ein weiterer Abstecher führte uns nach Osten, durch Quebec und die bunten Wälder von Maine nach New Brunswick an die Atlantikküste.

Es war schwierig, nach den arbeits- und ereignisreichen Monaten umzuschalten auf Urlaub und absolutes Nichtstun. Vielleicht blieb fast zuviel Zeit, um über unsere Erlebnisse nachzudenken und die Tour noch einmal Revue passieren zu lassen.

Wir hatten etwa 1200 Kilometer auf einem großen Fluß zurückgelegt und dabei tief in unser Innerstes geblickt. Beide waren wir mit Stärken und Schwächen konfrontiert worden, mit den eigenen und denen des anderen, die im „normalen Leben“ kaum zutage treten. Die eigentliche Herausforderung unserer Fahrt war weniger der Kampf gegen die Elemente gewesen, als immer wieder der gegen sich selbst.

Das beständige Ausloten der physischen und psychischen Grenzen erweitert den Horizont und macht es doch gleichzeitig so schwierig, anschließend zur Normalität zurückzukehren und zur Tagesordnung überzugehen. Wir hatten uns so weit in den Grenzbereich vorgewagt, daß es möglicherweise sogar einfacher gewesen wäre, die Tour fortzusetzen als sie zu beenden.

Beim Durchforsten unserer Tagebuchaufzeichnungen und während der Entstehung dieses Buches durchlebten wir alles noch einmal. Das hat uns geholfen, die Erlebnisse zu verarbeiten und ins rechte Licht zu rücken.

Es ist möglich und gewollt, unsere Tour auf dem Churchill anhand der Karten, Entfernungs- und Ortsangaben zu verfolgen und nachzuvollziehen. Vielleicht hat sich so mancher beim Lesen einer Reisebeschreibung zu exotischen Zielen gefragt, wie man das macht, auf eigene Faust dorthin zu gelangen. Nun, wir wußten es auch nicht, bis wir diese Fahrt unternommen haben.

Es wäre uns eine Freude, wenn jemand sich beim Lesen so mitreissen lassen würde, daß er oder sie am Ende des Buches in unser Fazit einstimmt: es lohnt sich, zu neuen Horizonten aufzubrechen!

DANKESCHÖN

An dieser Stelle möchten wir uns bei allen bedanken, die auf die eine oder andere Weise zum Gelingen unserer Reise und zur Entstehung dieses Buches beigetragen haben.
Alle hier aufzuführen würde zu weit führen, einige möchten wir aber doch besonders erwähnen:

- Ron Horn und seine Jungs von FRESH AIR EXPERIENCE, die uns mit viel Liebe und Sachverstand von Prince Albert aus auf den Weg gebracht haben.

- Ric Driediger und der Crew von HORIZONS UNLIMITED, welche unserer Reise einige ungeplante und sehr schöne Kapitel hinzugefügt haben.

- All die netten Leute aus Missinipe, die uns mit offenen Armen aufgenommen haben.

- Al Magson und Ron McDonald, die uns auf liebevolle Art wieder zurück in die Zivilisation begleitet haben.

- Die Familie und die vielen Freunde in Waterloo und St. John, die uns unsere letzten Wochen in Canada zu einem unvergeßlichen Erlebnis gemacht haben.

- Hauke und Michael, die bei der Arbeit am Computer geholfen und nie die Geduld verloren haben.

AUSRÜSTUNG

Wir möchten uns in diesem Buch nicht über Einzelheiten zum Thema Ausrüstung auslassen, zu diesem Thema gibt es Bücher genug. Nur eines möchten wir nicht unerwähnt lassen:
Die Qualität der Ausrüstung hat wesentlichen Einfluß auf das Gelingen oder Scheitern jeglicher Unternehmungen und bedarf bei der Vorbereitung besonderer Aufmerksamkeit. Eine gute und vor allem sinnvolle Ausrüstung läßt sich nicht auf die Schnelle mit dem dicken Scheckbuch zusammenkaufen. Gesammelte Erfahrungen auf diesem Gebiet sind durch nichts zu ersetzen!
Wer nicht auf eigene Erfahrungen zurückgreifen kann, sollte sich unbedingt von erfahrenen Profis beraten lassen.

Beiter Nocks & Zubehör
Zeder - Holzpfeile

- 20 Scheiben
3D Parcours
- Naturcamping
- Caravan Park
- Ferienwohnungen
- Kurse
- Training
- Shop
- Kanuverleih
- Kanuschulung
- Beratung
Biber-Tours
17252 Diemitz
Diemitzer Schleuse 5
Tel 039827 / 300 11
Fax 039827 / 30 111
www.bibertours.de
info@bibertours.de

Sehr geehrter Gast,
wir heißen Sie herzlich willkommen.

Wir möchten Ihnen
nicht nur gutes Essen und ausgewählte Getränke anbieten.
Entspannen und erholen Sie sich! Genießen Sie!

Sollten Sie einen besonderen Wunsch haben,
den wir nicht in unserer Speisekarte aufgeführt haben,
sind wir gerne bereit,
diesen auf Vorbestellung zu erfüllen.

Lassen Sie es sich schmecken und fühlen Sie sich wohl.
Wir möchten, daß Sie wiederkommen.

Litsa und Panos

Öffnungszeiten:
Montag bis Freitag von 17 bis 24 Uhr
Samstag und Sonntag von 12 bis 24 Uhr

Lokstedter Weg 37 20251 Hamburg Tel.: 477637

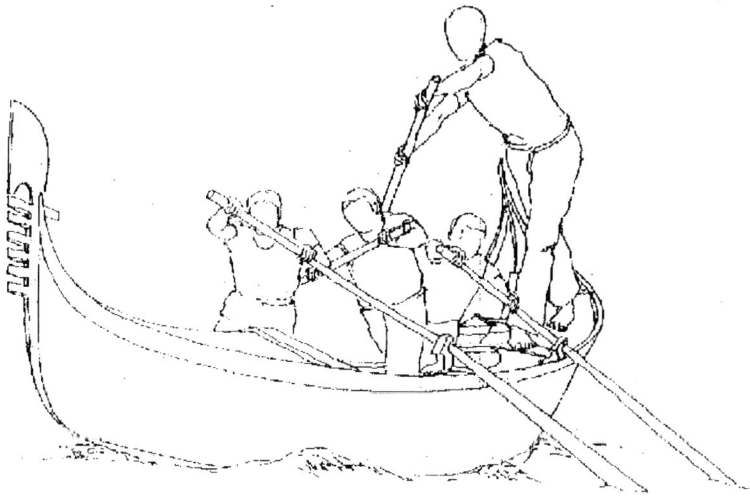

La Gondola e. V.

Die venezianische Gondel in Hamburg

Genießen Sie die einzigartige Ruhe in Hamburgs Kanälen. Sie können uns buchen für jeden Anlass von April bis November. Wir freuen uns auf Sie.

Fon: 040 490 09 34 Fax: 040 401 88 419
gondola @ web.de www. diegondel.de